Dieter Kreutzkamp

Das Blockhaus am Denali
Leben in Alaska

Für meinen Vater,
der noch so viele Träume hatte.

Dieter Kreutzkamp

Das
Blockhaus
am Denali

Leben in Alaska

Frederking & Thaler

Inhalt

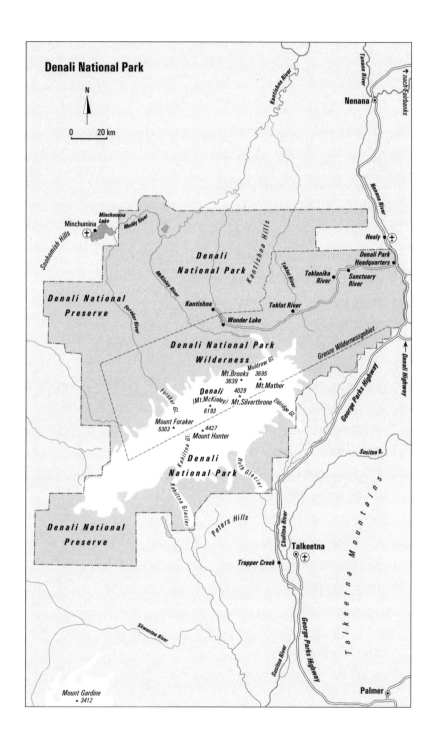

1

Tagträume

Die hölzernen Schlittenkufen zischen von Bodenwelle zu Bodenwelle. Das Hecheln der zehn Huskys ist das einzige andere Geräusch. Ihre Schnauzen, bedeckt von dicken Eiskrusten, glänzen silbern. Über ihren Körpern schweben Nebel aus Eis.

Schnurgerade zieht sich der Trail durch die Wildnis. Im Sommer sucht man hier vergeblich einen Pfad, der Winter aber macht das tiefe Moos der Tundra befahrbar. Er ist der Schlüssel zu Alaska.

Die Schlittenhunde werden schneller, als hätte jemand ihnen ein Kommando zugeflüstert. Die Nase des Leithundes mit den lustigen weißen Flecken huscht dicht über den festen Schnee. Keine Witterung entgeht ihr.

Die tief stehende Sonne zwängt sich durch die Zweige der dürren Fichten, malt goldene Streifen auf den im matten Licht blau schimmernden Schnee. Der Duft eines Holzfeuers liegt in der Luft, würzig, so typisch für einen kristallklaren Wintertag in Alaska. Die Rauchfahne schraubt sich senkrecht von der geduckten Hütte in den aquamarinblauen Himmel. Neben der *cabin* zerren acht heulende Huskys wie wild an ihren Ketten.

Ich trete auf die Schlittenbremse: »Whoo!« Meine Hunde stoppen.

Knarrend öffnet sich die schwere Tür der Blockhütte. Ein Mann in rotschwarzem Flanellhemd tritt heraus. Er ist eins neunzig groß, eine äußerst sportliche Erscheinung. Er winkt mir freundlich zu, und ich erkenne Trapper Greg Barringer.

In diesem Moment schreckte ich auf, vielleicht weil mir der Brief entglitten war. Ich sah mich verwundert im Wohnzimmer um und rieb mir die Augen. Der Regen trommelte gegen die Fensterscheiben unseres Hauses am Rande eines kleinen Dorfes in Norddeutschland.

Ich hatte geträumt ...

Ich griff nach dem Brief, über den unsere Freundin Carol meinen Namen geschrieben hatte, holzschnittartig, etwas ungelenk. Seit mehr als 30 Jahren lebt sie in der Wildnis. Hackt bergeweise Holz für die langen kalten Wintertage, taut Schnee, um Wasser für ihren Tee zu haben. Als Transportmittel vertraut sie im Winter einzig und allein ihren Schlittenhunden. Alaska zog sie früh in seinen Bann und hat sie seitdem nicht mehr losgelassen.

Dienstag, 11. November, las ich, *Sonnenaufgang um 9.17 Uhr, Sonnenuntergang um 15.55 Uhr. Das Eis des Lake Minchumina ist bereits so dick, dass ich darauf gehen kann. Mount Denali verkriecht sich hinter einer hauchdünnen Wolkendecke.*

Mit krakeliger Handschrift hatte sie nachgetragen: *twelve degrees Fahrenheit!* Ich überschlug: Das sind minus elf Grad Celsius!

Trotz der aufziehenden Winterkälte klang die folgende Passage vom 13. November wie ein Jubel. Oder vielleicht gerade deswegen ... *Ein Bild wie ein Gemälde. Mount Denali und Mount Foraker stehen wie trutzige Festungen an der Ostseite des Sees.*

Die Temperatur war innerhalb von nur zwei Tagen auf minus 23 Grad abgestürzt. Der Winter legte seine eisige Hand auf Alaska.

Ich lehnte mich zurück. Noch immer prasselte norddeutscher Regen gegen die Scheiben.

Woher habe ich nur dieses Alaska-Fieber? Es ist ebenso alt wie meine Erinnerung.

Juliana behauptet, die beste Medizin dagegen sei eine Reise dorthin. Sie muss es wissen, weil sie meine Frau ist und weil sie mich auf meinen abenteuerlichen Pfaden um die Welt begleitet.

Nun bin ich beileibe nicht der Einzige, den dieses Fieber schüttelt – Alaska wirkte schon immer wie ein Magnet. Auf Jack London zum Beispiel, der hier Gold suchte und den Stoff für seine literarischen Träume fand. Oder auf Norman Vaughan, der im Alter von 86 Jahren mit Schlittenhunden die 1860 Kilometer von Anchorage nach Nome am Beringmeer zurücklegte. Reporter, die ihn im Ziel bestürmten, klärte er mit dem ihm eigenen Humor auf: »Eine hervorragende Gelegenheit, um mein künstliches Knie auszuprobieren!«

In der *Anchorage Daily News* stand zu lesen, Norman wolle an seinem 100. Geburtstag den nach ihm benannten Mount Vaughan in der Antarktis besteigen. In gut einem Jahr würde es so weit sein ...

Hier in der Mitte Alaskas steht ein Blockhaus für euch ... ihr braucht nur noch zu kommen, schrieb Carol. An klaren Tagen, und davon gebe es viele im Winter, sei der Denali zum Greifen nahe.

Carol sprach immer nur vom »Denali«, nicht von Mount McKinley. Aus Respekt vor den Indianern, wie sie betonte, schließlich hätten die Indianer den höchsten Berg Nordamerikas so genannt. Bis vor gut 100 Jahren die Weißen gekommen seien und ihm den Namen eines Präsidentschaftskandidaten verliehen hätten. Welche Arroganz! Mr. McKinley hatte nur interessiert, dass der Denali der Größte war. Wenig später wurde William McKinley vereidigt, wurde damit selbst zum Größten des Landes, doch den nach ihm benannten Berg hatte er noch nie gesehen und wollte ihn auch nicht besuchen. Am 6. September 1901 wurde McKinley in Buffalo, N. Y., von einem Anarchisten angeschossen. Acht Tage später starb er.

Juliana besorgte die richtige Medizin gegen das Alaska-Fieber und buchte mir einen Flug. Von Hannover nach Frankfurt und von dort nach Seattle an der amerikanischen Westküste. Nach sieben Stunden Aufenthalt würde ich nach Anchorage und weiter nach Fairbanks fliegen. Nur noch eine Flugstunde war es dann mit einem Buschflugzeug bis ins Herz Alaskas. 40 Stunden nach dem Start würde ich in meinem Blockhaus am Denali sitzen.

Ich würde alte Freunde wiedersehen. Carol, deren außergewöhnlicher Lebensweg sie an den Lake Minchumina, verschlagen hatte. Und Greg Barringer, der ein halbes Leben in beeindruckender Symbiose mit der Wildnis verbracht hatte. Greg, den Streitbaren, der für die von einer ölgierigen Lobby in Washington bedrohten Tundren im Nordwesten Alaskas kämpfte. Er selbst besitzt nur ein paar Hunde, kein Auto, er kommt völlig ohne Technik aus. Greg, der Vietnam-Veteran, der Trapper, mein Freund.

Und Miles Martin, der auch Trapper ist. Obwohl ich ihn zuvor nie gesehen hatte, war mir, als würden wir uns kennen. Ein großes deutsches Reisemagazin hatte vor Jahren über sein Leben berichtet. Als ich den Artikel mit den romantischen Fotos las, hätte ich am liebsten alles stehen und liegen lassen, um Fallensteller in der Wildnis zu werden.

Die Realität verdrängte die Tagträume, je näher meine Reise rückte. Minus 40 Grad würden mich in Alaska erwarten. Also brauchte ich warme Stiefel. Ich suchte im Internet, fand am Ende in einem örtlichen Sportgeschäft, was ich benötigte. Ich legte mir eine dicke Daunenjacke zu. Und mein auf früheren Arktisreisen erprobter Schlafsack würde mich nachts bei der magischen Kältegrenze von *forty below* auch diesmal warm halten.

Während ich mich auf die Vorbereitungen meines Abenteuers stürzte, gefror das Leben in Alaska.

Unter dem Datum des 17. November schrieb Carol mir: *6 Uhr 30 morgens tanzte die Aurora, ein pinkfarbenes Nordlicht, durch die Birken. Schon längst sind die Vögel verstummt. Den ganzen Tag lang minus 32 Grad. Gegen Abend benebeln Wolken den Denali.*

Zwei Tage später, am 19. November, schwärmte sie: *Wunderbares Geschenk der Natur! Letzte Nacht knöchelhoch Schnee gefallen. Habe vier Hunde angeschirrt und bin mit meinem Schlitten über den See zum Postflugzeug gefahren, um Briefe abzuholen. Völlige Windstille. Ich kann es riechen ... da liegt noch mehr Schnee in der Luft ...*

Juliana lächelte, wenn ich ihr von meinen Träumen und Plänen berichtete; von dem Blockhaus mit Blick auf den Denali, von Schlittenhundabenteuern, vom tanzenden Nordlicht, das in Rot-blau und Violett wie ein Geisterreigen durch den weiten Raum meiner Fantasie huschte.

Ja, ja, sie werde nachkommen. Später, wenn das Eis der Flüsse getaut sei und wir im Faltboot durch die Wildnis paddeln könnten. Aber jetzt, im tiefsten Winter, solle ich getrost allein fahren.

»Pass auf dich auf!« Sie nahm mich in die Arme.

»Bis bald«, sagte ich und gab ihr einen Kuss. Dann verschluckte mich der Sicherheitsbereich des Flughafens.

2

Fairbanks – Ankunft in der »Eisbox«

Die kalte Sonne kämpfte sich mühsam durch den Wolkenspalt im Süd-osten der City. Der Winter, der diese Stadt in eine Hülle aus gefrorenem Nebel packt, duldet kein freundliches Intermezzo.

Eine festgefahrene Schneedecke bedeckte den mehrspurigen Air-port Way. Dodge Ram Trucks, Blazer und Chevy-Pick-up-Trucks kro-chen wie Fabelwesen mit langen weißen Schwänzen hin und her. Auch aus den Schornsteinen der Häuser stiegen Warmluftfahnen in den eisigen Morgenhimmel. Die Geräusche der Stadt waren gedämpft.

Die Bäume vor den kleinen Wohnhäusern bogen sich unter der Last des Schnees, der dick und weiß wie Zuckerguss auf ihren Zweigen lag.

Eine Stadt ohne Menschen. So schien es.

Die Ampel an der Ecke Cushman Street und Second Avenue sprang auf Rot. Der Eisnebel verteilte das Licht des *traffic light* wie ein Prisma. Blassrot schimmerten die unscheinbaren, rechteckigen Zweckbauten rechts und links, purpurn reflektierte der Schnee.

Ein GM-Truck fuhr blubbernd an, paffte eine weiße Kondenswolke aus dem Auspuff, während die Reifen einen Kometenschweif von Milli-onen Schneepartikelchen aufwirbelten. Milchiggrau und geisterhaft drang die Information vom großen Display der *Key Bank* durch den Eisnebel zu mir: minus 38 Grad.

Mein Zeitgefühl hatte sich noch nicht wieder eingependelt. Das passiert gelegentlich auf langen Flügen, zwischen denen endlose Wartezeiten auf irgendwelchen Flughäfen liegen. Acht Stunden hatte ich auf dem *Seatac Airport* in Seattle totgeschlagen. Aber ich genieße auch solche Momente, beobachte die wie Ameisen hin und her strömenden Men-schen, lausche den Lautsprecheransagen: »Phoenix/Arizona«, »San Francisco« oder auch nur »Kamloops/Kanada«. Wenn du wolltest, könntest du …! Es ist herrlich, so zu träumen. Auf Flughäfen liegt mir die Welt zu Füßen.

Jetzt war keine Urlaubszeit, es gab keine riesigen Ströme erlebnis-hungriger Touristen. Es waren fast nur Amerikaner unterwegs, und so war mir in Seattle der sportliche Bursche auf der Bank gegenüber aufgefallen, der gebannt den Inhalt eines deutschen Taschenbuches über Alaska verschlang.

Als ich bei der Zwischenlandung in Anchorage aufwachte, las er noch immer. Ich sprach ihn an. »Harry aus Deutschland«, stellte er sich vor. Schnell kamen wir ins Gespräch, und ebenso schnell tauschten wir die Plätze, um nebeneinander zu sitzen. Während der letzten Flugstunde nach Fairbanks hatten wir die Köpfe zusammengesteckt.

»Seit zehn Jahren bereise ich einmal im Jahr Alaska«, schwärmte er. Und wenn er es irgendwie hinkriegen könne, vom Beruf noch mehr Zeit abzuzwacken, fliege er zum Wandern auch mal nach Neuseeland oder Australien.

Gegen Mitternacht waren wir in Fairbanks gelandet.

»Wo wohnst du?«, hatte mich Harry gefragt, während wir unser Gepäck vom Band zogen.

Ich zuckte die Achseln. In weniger als zehn Stunden würde mein Buschflugzeug mit mir in die Wildnis starten. »Vermutlich schlage ich die Nacht hier in der Wartehalle tot.«

»Unsinn«, hatte Harry gesagt, »komm mit, auf dem Dachboden von John Snyder ist immer eine Matratze frei.«

Ich atmete tief durch, als wir vom Flughafengebäude auf den Parkplatz traten und zu Harrys Mietwagen gingen. Die eisige Luft ritzte die Nasenflügel und biss in die Lungen. Grober Schnee knirschte unter unseren Stiefeln. »Willkommen zu Hause ...!«, sagte ich. Harry lächelte.

Am Stadtrand von Fairbanks, in einer Seitenstraße, die jemand aus Bottrop, Mannheim oder Stuttgart vermutlich als tiefste Wildnis empfinden würde, fanden wir John Snyders kleine Traveller-Lodge.

»Merkwürdig ... kein Licht ...«, sagte Harry.

Er öffnete die Tür zu dem Anbau, der während vergangener Jahre als Anlaufstelle und Unterkunft für Globetrotter aus aller Welt gedient hatte. Niemand war zu sehen.

»Merkwürdig«, wiederholte Harry. »John hat zwar letztes Jahr angekündigt, dass er die Lodge aufgeben und in den Süden ziehen will ...« Den Rest des Satzes hörte ich nicht mehr, denn Harry kletterte über eine Leiter durch die Dachbodenluke. »Die Matratzen!«, rief er begeistert von oben.

John Snyder fanden wir auch, schlafend auf der Couch im Wohnzimmer, unter den Gewehren, die an der Wand hingen. Klar, er hätte die Nachricht von Harrys bevorstehender Ankunft auf dem Anrufbeantworter gehört. Nun gut, sein Haus schließe er sowieso nie ab, und Harry wisse ja, wo die Matratzen lägen ... Und dass Harry mitten in der Nacht noch jemanden mitbringe, sei auch okay.

Zwei Uhr morgens. Ich war aufgedreht. Keine Spur von Müdigkeit. Vor mir lag ein Blockhausabenteuer, das vom Winter bis zum Spätsommer dauern sollte. Ich wollte mit Schlittenhunden unterwegs sein, Trapper besuchen, Zaungast des langsten Schlittenhunderennens der Welt sein und später mit dem Faltboot durch die Wildnis paddeln. Was ich sonst noch erleben würde, stand in den Sternen über Alaska.

Harry war genauso aufgedreht wie ich. Er hatte vor, mit Freunden ein paar Wochen lang durch den Norden zu ziehen.

Der Verstand sagte mir, dass es besser wäre, zu schlafen. In sechs Stunden sitzt du in der Einmotorigen von Tanana Air Richtung Lake Minchumina! Mir schwirrten 1000 Gedanken durch den Kopf.

Wie das Reisen ohne Juliana wohl sein würde? Unzählige Abenteuer hatten wir gemeinsam bestanden ... in Afrika, Asien, Südamerika, Kanada und auch hier in Alaska. Aber ich hatte gespürt, dass sie dieses Mal lieber zu Hause bleiben wollte. Im Sommer würde sie mich besuchen, ganz bestimmt! Doch nicht ein halbes Jahr lang. Über diesen Gedanken muss ich wohl eingenickt sein. Als mein Wecker um sieben Uhr klingelte, hatte ich zwei Stunden geschlafen.

Die Kälte hielt Fairbanks seit Tagen im Klammergriff.

Das Leben ging langsam. Nur die grellbunten Neonreklamen der Bars entlang der Second Avenue zuckten nervös. Eine Saloon-Tür öffnete sich. Jemand stolperte raus, schien erst nach fünf Schritten zu begreifen, wo er sich befand, strauchelte, stürzte der Länge nach hin, raffte sich auf, zog die Parkakapuze über das breite, vom Suff verquollene Eskimogesicht, torkelte über die Cushman Street und bog in die Barnette Street ein.

Mit »Teddy« Barnette, einem Glücksritter und Geschäftemacher, hatte die Geschichte von Fairbanks begonnen. Knapp 110 Jahre war es her, dass sein Frachtschiff *Lavelle Young* hier im Chena River auf Grund gelaufen war. Teddy gehörte zu denen, die schnell reich werden wollten, ohne sich die Finger dabei schmutzig zu machen. Jetzt fluchte er, denn er kam darum nicht herum. Seine Handelsgüter im Wert von 20.000 Dollar stapelten sich – wie es schien – wertlos am Ufer.

Missis Barnette weinte, und Teddy Barnette tobte. Doch noch im selben Jahr traf ich ihn in Dawson City wieder. Er strahlte jetzt über das ganze Gesicht und sagte, ich hätte keinen besseren Platz aussuchen können, um ihn abzusetzen. So fasste Jahre später ein gewisser Adams, Kapitän jenes havarierten Flussdampfers, die Ereignisse zusammen. Denn Barnettes Glücksstern ging allen Unkenrufen zum Trotz strahlend auf, als bald darauf ein Italiener namens Felix Pedro im Behelfscamp am Fluss auftauchte und prahlte, er habe unweit von hier Gold entdeckt. Plötzlich war Barnette der Mittelpunkt aller Aktivitäten. Aus dem Camp wurde ein Dorf, dessen Bürgermeister er wurde. Barnette gründete eine Bank und wurde reich. Das waren die Anfänge von Fairbanks.

Kein Mensch war auf der Straße.

In das fahle Licht des Sonnenaufgangs mischte sich schon das blasse Rot des Wintermorgens, verschmolz mit dem Rot der im stoischen Gleichmaß umschaltenden Ampel. Nur ein paar Stunden lang würde sich fahles Tageslicht in den Eisnebel über der einzigen Stadt in Zentralalaska mischen.

»Remove your face mask before entering!«, man solle vor dem Eintreten gefälligst seine Gesichtsmaske abnehmen, las ich im Vorbeifahren auf einem Schild am Eingang der *Denali Bank*. Harry bog auf den Parkplatz des *Fred Meyer Shopping Center* unweit des Flughafens ein. Die Motoren der geparkten Autos drehten im Leerlauf, schleuderten heiße Heizungsluft ins Wageninnere und Abgase in die Luft, während die Fahrer einkauften. Eine übergewichtige Frau zwängte sich hinter dem Steuer eines verbeulten Toyota vor, zog ihre Biberpelzmütze tief ins Gesicht und verschwand im Einkaufszentrum.

Während draußen das Leben erstarrte, bedienten die Verkäuferinnen drinnen in leichten Kleidern ihre Kunden. Über den wie von Künstlerhand arrangierten Karotten, Salaten, Porrees und Kohlköpfen der Gemüseabteilung entlud sich in diesem Moment ein elektronisches Gewitter. Kaum war das Flackern der elektronischen Blitze und das Donnergrollen der Lautsprecher verklungen, legte sich aus Düsen feiner Spray wie ein milder Frühlingsregen über die Auslagen. Die dicke Frau von eben zog es vor, sich in der *bakery* an dem üppig mit Zuckerguss überzogenen Apfelkuchen zu bedienen.

»Hi, honey, I hope it's cold enough for you today!«, begrüßte mich die dunkelhäutige Kassiererin mit dem Südstaatenakzent. Ich strahlte zurück, zahlte und quetschte die Einkäufe in die Außentasche meiner dicken Daunenjacke.

In der Tat – es war kalt. Als ich die Tür von *Fred Meyer's* aufstieß, schlug mir die Eisluft von Fairbanks erneut ins Gesicht.

Noch immer drehten die schweren Achtzylindermotoren im Leerlauf und verpesteten die Luft. Während Harry mich mit seinem Wagen zu dem Flughafen der Busch-Airlines fuhr, erkannte ich durch die beschlagene Autoscheibe am Straßenrand ein Dutzend geparkter Autos, deren Motoren durch Elektroanschlüsse, *electrical hookups*, erwärmt wurden. Ohne derlei technische Finessen scheint das Überleben in der Eisbox Alaskas wohl nicht möglich ... Aber stimmt das wirklich?

Harry stoppte vor dem kleinen Gebäude der Tanana Airline an der Rückseite des International Airport. Zwei Männer in wattierten Overalls wärmten mit einem überdimensionalen Föhn den Flugzeugmotor unserer Maschine.

Diesen Flug hatte ich bereits von Deutschland aus reserviert. Alles schien prächtig geklappt zu haben. Die rundliche Bedienstete mit den indianischen Gesichtszügen schob mir das Ticket über den Tresen.

»Help yourself!« Ich folgte ihrem Blick zur Frühstückstheke, auf der sich verführerisch glänzende Schokoladenkrapfen und im Zuckerguss erstarrte Apfeltaschen türmten.

Aber angesichts der vielen kolossal Übergewichtigen, die mir in der letzten Stunde über den Weg gelaufen waren, begnügte ich mich mit einem Becher Kaffee. 20 Minuten später hob die einmotorige Piper ab.

Mit zwölf Kilometern Länge und zehn Kilometern Breite ist Lake Minchumina der größte See in Zentralalaska. Auf meiner Karte liegt er kaum mehr als einen Fingerbreit vom Denali entfernt, der sich an klaren Tagen als riesiger Felsblock an der Südostflanke des Sees erhebt. Nur acht Kilometer nordwestlich vom tatsächlichen geografischen Mittelpunkt Alaskas entfernt, darf Lake Minchumina für sich in Anspruch nehmen, der Nabel der »Eisbox« Amerikas zu sein.

Im Internet-Zeitalter, in dem Nachrichten in Sekundenbruchteilen um den ganzen Globus jagen, mag es verwundern, dass erst vor 100 Jahren weiße Trapper und Prospektoren an diesen See vordrangen. An seinen Ufern lebten damals die in Zentralalaska beheimateten Athabasca-Indianer. Minkhotanas, Seemenschen, nannte sich treffenderweise der hiesige Unterstamm.

Doch erst der Zweite Weltkrieg brachte Unruhe hierher. Das militärische Programm »*Development of Landing Areas for National Defence*« führte zum Bau einer Landebahn. Lake Minchumina war jetzt ein Zwischenstopp auf dem Flug von Fairbanks nach McGrath.

Nach dem Weltkrieg zog die Landebahn Zivilisten an. Denn wo Flugzeuge landen können, wird das Leben in der Wildnis leichter. Manch ein Trapper kam. Doch da das Fallenstellerdasein hart und wenig einträglich ist, arbeiteten einige auch für die Flugsicherung. Ab Mitte 1960 unterhielt das *Bureau of Land Management* im Sommer hier einen Posten zur Waldbrandbekämpfung. Doch zwei Jahrzehnte später war es aus mit diesen Sommerjobs. Die nun überall propagierte Devise »*Let it burn*«, nach der Buschfeuer ungehindert brennen dürfen, solange keine Menschen in Gefahr sind, führte ab 1986 zum Abzug des Postens von Lake Minchumina. Es wurde still. Nur eine Hand voll Menschen blieb.

Der nächste Supermarkt war eine Flugstunde entfernt, auch der nächste Arzt und die nächste Apotheke. Darüber waren sich die Verbliebenen im Klaren.

Rund 20 Menschen leben heute am Ufer des Lake Minchumina. Im Sommer ein paar mehr, im Winter ein paar weniger.

Der Pilot wies mir den Sitz des Kopiloten zu. Zwei kräftig gebaute Männer, so um die Mitte 20, zwängten sich in die Sitze im hinteren Teil unseres kleinen Vogels. Sie wollten über Minchumina hinaus bis zur Dixon Fork Goldmine weiterfliegen. Einer der beiden schlief ein, noch bevor die Maschine startete.

Meine dicke Winterkleidung beengte mich. Streckte ich die Füße zu weit vor, berührten meine übergroßen Boots irgendwelche Pedale, deren Funktion ich nicht kannte. Ich hatte zwei Kameras auf den Knien und hoffte, sie würden dem ebenfalls am Kopilotensitz angebrachten Steuerknüppel nicht im Weg sein.

Der Motor unserer Maschine dröhnte. Daniel, wie sich unser Pilot vorstellte, wartete auf den Startbefehl. Die Beschleunigung drückte mich in das Sitzpolster. Minuten später war Fairbanks weit unter uns zurückgeblieben.

Ich reckte den Hals und schoss ein paar Fotos. Später, bei ganz anderer Gelegenheit, sagte Daniel mir, er habe nie zuvor einen Passagier befördert, der in so kurzer Zeit so oft auf den Auslöser gedrückt hätte wie ich. Während des Fluges lächelte er nur nachsichtig – wo doch unten nur Weiß und nichts als Weiß zu sehen war ...

Von wegen! Es war ein einzigartiges Schauspiel von Schattierungen und Konturen: Die hellen Punkte, wie Farbtropfen vom Pinsel eines Malers achtlos über das Land gekleckert, waren Seen. Und dazwischen, unter einer erstarrten Eisdecke, schlängelte sich der Tanana River, dieser mächtige Riese. Eine lange Reise, die in den Wrangell Mountains im Südosten Alaskas begonnen hatte, liegt hier bereits hinter ihm. Im Sommer verrät seine bräunliche Farbe, dass er das Land umgräbt und mit sich schwemmt.

Der Tanana River und ich kennen uns gut. Zwei Jahre lang hatte ich mit meiner Familie an seinen Ufern gelebt. Doch schon war das Flugzeug über ihn hinweg.

Erst die Adlerperspektive macht das verschwenderische Ausmaß der Wasserwege Alaskas deutlich.

Ich erkannte wieder mal, dass es nur zwei Möglichkeiten gibt, um Alaska wirklich kennen zu lernen: im Winter per Hundeschlitten auf den Winter-Trails oder im Sommer mit Kajak oder Kanu im Labyrinth der Ströme. Wir flogen über den Teklanika- und dann über den Kantishna River, später meinte ich, den Foraker River zu sehen. Bis zum Lake Minchumina konnte es jetzt nicht mehr weit sein

Immer wieder brach die Sonne durch den Hochnebel. Fern im Südosten machte ich eine Kette hoher Berge aus, doch schon hatte sie der Nebel verschluckt.

Daniels flinke Finger huschten über die Armaturen, drehten hier, drückten dort. Buschflugzeuge sind in Alaska so selbstverständlich wie Fahrräder in Amsterdam oder Rikschas in Kalkutta.

Hier gibt es die größte Dichte von Einmotorigen, sagt man. Im Sommer landen sie mit Schwimmkufen auf Seen und Flüssen, im Winter gleiten sie auf Skiern über das Eis. Alaskas Buschpiloten haben den Ruf, weder Tod noch Teufel zu fürchten.

Ich drückte meine Nase an die eiskalte Fensterscheibe. Zwischen den weißen Mäandern der Flüsse, die sich in unübertrefflicher Umständlichkeit in weiten Kehren durchs Land schlängeln, erkannte ich Hügel, die trotz des Schnees schmutzig grau wirkten. Ein Buschbrand hatte Baumstämme dort irgendwann schwarz und trist zurückgelassen.

Keine Bewegung war in diesem Bild. Anders ist es hier im Sommer. Ich erinnerte mich, wie ich im Juli von oben eine Elchkuh mit Jungem gesehen hatte. Beide schauten neugierig zu dem Flugzeuggeräusch auf, dann aber staksten sie gemächlich weiter durch das sumpfige Ufer ihres Sees, als wäre nichts geschehen.

Daniels Finger zeigte nach vorn. Durch den rotierenden Propeller sah ich vor der Nase des Flugzeugs die Ausläufer eines vereisten Sees. Lake Minchumina.

Kalter, grauer Dunst lag über Zentralalaska. Mount Denali begrüßte mich nicht. Die Piper machte einen kleinen Hüpfer und rollte aus. Dann stoppte der Motor.

3

Ab in die Wildnis

Unsere erste Begegnung mit Carol lag Jahre zurück. Es war ein Oktobertag, als wir uns in einem Blockhaus in Alaska gegenüberstanden. Sie trug Zöpfe und ein Dirndl wie das Bergmädel Heidi, streckte beide Hände aus und strahlte über das ganze Gesicht: »*Hi, I am Carol.*« Und in rollendem Yankee-Akzent der Oststaaten fügte sie spitzbübisch hinzu: »Isch bin ein deutsches Mäidschen!«

Carol war Bettinas Vorschullehrerin. Von ihr lernte unsere Tochter wie man Lachse zerteilt, Mäuse seziert, einen Sticfclkncclt bastelt. Und mich brachte sie im wahrsten Sinne des Wortes auf den Hund.

Bereits seit vier Wochen lebten Juliana, Bettina und ich in dem kleinen Dorf Manley Hot Springs am Ende des Elliott Highway, 250 Kilometer westlich von Fairbanks. Oder besser gesagt, wir versuchten zu überleben ...

Carol sagte, sie könne nicht mit ansehen, wie wir uns bei minus 20 Grad auf Fahrrädern zur öffentlichen Wasserstelle quälten und die vollen Wasserkanister auf den Gepäckträgern zurückschoben.

»Ihr werdet bald Hunde haben!«, prophezeite sie. Stimmt. Eine Woche später hatten wir eine ältere blauäugige Hündin namens Button.

Button war erfahren, gutmütig und sehr geduldig im Umgang mit einem Greenhorn, wie ich damals noch eines war.

Button und Carol waren mir gute Lehrerinnen.

Von Carol lernte ich die Kommandos: »Ghee« für rechts und »Haw« für links – und natürlich »Whoo!«, die Notbremse, wenn Hunde auf der Stelle stoppen müssen. Von Button lernte ich, dass ein Schlittenhund alles für seinen Schlittenhundeführer tut, wenn der ihn wie seinen besten Freund behandelt.

Carol wohnte damals mitten in der Wildnis in einem Erdhaus, das aussah wie ein überdimensionaler Maulwurfshügel. Etwa eine halbe Stunde Fußmarsch vom Zentrum von Manley Hot Springs – das im Wesentlichen aus dem *post office* besteht – lebte sie außerhalb der gängigen Konventionen und Normen. Das gilt auch, wenn man durch die etwas großzügigere Lupe blickt, mit der die Lebensverhältnisse in

Alaska gemeinhin betrachtet werden. Denn viele Menschen hier wollen sich selbst in der Natur neu erfahren und definieren.

Carols Teilzeitjob als Vorschullehrerin brachte gerade so viel ein, dass es reichte, die Dinge zu bezahlen, ohne die man auch bei einfachster Lebensweise in der Wildnis nicht über die Runden kommt: Schulbücher für ihre Töchter Tonya und Klein-Paula, Kleidung und Batterien für das Transistorradio. Carol liebt Klassik und deutsche Volkslieder. Im Sommer, während der schulfreien Zeit, arbeitete sie als Lachsfischerin am Yukon River. Kleine Nachbarschaftsjobs sicherten in dem 80-Seelen-Nest in Zentralalaska das Überleben.

Es war Carol gewesen, die meinen Finger an den Puls Alaskas legte. Und je länger wir in Manley Hot Springs lebten, umso mehr wurde ich zum Alaskaner.

Von den vielen Menschen, denen ich auf meinen Reisen durch alle fünf Kontinente begegnete, war sie vielleicht diejenige, die mein Leben *on the road* am nachhaltigsten formte und beeinflusste.

Nach jenen gemeinsamen Wintern in der Mitte Alaskas hatten sich Carols und unsere Wege getrennt. Aber es gibt ein paar Menschen, deren Wege sich mit den meinen immer wieder auf ungewöhnliche Weise kreuzen. So war das auch an einem Septemberabend Jahre später, als ich unser Wohnmobil von Highway 89 auf den weitläufigen Campingplatz im Lassen Volcanic National Park lenkte. Es duftete nach dem Rauch von Lagerfeuern. Die Details der einzelnen *campsites* konnte ich nicht erkennen, denn das verschwenderische Rot der Dämmerung war jetzt einer fast pechschwarzen, sternenlosen Finsternis gewichen. Nur der Lagerfeuerschein leckte über den Summit Lake Campground.

Die Scheinwerfer meines GMC-Pick-up-Trucks huschten über die rotbraunen Stämme der mächtigen Kiefern.

Juliana stieg aus und lotste mich zwischen den Stämmen hindurch in eine lauschige *campsite* mit Feuerstelle. Sie war noch kalt und leer, aber das würde sich schnell ändern. Feuerholz für alle Fälle haben wir immer im Wohnmobil. Da nahm ich im Kegel meiner Scheinwerfer eine Bewegung wahr. Es war Carol. Seit Jahren hatten wir uns nicht mehr gesehen, und nun stand sie vor uns, in fast 2000 Meter Höhe im Norden Kaliforniens.

Es war, als hätte eine gute Fee von langer Hand die Fäden gezogen.

Wochen zuvor war Juliana nach San Diego in Südkalifornien geflogen, um Freunde zu besuchen. Ein paar Tage später bestieg ich in Deutschland einen Jet, der mich nach San Francisco zu unserem Wohnmobil brachte. Es wartete dort, auf einem *camper storage* auf neue Abenteuer mit uns.

Während sich Juliana anschickte, in San Francisco zu mir zu stoßen, verabschiedete Carol sich im rund 5000 Kilometer entfernten Bundesstaat New York von ihrer Mutter, um nach Alaska zu fliegen.

Vermutlich hatte wieder die gute Fee ihre Finger im Spiel, als Carol ganz spontan beschloss, eine Stippvisite in Reno/Nevada, bei ihrer Tochter Paula einzuschieben. Ebenso spontan war ihr Entschluss, von dort einen lange geplanten aber immer wieder hinausgeschobenen Abstecher in den Lassen Nationalpark zu unternehmen.

Sie kam von Osten, Juliana und ich näherten uns von Süden. Keiner ahnte etwas vom anderen, bis Carol auf der kleinen *campsite* in das Licht unserer Scheinwerfer trat.

Es gab an jenem verzauberten Abend in den kalifornischen Bergen viel zu erzählen ...

Um Mitternacht gingen unsere Holzvorräte zur Neige. Und als das Feuer niedergebrannt war, war uns klar, dass wir Carol in Alaska besuchen mussten.

»Aber ich weiß nicht so recht, wo jetzt mein Zuhause ist ...« Bei diesen Worten lächelte sie wehmütig. »Mein kleines Erdhaus am Seitenarm des Tanana River ist zwar nach wie vor bewohnbar, auch wenn im letzten Sommer ein neugieriger Bär versucht hat, sich durch das Dach ins Innere zu graben ... « Sie verstummte. Der Widerschein des Feuers huschte über ihr von aschblonden Haaren umrahmtes Gesicht. »Aber zu Hause bin ich jetzt wohl am Mount Denali.«

Tags drauf fuhr Carol zurück in die Wüstenstadt Reno und von dort nach Zentralalaska.

Juliana und ich reisten entlang der Vulkane des amerikanischen Nordwestens nach Südkanada. Während wir in den Hochlagen des Mount St. Helens, des Mount Hood und Mount Rainier wanderten, hatte ich doch noch so viel Puste, um Juliana meine Alaska-Pläne in den schönsten Farben auszumalen. Sie hörte geduldig zu, nickte, sagte allerdings nicht viel.

Drei Wochen später, nach der Landung in Deutschland, trennten uns wohl 8000 Kilometer von Carol. Aber der Augenblick, als sie ins Scheinwerferlicht unseres GMC-Truck getreten war, geht mir bis heute nicht aus dem Kopf.

Ich höre noch, wie sie sagte: »Nicht weit von unserer Lodge steht ein Blockhaus. Man braucht von dort nur an das Ufer des Lake Minchumina zu treten, um an klaren Tagen Denali wie ein König über Alaska thronen zu sehen.«

Daniel, unser Pilot, beugt sich ein Stück über mich hinweg und entriegelt die Tür auf meiner Seite. Durch die Fensterscheibe sehe ich draußen eine dick eingemummelte Person auf unsere einmotorige Piper zulaufen. Den Kopf verdecken eine große Pelzmütze und ein *neckwarmer*, ein Gesichtsschutz aus weichem Fleece, den sie gegen die Kälte wie eine Maske über die Nase gezogen hat. Carol.

»Dein Taxi wartet schon«, sagt sie lächelnd. Ich folge ihrem Blick. Oberhalb der Landebahn, an einer zwischen Baumstämmen ausgespannten Hundekette, sehe ich zwei Dutzend aufgerichtete Hundeohren, die neugierig in unsere Richtung sehen.

Vier Monate nach unserer Zufallsbegegnung in Kalifornien folge ich Carol zum *post office*, dem Zentrum der Siedlung Minchumina.

»Was sagtest du? Zufall?« Sie wendet sich mir zu und schmunzelt.

»Ich halte es da eher mit George Bernhard Shaw, der gesagt haben soll: ›Ich glaube nicht an Zufall. Die Menschen, die in der Welt vorwärts kommen, sind Menschen, die aufstehen und nach dem von ihnen benötigten Zufall Ausschau halten.‹«

Beherzt greift sie das Seil des kleinen Schlittens, auf dem mein Gepäck liegt, und stapft voran.

4

Trappertreff am Lake Minchumina

Von alters her lebten die Athabasca-Indianer am Denali vom Land. Fleisch und Fisch gab es reichlich für die Familien. Im Spätsommer bedeckt ein Meer saftiger Blaubeeren die Tundra.

»Unser Leben in dieser Welt ist ein besonderes Leben. Es bedeutet, mit dem Land zu leben, mit den Säugetieren, den Vögeln und Fischen, als wären sie Brüder und Schwestern. Wir betrachten das Land als einen alten Freund, einen Freund deines Vaters und deines Großvaters ... als einen Freund, den dein Volk seit Anbeginn kennt.« So zitiert eine Broschüre des *National Park Service* den Ureinwohner Richard Nerysoo. Während Alaskas Bevölkerung Mitte des 20. Jahrhunderts wuchs, wurden die Verteilungsprobleme bei dem, was zu verteilen war, immer deutlicher. Noch immer ist das vergleichsweise viel.

Mit dem *Alaska National Interest Lands Conservation Act* (ANILCA) kam es 1980 zur so genannten grünen Revolution in der Arktis: 100 Millionen *acres*, also 405.000 Quadratkilometer der schönsten Landschaften Alaskas, wurden durch die Unterschrift von Präsident Jimmy Carter für alle Zeiten geschützt. Vier Millionen *acres* (zirka 16.200 Quadratkilometer) wurden dem bereits existierenden Mount McKinley National Park zugeschlagen, das Gebiet heißt seither *Denali National Park & Preserve*. Den auf Rohstoffe spekulierenden Konzernen waren nun ein für alle Male die Hände gebunden, und das Gesetz regelte, dass die Menschen in dem neuen Schutzgebiet, und zwar auch in den Regionen, die nun zum Denali National Park gehörten, ihren Lebensunterhalt in traditioneller Weise erwirtschaften dürfen. Und zwar alle, ungeachtet ihrer Hautfarbe, Rasse und Herkunft.

Fundstücke lassen den Schluss zu, dass Menschen seit mindestens 11.000 Jahren im Denali-Gebiet leben. Man unterscheidet fünf Athabasca-Sprachgruppen: die Denaìna im Süden, Koyukon im Norden, die Ahtna im Osten, die Tanana im Nordosten und die Kuskokwim im Westen. Das wechselnde Nahrungsangebot bestimmte den Rhythmus ihres Lebens. Im Sommer jagten sie in den Bergen der Alaska Range

Elche, Karibus und Bären. Bevor der Winter kam, suchten sie in den Tälern Schutz. Ihre Abhängigkeit vom Land führte zu einer engen Verwobenheit damit. Auch im Spirituellen.

»Für uns ist das Land mehr, viel mehr als das, was es für andere ist. Land ist Leben. Ohne unser Land und ohne den *way of life*, den es uns geschenkt hat, könnten wir nicht länger als Volk existieren. Ist erst diese Beziehung zerstört, sind auch wir zerstört«, fasst Nerysoo zusammen. Die traditionelle Lebensform der Athabascans kannte keine Verschwendung von Ressourcen.

Man hätte also Probleme erwarten können, als in den vergangenen 50 Jahren immer mehr Weiße mit einem völlig anderen kulturellen Hintergrund in die stille Welt am Denali drangen, Menschen aus Kalifornien, Ohio oder New York, deren Wurzellosigkeit als Flexibilität oder Anpassungfähigkeit gerühmt wird. Menschen, die sich blitzschnell zwischen den Betonburgen New Yorks, den Bergen Montanas und den Stränden Hawaiis umorientieren.

Aber auch diesen neuen *rural residents* stand das Recht auf *subsistence* zu, auf ein Leben vom Fleisch der Elche, vom Pelz der Biber und

Stella und Carol vor dem Postamt in der Wildnis

Marder sowie von dem sagenhaften Reichtum an Lachsen in den Flüssen. Man hätte Probleme erwarten können, aber erstaunlicherweise blieben die Probleme weit gehend aus.

Ich brannte darauf, diesen Menschen wieder zu begegnen.

Carol, die in diesem Moment mit mir das *post office* von Lake Minchumina betritt, gehört dazu. An einem Schreibtisch, zwischen Paketen, Briefen und ein paar Büchern sitzt Stella Wildrick, die *postmistress*.

»Hi Stella, das ist Dieter. Er wird dir noch jede Menge Arbeit bescheren ...« Carol schmunzelt. »Während der Wochen der Yukon-Quest- und Iditarod-Schlittenhunderennen wird er Zeitungen aus allen Ecken Alaskas beziehen.«

Seit 30 Jahren leben Stella und ihr Mann Ray in Alaska. Seit 1992 leitet sie das winzige Postamt. Sie hat die 60 schon lange überschritten.

»*Welcome to Alaska!*« Stella reicht mir die Hand. »Willkommen in Lake Minchumina.«

Vermutlich weiß bereits jeder im Ort, dass ein Neuer eingetroffen ist. Vermutlich sind sie so neugierig auf den Fremden wie ich auf sie.

Ray, Stellas Mann, war früher Trapper. Das klingt romantisch, aber man muss bedenken, dass die Einkünfte vom Verkauf der Pelze und Felle weit unter denen eines Sozialhilfeempfängers liegen. Und doch blieben die Wildricks ...

»Wir leben seit 1975 in Lake Minchumina.« Stella lehnt sich in ihrem alten Stuhl zurück, schließt die Augen und erzählt.

Ihre Geschichte ist die Geschichte Hunderter anderer alaskanischer Buschfamilien, eine Geschichte, an deren Anfang Abenteuerlust und Unrast stehen.

»Wir pendelten damals in den 60ern in den *Lower 48th* zwischen Idaho und Indiana. Eines Tages schlug ich vor: ›Lass uns die 48 südlichen Bundesstaaten verlassen und nach Alaska fahren. Mal sehen, wie's da ausschaut.‹ Als wir ankamen, sagten wir: ›Prächtig, wir bleiben den ganzen Sommer, und im Herbst jagen wir einen Elch‹. Gesagt, getan. Im nächsten Sommer waren wir wieder da. Und irgendwann stellte sich die Frage, wie wohl der Winter nach dem tollen Sommer sei ... Wir beantworteten sie, indem wir blieben.«

1967 zogen Stella und Ray endgültig mit ihren Kindern nach Eagle River, unweit von Anchorage. 1975 kehrten sie dem Stadtgebiet den Rücken, und Ray wurde Trapper am Lake Minchumina.

»Unsere Kinder paukten sich in jenen Jahren durch die *correspondence school*. Lehrstoff, Hausaufgaben und Schularbeiten gingen per Post zwischen dem Lehrer und den Kindern hin und her. Der erste Lehrer saß in Tanana am Yukon River, der zweite weit entfernt in Südost-Alaska in Juneau. In den Sommermonaten, wenn die *fire fighter*, die Feuerbekämpfungstrupps, kamen, jobbte Ray für das *Bureau of Land Management*, tankte die Fahrzeuge und be- und entlud sie.

Ende der 80er beschlossen die Wildricks, ihr Haus an einen anderen Standort zu verlegen. Umzüge mitsamt Haus sind nichts Aufregendes in Amerika, doch diesmal wäre es fast schief gegangen.

»Unser Nachbar Tom Green half uns. Tom und Ray stemmten das Haus vorsichtig mit einer Art großem Wagenheber hoch, was ungefähr eine Woche dauerte. Der Umzug selbst hingegen ging in zwei Stunden über die Bühne ... Ray hatte einen Bulldozer, mit dem er das Haus auf Kufen zog. Aber das verrückte Ding machte sich plötzlich selbstständig und rutschte viel zu schnell den Hang runter. Um ein Haar hätte es Ray begraben. Aber jetzt hatten wir das Haus am richtigen Fleck. Die Männer hoben mit dem Wagenheber das Vorderteil an, Tom Green fuhr mit seinem Bobcat darunter und hob, wo mal unser Erdgeschoss sein würde, den Boden aus. Wenig später zogen wir ein.«

In Alaskas *post offices* tauscht man gern Neuigkeiten aus und tratscht.

Noch lange hätte ich Stella zuhören können. Die Müdigkeit, die sich nach meiner Reise um die Welt hätte einstellen müssen, schien durch kräftige Adrenalinschübe ausgebremst zu sein.

Doch Carol drängte zum Aufbruch: »Ihr seht euch heute Abend schon wieder. Wir treffen uns bei Penny und Tom Green zum Potluck.«

Vom *post office* zur Bücherei von Lake Minchumina sind es weniger als 100 Meter. Dahinter steht jene Hand voll Häuser, die ich bereits aus der Luft erkannt hatte.

»Alle leer und unbewohnt, seitdem die Regierung an allen Ecken und Enden kürzt«, sagt Carol. »Früher lebten dort die *fire fighter* und

Flughafenangestellte. Aber seit die abgezogen wurden ... .« Wir gehen die Stufen zur Bücherei hoch.

»Unser ganzer Stolz!« Sie drückt die Tür auf.

An Alaska verblüfft mich immer aufs Neue, wie viel Geld auch in entlegenster Wildnis in die Bildung und damit in die Zukunft investiert wird. Das gilt für Schulen ebenso wie für diese kleine Bücherei mit ihrem umfangreichen Schatz an Alaska-Literatur.

»Vergiss nicht, dich ins Gästebuch einzutragen! Falls es doch mal zu Budgetkürzungen kommt, wollen wir beweisen können, dass die Bücherei für Lake Minchumina unverzichtbar ist.«

Also leiste ich meinen Beitrag zum Erhalt der einzigen *public library* diesseits des Denali.

Minus 28 Grad. Die große US-Flagge vor dem Gebäude ist erstarrt. Kein Lüftchen geht.

Abends, in der Stille meines Blockhauses, habe ich nur noch den Wunsch, die ersten Eindrücke zu Papier zu bringen. Ich will die Blätter sammeln und sie in regelmäßigen Abständen als meine »Briefe aus dem Blockhaus« an Juliana senden.

Nicht mal 50 Stunden sind seit unserem Abschied vergangen. Ich habe die Spitze Grönlands passiert und tief unter mir die zugefrorene Hudson Bay gesehen. Auf dem Seattle Airport schlabberte mir bei Burger King die Soße eines Double Whopper über die Finger. Und dann haben Harry und ich euphorisch die Ankunft in der »Eisbox« gefeiert.

Aber hier beginnt das richtige Abenteuer.

Natürlich könnte ich mir Carols Notebook ausleihen und den Text flink als E-Mail tippen. Schon Sekunden später wäre meine Nachricht bei Juliana.

Nein. Das will ich nicht.

Das ist mir zu flüchtig.

Mit dem Reisen verbindet sich für mich das sinnliche Erleben, einen Brief zu schreiben oder zu empfangen. Ich stelle mir vor, wie der Empfänger den Stempel entziffert, die fremde Briefmarke bestaunt. Auch jahrelange Weltreisen konnten das Briefeschreiben nicht entzaubern, noch immer hat es für mich den Reiz des Exotischen.

So nehme ich das Blatt Papier, streiche es glatt, drehe an dem Docht meiner kleinen roten Petroleumlampe, bis die Flamme ein bisschen heller wird und schreibe.

Lake Minchumina
im Januar

Schließe bitte die Augen, und stell es dir vor: Die Blockhütte steht in einem großen Birkenwald am Rande eines Pfades, der vom Lake Minchumina einen Hügel hinaufführt. Während ich diese Zeilen schreibe, kräuselt sich Rauch über dem Schornstein. Drinnen, zwischen meinen rustikalen Wänden, ist es bereits behaglich warm.

Ich habe zwei Fenster, eins nach vorn, eins nach hinten raus. Fenster sind bei der Witterung hier Schwachstellen, sie lassen zwangsläufig Kälte hinein und sind deswegen relativ klein.

Vier mal fünf Meter misst mein Reich. Nicht viel, wirst du sagen, und denken, dass das ja gerade mal die Hälfte von unserem Wohnzimmer ist. Doch große Räume kosten Energie, das Heizen bedarf reichlich Muskelkraft. Also ist man bescheiden.

Die vier Wände bestehen aus je zehn übereinander liegenden, matt honiggold schimmernden Baumstämmen.

Stell dir vor, du betrittst mein Blockhaus:

Du kommst über den Vorbau, eine kleine Terrasse, deren Dach rechts und links von malerisch verwachsenen Stämmen getragen wird. Ihre knorrigen Auswüchse erinnern an Koboldgrinsen. Du öffnest die Tür und blickst als Erstes auf den Ofen, das wichtigste Stück in einem Blockhaus in Alaska.

Als ich eintrat, waren es drinnen minus 28 Grad. Die Reisigstücke zum Anzünden lagen bereit, bald flackerte ein Feuer, und als die ersten Birkenscheite brannten, war es bereits gemütlich warm.

Nun sitze ich auf einem Schaukelstuhl neben dem eisernen Ofen. Die Petroleumlampe ist meine einzige Lichtquelle, die Gaslaterne ist noch aus. Ich werde behutsam mit allem hier umgehen, denn jedes Lebensmittel, jede Gasflasche, jeder Liter Diesel für den Generator, jedes Ersatzteil muss eingeflogen werden.

Neben meinem Bett steht ein kleiner Schrank, und an der Wand hängt ein holzgerahmtes Bild, das einen Falken zeigt. Die Hälfte des Inneren meines Hauses ist von einer Empore überdeckt, zu der hinauf eine Hühnerleiter führt, wie ich die schmale Stiege nenne. Sehr praktisch, oben ist mein Stauraum für die voluminöse Winterausrüstung.

Durch das hintere Fenster fällt der Blick vorbei an den schlanken Birkenstämmen auf das ›outhouse‹, das Häuschen mit Herz. Man sitzt dort auf einer individuell zugeschnittenen Styroporbrille. Carol kommentierte lachend: »Du frierst auch bei minus 40 Grad garantiert nicht fest!«

Weniger als 24 Stunden bin ich in Alaska und habe schon mehr erlebt als daheim in einer Woche.

Es ging sofort richtig los. Vom Flugzeug ab auf den Hundeschlitten. Ein kleines Team, nur sechs Hunde, aber sofort war ich mittendrin im Abenteuer.

Ich trug die Überhandschuhe, die du mir damals nach den Schnittmustern von Freunden in unserem Blockhaus am Yukon selbst genäht hast. Der dichte Biberpelz brach den eisigen Fahrtwind, und das dicke, geräucherte Elchleder drinnen wärmte meine Hände. Aber du weißt ja, bei Temperaturen von fast 30 Grad unter null reicht das nicht aus. Und so trug ich darunter noch ein Paar warme Fingerhandschuhe.

Die Bäume flogen an mir vorbei, die Hunde liefen schnell. Ihre Namen habe ich vergessen, morgen werde ich mich einige Zeit im ›dog yard‹, dem Hundehof, umsehen und sie mir einpauken.

Die Schlittenkufen huschten über den Schnee. Mein Gott, die Huskys liefen prächtig! Kaum dass ich auf dem Schlitten stand, fühlte ich mich so frei wie damals, als ich 5000 Kilometer mit Schlittenhunden durch Alaska zog.

Der Denali verbarg sich leider hinter grauen Eisnebeln. Meine Fahrt dauerte nur eine Stunde. Aber diese Schlittenfahrt war überwältigender als der schönste Traum.

Ich lege das Briefpapier zur Seite. Morgen werde ich den Brief fortführen. In einer Stunde soll es zu den Nachbarn Tom und Penny Green gehen. Nachbarn? Die Greens wohnen zehn Kilometer entfernt am anderen Ende des Sees.

»Du musst doch eigentlich todmüde sein«, vermutet Carol, aber ich bin wie aufgedreht.

Tonya ermuntert mich: »Komm mit, auf einen Schlag lernst du jede Menge Nachbarn kennen.«

Dass zwei »Nachbarn« sogar mit dem Flugzeug anreisen, erwähnt sie nicht.

In meinen Wetternotizen steht über diesen Abend: »Minus 32 Grad. Die Sonne ist längst untergegangen. Schwach dringt von fern durch die Birken das Licht der Denali West Lodge zu mir.« Eine Nacht ohne Sterne. Wie eine Glocke liegt eisiger Nebel über dem Lake Minchumina. Das Knirschen des Schnees unter meinen Sohlen klingt wie Musik. Dieses Brechen der harten Oberfläche, das mit dem Abrollen des Fußes in ein feines Singen übergeht. Schnee ist nicht gleich Schnee. Weich und geräuschlos ist der frisch Gefallene; bei minus 20 Grad ist Schnee wie Pulver, wie grobkörniger Sand knirscht er bei minus 40 Grad.

Wir nehmen den Motorschlitten. Tonya, vorn am Lenker, hat in ihrem Gesicht jedes Stück Haut durch Pelze verdeckt. Ich verkrieche mich in ihren Windschatten. Carol duckt sich in den angehängten Schlitten, der ziemlich unsanft über die vielen Unebenheiten des zugefrorenen Sees poltert.

Penny Green misst gerade mal eins sechzig. Doch was ihr an Körpergröße fehlt, gleicht sie durch Quirligkeit aus. Sie ist ein einziges Energiebündel, das überall Heiterkeit versprüht. Hier lässt sie ein nettes Wort fallen, dort ist ihr Lachen zu hören. Träfe man Penny in einer Weltstadt wie Chicago, Boston oder Berlin, man würde wetten, sie sei dort geboren worden. Tatsächlich erblickte sie das Licht der Welt in Fairbanks/Alaska. Aber ist es nicht oft so, dass Klischees und Wirklichkeit auseinander klaffen? Das immer wieder zu erleben ist mit das Spannendste auf Reisen.

Tom, ein hagerer Typ mit schmalem Gesicht und dichtem roten Vollbart, ist seinem Wesen nach das genaue Gegenteil von Penny. Während sie sofort jeden Raum füllt, nimmt man ihn zunächst kaum wahr.

All diese Details erkenne ich erst, als meine Brille nicht mehr beschlagen ist. Zunächst registriere ich das Geschehen im Blockhaus wie durch einen Weichzeichner. Links im Raum herrscht Hochbetrieb. Vier Frauen verwandeln auf dem großen Küchentisch Tomaten und Kohl zu Salat. Carol und Tonya packen ihre durch unsere Fahrt steinhart gefrorenen Bratkartoffeln aus.

»Zum Potluck bringt jeder von uns was mit. Was dabei rauskommt, kann man nie wissen, aber es ist immer lecker«, schwärmt Tonya.

Still und anheimelnd altväterlich geht es in der rechten Raumhälfte zu. Fünf Männer erkenne ich, zwei davon über 60, einer mittleren Alters sowie zwei Jüngere. Um ein Bild wie dieses einzufangen, müsste ein Hollywood-Regisseur alle Register der Beleuchtungskunst ziehen.

Die Haken an den Blockhauswänden können die Kleidungsstücke längst nicht mehr tragen. Ich schäle mich aus meiner schweren Ausrüstung und stapele sie auf dem Boden: den dicken Parka mit dem breiten Pelzbesatz, die Pelzmütze, meine bis über die Nase reichende *facemask*,

Penny und Tom Green – gastfreundliche Lebenskünstler

den Gesichtsschutz. Dann die Fleecejacke, den Schal, zum Schluss die sperrige, wattierte Überhose. Meine zwei Paar Handschuhe habe ich als Erstes abgelegt.

Nachdem ich den Nebel von meinen Brillengläsern gewischt habe, sehe ich etwas deutlicher.

Steven Green ist mit Anfang 20 der Benjamin im Männerquintett. Neben ihm sitzt Ray Wildrick, dessen Frau Stella den Poststempel gegen einen Kochlöffel getauscht hat. Sie ist beim heutigen Potluck für die Suppe zuständig.

Potluck ist eine Erfindung der weißen Alaskaner. »*Potlatches*«, so der ursprüngliche Begriff, waren bei den Ureinwohnern farbenprächtige Feste mit Tänzen und Zeremonien, die viele Tage dauerten. Der Gastgeber verteilte wertvolle Geschenke – vor allem Decken – an die Stammesmitglieder. Jeder hatte zu akzeptieren, was er bekam. Das dürfte nicht schwer gefallen sein. Anders die Verpflichtung, dem Gastgeber etwas Wertvolleres zurückzuschenken. Diese Sitte führte bei vielen üppig Bedachten zu schwerer Verschuldung.

»So ist das bei uns aber nicht«, lacht Carol, während sie ihre Kartoffeln in den Backofen schiebt. »Einmal im Monat treffen wir uns, schon um nicht zu Einsiedlern zu werden. Aber auch, um unsere Lebensinteressen nach außen besser vertreten zu können. Wir müssen uns Gehör verschaffen, bevor die Politik unserer Subsistenzwirtschaft den Garaus macht. Viele von uns finden, dass unsere Belange nicht offensiv genug vertreten werden. Ich selbst halte Verbindung zu den *natives*, den Indianern. Ihre Interessenlage ist die unsrige. Wir alle leben nach dem Prinzip der *subsistence*, also vom Land. Aber das gegenüber der immer einflussreicheren Lobby der Stadtmenschen zu vertreten, wird zunehmend schwerer!«

Von den Anwesenden sind Fran und Mike Turner diejenigen, die sich am konsequentesten dem einfachen Leben in der Wildnis verschrieben haben. Mike, Anfang 60, verdingt sich bereits seit einem halben Jahrhundert als Fallensteller.

In dem am Kantishna River gelegenen Blockhaus der Turners gibt es weder einen Stromanschluss, noch tuckert ein Generator. Sie haben weder Pumpe noch Waschmaschine, Fran schöpft das Wasser per Hand aus dem Fluss. Wäsche wird wie zu Großmutters Zeiten auf dem Waschbrett gewaschen. Einen Supermarktbummel erlebt sie selten, einmal im Jahr vielleicht, dann kauft sie auch Mehl.

»Koste unbedingt ihr Brot, es ist köstlich!«, schwärmt Carol. Heute kann ich mich bei Karottenkuchen von Frans Backkünsten überzeugen.

»Natürlich stammen die Karotten nicht aus dem Kühlschrank.« Fran lächelt still und erklärt, dass sie das Gemüse, das sie im Sommer selbst zieht, trocknet. Sie kocht auf einem Holzofen, und der Braten, der auf den Tisch kommt, stammt von einem selbst erlegten Elch. Fran trainiert die Schlittenhunde und bringt zusätzliches Geld in die Haushaltskasse, indem sie die Schädel der von Mike gefangenen Luchse, Wölfe und Marder reinigt und verkauft.

Was hat die Menschen in diesem Blockhaus bewogen, auszusteigen? Was hat sie dazu gebracht, dem *American Way of Life*, dem man auf allen fünf Kontinenten so atemlos hinterherjagt, Ade zu sagen und freiwillig ein Leben an der Armutsgrenze zu führen? Das herauszufinden reizt mich.

Der Einzige mit festem Job ist Adam White, der als Moderator für die *KIAM Radio Station* arbeitet. In seiner Freizeit missioniert er für eine der vielen kirchlichen Gemeinschaften. So wie heute Abend. Kurzerhand haben seine Frau Lindy und er die beiden kleinen Töchter daheim in Nenana ins Flugzeug gesetzt und sind eine Stunde lang zu diesem Treffen am Lake Minchumina geflogen.

Hier hat Adam seine Familie abgesetzt, um dann noch die Turners von ihrem Blockhaus am Kantishna River abzuholen.

Von den vier Familien hier verfügen zwei über ein eigenes Flugzeug! Irre!

Ich beobachte den jungen Steven Green, auch er Besitzer eines Flugzeugs, der auf dem Monitor seines Notebooks Digitalfotos vom Mount Denali anschaut. Beim Thema Fotografie kommen wir natürlich schnell ins Gespräch.

Steven Green hat sein ganzes Leben am Lake Minchumina verbracht, die letzten 23 Jahre also. Aber in diesen wenigen Jahren hat er bereits den Pilotenschein erworben und steuert jetzt auf die Lizenz für kommerzielle Flüge zu.

Vater Tom ist er wie aus dem Gesicht geschnitten, allein schon durch den roten Bart. Aber es verblüfft nicht nur die äußerliche Ähnlichkeit, Steven teilt auch Daddys Hang zur Technik. »Das liegt bei den Greens in den Genen«, witzeln die anderen. Ihr Prachtstück von Flugzeug haben Tom Green und dessen Vater vor vielen Jahren aus gebrauchten Einzelteilen zusammengebastelt.

Steven zeigt mir einen Versandkatalog für Flugzeuge. Schon für überschaubare 20.000 Dollar bekommt man hier Flugzeuge – als Bausatz inklusive Montageanleitung, so wie daheim den Küchenschrank von Ikea ...

Niemand trinkt Bier oder Wein. Stattdessen macht ein Pott mit Früchtetee die Runde. Doch meine Augenlider werden jetzt zunehmend schwer. Die Wärme im Haus, das gute Essen und dann die Tage und Nächte ohne richtigen Schlaf ...

Zehn Stunden nach dem *touch down* des Buschflugzeuges schiebe ich einen mächtigen Scheit fast grünen Birkenholzes in den Ofen meines Blockhauses. Trockenes Holz verbrennt zu schnell. Noch ein Weilchen lasse ich den Abzug am Ofenrohr geöffnet. Dann stelle ich ihn auf klein, das Bullern des Feuers wird leiser.

Wie gemütlich doch meine *cabin* ist. Ich freue mich darauf, Tom Green demnächst beim Bau einer solchen Blockhütte für einen Freund helfen zu können. Er hat mich dazu eingeladen. Aber erst müssen die Tage länger und wärmer werden.

Tom ist einer wie die meisten hier: ein Überlebenskünstler und Improvisationstalent, ein »*Jack of all Trades*«, also ein Alleskönner und Tausendsassa, der viele Eisen gleichzeitig schmieden kann. Von diesem Holz muss man geschnitzt sein, wenn man hier über die Runden kommen will. Neben dem *log cabin*-Bau ist sein wichtigstes Standbein das Fallenstellen. Ehefrau Penny und Steven steuern zum Familieneinkommen bei, indem sie Postflugzeuge abfertigen. Mit einem Job allein überlebt hier fast niemand.

5

Mein neues Zuhause: Die ›cabin‹ westlich des Denali

Bei den Huskys ist heute der Teufel los. Sie tanzen wie Derwische über ihre Hüttendächer und wirbeln wie Akrobaten durch die Luft. Nur Bergman, Tonyas zuverlässiger Leithund, liegt still und abwartend in der Hütte. Den Kopf auf den Eingang gelegt, verrät er nicht mit einem Blick, ob dies überhaupt sein Tag ist. Freckles, Brooks, Bird, Shenia, Ann, Aby, Lenny, Rudi, Shigeo, Diamond, Toby und Inego, Brush, Moe, Garth, Sweet Pea, Ann, Eleonora und Spicc, Major, King, Panda, Vito, Arizona, Mawson, Cruise, Ursel, Lenny heißen die anderen.

Nirgendwo sonst auf der Welt gibt es so viele Huskys, kein anderes Land setzte den Schlittenhundesport erfolgreicher auf die internationalen Veranstaltungskalender als Alaska. Die Marathonrennen Iditarod und Yukon Quest setzen Maßstäbe.

Viele der vierbeinigen Athleten sind braun, schwarz oder grau. Nur ein Teil hat blaue Augen. Hunde mit klassischem Erkennungsmerkmal wie beim Sibirischen Husky oder dem weißen Samojeden sehe ich hier allerdings kaum.

Der alaskanische Husky geht auf den Malamuten zurück. Wie alle Hunde stammt dieser vom Wolf ab, aber irgendwann verliert sich sein Stammbaum im Dunkel der Frühgeschichte. Den Malamuten prägte sein harscher Lebensraum und das Winterklima im Nordwesten Alaskas. Nur die körperlich und psychisch Stärksten konnten hier überleben. Unter dem Außenfell entwickelte der Malamute einen dicken Unterpelz, der ihn vor den extremen Witterungsverhältnissen schützte. Malamuten sind wie Sibirische Huskys entweder wolfsgrau oder schwarzweiß. Anders als beim Sibirer, dessen zumeist blaue Augen bestechen, sind die des Malamuten braun. Diese Tiere schleppten die Lasten der Expeditionen von Peary, Cook und Admiral Byrd und zogen die Schlitten der Klondike-Goldsucher.

1960 lag das mittlere Gewicht eines Malamuten bereits bei 30 Kilo, doch züchterischer Ehrgeiz führte zu noch mehr Pfunden. Seit Mitte der 70er-Jahre wiegt der durchschnittliche Rüde 40 Kilo; ein mehrfach prämierter Malamute namens Oonanik brachte sogar stramme 70 Kilo auf die Waage.

Die Wünsche an die Hundezüchter sind jetzt anders. Der alaskanische Husky soll schneller und immer schneller werden, dabei mussten Gewicht und dickes Fell zwangsläufig auf der Strecke bleiben. Marathonläufer haben ja auch keine Statur wie Arnold Schwarzenegger, und wer joggt schon im Pelzmantel?

Auf der Suche nach dem ultimativen Rennhund wird in der Schlittenhundeszene schon lange experimentiert. Kurioses kam zum Beispiel bei John Suter heraus, der Pudel einkreuzte und es mit seiner Promenadenmischung beim Iditarod-Rennen tatsächlich in 17 Tagen von Anchorage bis Nome schaffte. Als *poodle man* wurde er von Talkshow zu Talkshow gereicht und hinterließ kleine Spuren in der Schlittenhundegeschichte Alaskas.

Solche Züchtungen – und Überzüchtungen – sehe ich in meinem *dog yard* nicht.

Während der vergangenen Tage haben die Huskys und ich uns beschnuppert. Nach und nach erfüllen mich wieder die alte Sicherheit und das Selbstvertrauen als *musher*, wie die Schlittenhundeführer hier heißen. *Musher* sind die Koordinatoren ihrer sechs-, acht-, zehn- oder 14-köpfigen Teams. Sie sorgen für Streicheleinheiten, verarzten wund gelaufene Pfoten und massieren gezerrte Muskeln. Wie bei einem guten Freund eben …

Solche Gedanken schwirren mir durch den Kopf, als ich aus den Augenwinkeln sehe, dass Carol ihre *dog chores*, ihre morgendlichen Hundepflichten, beendet hat.

Ich streichele Bergmans geflecktes Gesicht, aus dem mich zwei helle Augen freundlich ansehen. Ungeachtet seines Namens ist Bergman ein Aristokrat, er stammt aus der Zucht des viermaligen Iditarod-Champs Susan Butcher (das erfuhr ich erst später, als Bergman und ich uns längst angefreundet hatten).

Die Sonne ist jetzt aufgegangen. Aber im Januar ist es eine Sonne ohne Kraft.

Ich lade Carol und Tonya zu einer Tasse Kaffee in meine Blockhütte ein. Das Knirschen des Schnees unter unseren Schuhen ist das einzige Geräusch, im Hundehof herrscht jetzt nach der Fütterung Totenstille. Als ich die Tür zu meiner *cabin* öffne, quillt uns die Wärme wie eine dicke weiße Wattewolke entgegen.

In meiner Erinnerung ist Carol »die Frau im Erdhaus«, die mit ihren Töchtern Tonya und Paula im fernen Manley Hot Springs mit einem Dutzend Hunde ein einfaches Leben führt. Was hat sie bewogen, unter ihr altes Leben einen Schlussstrich zu ziehen und hier gemeinsam mit Tonya eine Wildnis-Lodge zu übernehmen? Hat sie überhaupt einen Schlussstrich gezogen?

»Lass mich ein wenig ausholen ...«, sagt sie schmunzelnd und lehnt sich zurück. »Meine Geschichte beginnt mit Jack und Sherri Hayden. Du kennst solche Geschichten ... der Traum vom Ausstieg in die Wildnis, vom Überleben allein mit dem, was die Natur dir gibt. So begann es auch bei Jack und Sherri. Die beiden hatten sich 1976 in Anchorage kennen gelernt und sich zu ihrem ersten Rendezvous verabredet. Jack hielt es für eine klasse Idee, seinem neuen Schwarm gleich seine Goldmine nahe dem Geisterort Iditarod vorzuführen. Er war damals schon Pilot mit eigenem Flugzeug ...« Sie legt die Stirn in Falten, »... einer einmotorigen *Aeronica Sedan*. Doch die hatte offenbar keinen guten Tag. Es gab technische Probleme, und Jack musste auf einer Sandbank im George River notlanden. Es ging alles noch mal glatt. Auch der jungen Liebe tat es keinen Abbruch, und ein Jahr später heirateten die beiden. Mal arbeitete Jack als Goldgräber, dann wieder flog er als Lufttaxipilot von McGrath aus Passagiere in die Wildnis. Ein Jahr nach der Geburt ihres ersten Sohnes Sam zogen Jack und Sherri 1980 an den Lake Minchumina. Es waren sehr einfache Anfänge. Sie verkauften ihre Schürfrechte, um den Neustart finanzieren zu können. Jack fällte eigenhändig jeden Baumstamm für ihr Haus. Irgendwann kam Scott, ihr zweiter Sohn. Das Blockhaus hier wurde zunehmend ihr Lebensmittelpunkt. Jack kaufte sich ein Hundeteam und eine *trap line*, auf der er Fallen stellte. Im Winter arbeitete er als Trapper, im Sommer wurde das Blockhaus unter seinen Händen immer ansehnlicher und größer. Nach vier Jahren war es endlich fertig. 1985 nahmen die beiden einen bescheidenen Gastbetrieb auf. Jack baute zwei Gäste-Blockhütten und eine Sauna, um ihr Wohnhaus herum entstand die Great Northern Lodge.«

Ich stehe auf, um ein paar Stücke Holz nachzulegen.

»Noch etwas Kaffee?«

Carol schüttelt den Kopf. »Nein danke. Er war gut, aber Kaffee trinke ich nur selten. Er entzieht dem Körper zu viel Wasser. Und das ist das Letzte, was du dir bei der geringen Luftfeuchtigkeit in Alaska erlauben kannst.«

Ich schraube die Thermoskanne zu und setze mich den beiden gegenüber.

»Nach und nach verlagerten die Haydens ihren Schwerpunkt von Angeltouren zu Naturbeobachtungstouren und Schlittenhundetrips. Und sie änderten den Namen in Denali West Lodge. 1988 war ein tragisches Jahr für sie. Jack hatte sein Wasserflugzeug auf dem See geparkt und wollte gerade mit Sherri und den Söhnen Sam und Scott fortfliegen. Es war ein windiger Tag, die Wellen des Sees waren ungestüm. Jack war ein erfahrener Pilot und wusste das Wetter zu deuten. Doch während er draußen Wasser aus den Schwimmkufen der Maschine pumpte, packte eine Sturmböe das Flugzeug und wehte es um. Das Cockpit war unter Wasser – darin seine ganze Familie! Jack tauchte. Es gelang ihm, die Tür zu öffnen. Seine Frau kam raus, auch Scott. Aber Sam konnte nicht schnell genug befreit werden und ertrank im Flugzeug. Trost fanden sie erst, als ein Jahr später ihre Tochter Katheryn geboren wurde. Jack und Sherri betrieben die Lodge bis zum vergangenen Jahr, als Tonya und ich sie kauften.«

Die Denali West Lodge ist eine der schönstgelegenen Wildnis-Lodges in Alaska. An klaren Tagen sieht man vom *diningroom* aus den Mount Denali wie eine steinerne Festung über dem See stehen. Und die Schlittenhundetouren von hier in den Denali National Park ermöglichen einem das seltene Privileg, dem höchsten Berg Nordamerikas ganz nahe zu kommen. Ich weiß, dass Tonya die treibende Kraft für den Kauf dieses Wildnisparadieses war.

»Dieses ist meine Welt. Hier nämlich kann ich mit den Gästen meine Erfahrungen mit der Natur und den Schlittenhunden teilen«, hatte sie mir verraten.

Und Erfahrung hat sie in der Tat reichlich. Tonya wuchs in der Wildnis auf. Als andere Steppkes noch zur Vorschule gingen, war sie bereits Trapper. 1991 startete sie mit 18 Jahren beim Yukon-Quest-Schlittenhunderennen.

Carol ist in die Lodge zurückgegangen. Tonya lehnt sich in ihrem Schaukelstuhl zurück und reicht mir ihre Tasse. »Gegen einen zweiten Kaffee hätte ich nichts einzuwenden. Ich will ja nicht in allen Punkten sein wie meine Mutter«, sagt sie mit einem spitzbübischen Lächeln.

»Ich war der erste Rotschopf, der im neuen Fairbanks Memorial Hospital geboren wurde. Das war im Mai 1972«, fährt Tonya fort. »Aber schon mit drei Monaten zog ich in die Wildnis. Pilot Cy Heatherington aus Manley Hot Springs lud uns samt Ausrüstung in sein Wasserflugzeug und flog uns zum Mooseheart Lake. Während meiner ersten fünf Lebensjahre lebte ich mit meinen Eltern in einem Blockhaus, das wir ›Mooseheart Cabin‹ nannten.« Tonya sieht mich an: »Mom kann dir mehr über diese Zeit erzählen … Jedenfalls war ich fünf Jahre alt, als wir nach Fairbanks zurückgingen. Dad wollte nach den Jahren als Trapper wieder als Wissenschaftler an der University of Alaska arbeiten. Es hingen damals wohl schon dunkle Wolken am elterlichen Himmel … Als ich sechs war, kurz nach der Geburt meiner Schwester Paula, ließen sich meine Eltern scheiden.

Im November desselben Jahres steckte Mom mich und Paula in unseren voll beladenen Pick-up-Truck und fuhr mit uns gen Süden nach Haines/Alaska. Wir bestiegen das Schiff nach Seattle und nahmen dort einen Flieger nach New York. Das Leben an der Ostküste hielt uns nur anderthalb Jahre … Als wir beschlossen, nach Alaska zurückzugehen, war ich in der dritten Klasse. Zunächst lebten wir in Manley Hot Springs. Aber schon bald zogen wir gemeinsam mit dem Trapper Miles Martin an den Kantishna River. Eine tolle Zeit. Mit seinem Hausboot tuckerten wir flussaufwärts und bauten dort mit ihm ein Blockhaus. Ich war schon groß genug, um mithelfen zu können. Mein Job war, Moos in die Ritzen unserer *cabin* zu stopfen. Unser Blockhaus am Kantishna

River wurde mein neues Zuhause. Den Schulunterricht erhielt ich durch die *correspondence school*. Doch Mom und Dad hatten zwischenzeitlich vereinbart, dass wir Kinder ein ums andere Jahr auch bei unserem leiblichen Vater in Fairbanks leben und dort zur Schule gehen sollten. Mit Beginn der siebten Klasse ging es endlich wieder zurück in die Wildnis. Jetzt begann mein Leben ... Miles lehrte mich, Fallen zu stellen, und ich bekam ein eigenes Schlittenteam mit drei Hunden.«

Tonya sieht nachdenklich aus dem Fenster.

»Zu gern wollte ich damals ein eigenes kleines Haus haben. Ich träumte von ›meinem Fort‹. ›Okay‹, sagte Miles, ›dann bau dir eins.‹ Überglücklich nahm ich meine drei Hunde, den Schlitten, meine kleine Säge mit dem nur 60 Zentimeter langen Sägeblatt, eine kleine Axt und *mushte* los! Am Ufer eines Baches begann ich, Bäume zu fällen. Endlich stand mein Fort. Jetzt fehlten nur noch ein paar Fallen, um als Trapper leben zu können. Ich erhielt zehn *number zero traps*, das sind die Kleinsten, und zwei etwas größere *number two traps*. Klar, ich musste noch sehr viel lernen. Zum Beispiel, dass Fallen nicht den Hauch eines menschlichen Geruchs tragen dürfen. Bei Mardern ist das nicht ganz so wichtig. Doch Fuchs und Wolf sind clevere Burschen. Es war eine aufregende Zeit.

Fallen stellen wurde für mich nie langweilig. Für die Schule erübrigte ich allemal drei bis vier Stunden pro Tag. Mom ist ja Lehrerin, sie hat mich auch darin unterstützt. Einmal im Monat kam jemand von der Schulbehörde angeflogen, um uns Wildniskindern auf den Zahn zu fühlen. Dabei gab's auch etwas Mathe-Nachhilfe, denn Rechnen ist meine Achillesferse.

Das nächste Jahr war wieder eins dieser Jahre, in denen ich zu Dad nach Fairbanks musste. Die ganze Zeit träumte ich vom Blockhaus am Kantishna. Die täglichen Fahrten im Schulbus, das Leben in der Stadt, all das war verplemperte Zeit für mich.

Später hat Dad mich mal zu einem Besuch nach Disney World eingeladen. Klar, das war schon prima ... Aber als ich im Vergnügungspark all die Sicherheitsvorkehrungen und die Perfektion sah, dachte ich: Das wahre Leben spielt sich zu Hause in Alaska ab – ohne Netz und doppelten Boden.«

»Hast du eigentlich jemals mit Puppen gespielt?«, frage ich Tonya.

»Ich hatte eine *beanie doll*, ein mit Bohnen gefülltes Püppchen. Aber wozu brauchte ich Puppen, wo ich doch meine Hunde hatte? Ich nahm Kleidungsstücke und Decken und staffierte sie mit viel Fantasie aus. Die Huskys machten vergnügt mit. Alles war so echt! Die Hunde pupten und pinkelten wirklich!«

Tonya lächelt still vor sich hin.

»Es war eine schöne Zeit am Fluss … Sie prägte mein Leben und die Liebe zur Wildnis. Nach der High School sollte auch für mich der Ernst des Lebens beginnen. Aber ich hatte das große Glück, für Susan Butcher als *dog handler* arbeiten zu dürfen. Susan lebte nicht allzu weit von uns entfernt in der winzigen Buschsiedlung Eureka, und ich half ihr gegen Kost und Logis bei der Hundezucht und -pflege.«

Im Kopf überschlug ich ein paar Daten.

Das war zu Susan Butchers großer Zeit. Dreimal, 1986, 1987 und 1988 gewann sie in Folge das Iditarod. 1990 ging sie erneut in Nome als Erste über die Ziellinie. Viermaliger Sieg! So etwas hatte es zuvor noch nie gegeben, und schon gar nicht von einer Frau! Susans Triumphe wurden zum weltweiten Medienspektakel.

»Mit 17 war mir klar, dass ich am nächsten großen Schlittenhunderennen teilnehmen würde. Ich wählte das Yukon Quest.«

Tonya sieht auf die Uhr. »Doch davon erzähle ich dir später. Ich muss jetzt unbedingt meinen Schlitten packen. Morgen werde ich mit Alan, einem meiner Helfer, eine Schlittentour zu den Oses, befreundeten Trappern, unternehmen.«

Nachdem Tonya gegangen ist, ziehe ich mich warm an und gehe wieder zu meinen Hunden. Täglich übe ich mich in den 100 kleinen und großen Handgriffen, von denen das Überleben in der Wildnis abhängt. In ein paar Tagen will ich meine erste Schlittentour allein unternehmen. Nichts Großes, nur eine Schnupperfahrt, ein Stück auf dem Wintertrail nach Nenana. Ich bin bereit fürs Abenteuer. Mein Schlitten ist schon gepackt, ein erwartungsvolles Team von acht Hunden ist heiß darauf endlich aufzubrechen.

Auf diesen Moment habe ich lange gewartet.

Zentralalaska, das *interior*, ist außerhalb der Alaska Range ein Land der sanft geschwungenen Hügel und endlosen Fichtenwälder, der ausschweifend mäandernden Flüsse und tausender großer und kleiner Seen. Im Norden wird es durch Tundren begrenzt, hinter denen sich die Berge der Brooks Range erheben.

Seit acht Stunden bin ich durch diese weiten Wälder gefahren. Ich habe wenig gegessen und wohl auch zu wenig getrunken. Ich fühle mich ausgelaugt und lege eine Rast ein.

Später, in der Rückschau, werden die Strapazen vergessen sein. Dann werde ich mich vor allem an die Stille erinnern und an meine Hunde, die sich jetzt vor dem Schlitten an der Zugleine zusammengerollt haben und ein Nickerchen machen. Vermutlich wird der Filter meiner Erinnerung später ausblenden, wie ich mich jetzt zwinge, die Schneeschuhe unter der hart gefrorenen Schlittendecke hervorzuziehen und sie umständlich, mit klammen Fingern, an meine schweren Stiefel zu schnallen. Ich streife meine Handschuhe ab, um die vereisten Riemen festzuzurren. Der Frost beißt mit spitzen Zähnen in meine Finger. Erst der zweite Versuch gelingt.

Die Aufbruchseuphorie ist der Routine gewichen. Bei den Hunden wie bei mir. Mit der Säge in der Hand stapfe ich vom Trail zu einem abgestorbenen Baumstamm, zersäge ihn, schleppe die Stücke heran, schaufele mit den Schneeschuhen eine Vertiefung und zünde darin ein Feuer an, auf das ich den Topf mit Schnee setze. Mir ist jetzt so warm, dass ich den dicken Parka ausziehe.

Ein Blick aufs Reisethermometer allerdings bestätigt die Realität: 34 Grad unter null.

Nordlicht huscht wie ein phosphoreszierender grüner Nebel über den Nachthimmel. Ein Lichtbogen fliegt wie ein riesiger Bumerang über den Horizont. Unmerklich löst auch er sich auf und regnet wie ein barockes Feuerwerk zur Erde.

Davon hatte ich an verregneten Wintertagen im fernen Norddeutschland geträumt.

6

Der »Trail des Schreckens« oder
Ein ganz normaler Besuch bei Nachbarn

Ich erinnere mich an Gespräche mit meiner Familie und Freunden, nachdem Juliana und ich – von unseren jahrelangen Weltreisen heimgekehrt – in Deutschland ein Grundstück erworben hatten, das aus der Sicht des Städters durchaus als entlegen bezeichnet werden kann. Es liegt am Rande eines reizvoll in einen Wald eingebetteten kleinen Dorfes. Wir haben keinen Eisenbahnanschluss und keinen Supermarkt. Mutter war entsetzt: »Nicht mal 'ne Apotheke habt ihr!«

Nur sechsmal am Tag fährt bei uns der Bus, und will man zum Rest der Welt aufbrechen, wählt man einen der drei Pässe, über die Zugang zu unserem Dorf besteht. Was man so unter Pässen versteht ...

Daran denke ich, als mich Tonya nach meiner Rückkehr besucht und mir über ihre Exkursion zu Duane und Rena Ose erzählt.

Hier ist ihr Bericht: »Ach, das war doch nur ein ganz normaler Besuch bei Nachbarn. Es war Samstag, der 24. Januar, 21.10 Uhr: Ich rief bei *KIAM Radio* in Nenana an und bat, eine *mukluk message* von mir live über den Äther zu schicken«.

In einer Region, wo es keine Telefone gibt, hält das Radio die Verbindung aufrecht. »*Mukluk*« ist der alte Begriff für die Winterstiefel der Indianer und passt gut zu dieser vorsintflutlich anmutenden Form der Kommunikation.

»›Hallo Duane und Rena‹, sagte ich über das Radio. ›Wir haben den lange angekündigten Besuch bei euch nicht vergessen! Wir kommen! Ich breche Dienstagmorgen mit Schlittenhunden auf. Alan begleitet mich, Steven Green stößt per Motorschlitten dazu. Wir nehmen ein Zelt und einen kleinen *arctic oven* mit. Falls das Wetter umschlägt und wir unsere Pläne ändern müssen, schicken wir euch eine neue *mukluk message*. Haltet euch bis dahin warm ... Gruß, Tonya.‹«

Duane und Rena Ose saßen in der Wildnis am Radio und hörten – wie Hunderte anderer Busch-Alaskaner auch – Tonyas Nachricht. Sie freuten sich auf den angekündigten Besuch.

Tonyas Trail-Notizen:

Dienstag, 27. Januar: Bevor ich dazu komme, die Notizen über unseren ersten Tag zu verfassen, ist es doch tatsächlich 22 Uhr geworden … Erstmals in meinem Leben schlafe ich in einem Zelt in der Wärme eines kleinen Reiseofens. Mein Gott, ist das gemütlich! Doch ich vermisse die Sterne und das Flackern des Polarlichts über mir.

Eigentlich wollten wir früh am Lake Minchumina aufbrechen, Alan mit acht, ich mit elf Hunden. Die Schlitten waren schon gut beladen, auf meinen packte ich noch 80 Pfund Trockenfutter, 20 Pfund Hühnerfleisch und Fett für die Hunde.

9.40 Uhr: Ich zog den Schneeanker, und schon jagten die Hunde los. Doch nur bis Handlebar Hill. Dort brach ein Hund nach dem anderen durch die dünne Kruste einer über Nacht entstandenen Schneeverwehung. Sekunden später hatte ich ein ›tangle‹, einen Haufen hoffnungslos ineinander verknoteter Hunde, die mich völlig bedeppert ansahen. Ich entwirrte sie, und bald waren wir auf dem Trail zurück.

Was für ein Tag! Bei Spruce Hill lag die majestätische Alaska Range vor uns, ein messerscharfes Panora, dominiert vom Denali und Mount Foraker. Hier gesellte sich Steven Green mit seiner ›snow machine‹ zu uns. Man glaube nicht, die Pferdestärken eines solchen Motorschlittens lösen alle Probleme von selbst. Im Gegenteil. In der steilen Furche eines Bachbettes fuhr sich sein schweres Gefährt fest. Was nun?

Hatten Alan und ich nicht 19 Hunde? Na dann los! Wir banden alle 19 hintereinander. Zunächst schauten sie irritiert, dann aber erfreut. Es roch nach Abwechslung. Im Nu war der Motorschlitten frei. Der Bach heißt seitdem ›19-Dog-Power Creek‹.

Steven, der vorausfuhr, erreichte als Erster den Lake 007, an dessen Ufer eine halb zerfallene Blockhütte steht.

»Mit 'nem neuen Dach drauf wäre das eine tolle Behausung«, gab sich Steven optimistisch. Aber jetzt war es das reine Chaos, denn Eichhörnchen hatten die Dach- und Wandisolation herausgezerrt.

Der Ofen war noch da, samt Rohr, über dessen Öffnung zum Schutz gegen den Regen ein Blecheimer gestülpt war. Doch der Rost vieler Jahre hatte die Heizklappe untrennbar mit dem Eisenofen verschweißt. In der Hütte konnten wir nicht bleiben.

Also bauten wir das Zelt auf. Ich sägte Holz, um meinen gefräßigen Zeltofen auch über Nacht füttern zu können. Bald war's drinnen kuschelig warm.

Aber die Nacht war bitterkalt, auch weil Alan unsere Isoliermatten vergessen hatte. Ich stand auf, stopfte meinen dicken Parka unter meinen Schlafsack und legte Holz im ›arctic oven‹ nach.

Donnerstag, 29. Januar: Zwei Uhr morgens. Seit gestern früh um sechs sind wir auf den Beinen, 20 Stunden lang ... Um 23 Uhr liefen wir endlich bei Duane und Rena Ose ein, zwölf Stunden, nachdem ich am Lake 007 den Schneehaken gezogen hatte. Die beiden sagten mir später, sie hätten den Schein unserer Stirnlampen schon lange durch die schwarze Nacht tanzen sehen.

Zehn Minuten vor meiner Ankunft am Blockhaus sah ich Steven, der uns vorausgefahren war, mit Duane am Trail stehen. »Whoo! Stop! Stop!«, brüllten beide wie aus einem Mund.

Keine Ahnung, was die wollten. Meine Hunde waren sowieso zu aufgedreht, um jetzt noch zu stoppen. Sie spürten, dass das Ziel nur ein Steinwurf entfernt war. Ich versuchte, meinen Schneeanker hinter einen Birkenstamm zu haken, aber er prallte ab. Die Hunde jagten weiter. Kurzerhand warf ich den Schlitten auf die Seite. Stillstand.

Duane hatte mir nur eine Abkürzung zum Haus zeigen wollen.

Während wir die Huskys ausschirrten, sie an langen Leinen festbanden, ihnen Fleischbrühe gaben und sie mit weichem Heu als Unterlage für die Nacht versorgten, redeten wir alle durcheinander.

»Glückwunsch, dass ihr es geschafft habt, der Trail ist in einem miserablen Zustand«, sagte Duane.

Der Tag war verrückt gewesen ...

Unser Trail war zugewachsen und oft kaum erkennbar. Steven, unserem ›trail breaker‹, schnellten die Zweige ins Gesicht. Alan und ich hockten auf den Schlittenkufen, um den gefährlichen Spitzen auszuweichen.

Aus Eisaufbrüchen im Erdboden quoll eiskaltes Wasser, und in einem dieser ›overflows‹ fuhr Steven seinen Motorschlitten fest. Sofort war der Antrieb vereist. Kaum hatte er die Maschine wieder zum Laufen gebracht, bretterte Alan mit seinem Schlitten gegen einen Baum.

Später wurde der Trail besser. Der Halbmond ging auf, unsere Stimmung war super. Über mir funkelten Kassiopeia, Orion und der Große Bär. Ich rief ihnen ein ausgelassenes »Hallo« zu. Sie leuchteten uns den Weg zum Blockhaus der Oses.

Freitag, 30. Januar: Steven musste vor uns zurückfahren. Am nächsten Tag hatte er das Postflugzeug in Lake Minchumina abzufertigen. Kurz nachdem auch wir von den Oses aufgebrochen waren, prallte Alans Schlitten erneut gegen einen Baum. Ich erinnere mich, dass ich beim Kauf des Schlittens von Jack Hayden über die ungewöhnlich stabilen Stoßstangen gelächelt hatte.

»Mit den ›brush bows‹ kannst du glatt einen im Weg stehenden Baum abmähen«, war Jacks Kommentar gewesen. Genau das hat Alan heute offenbar versucht ...

Mount Denali grüßte uns hinter jedem Hügel. Als der Halbmond aus den Wäldern stieg, erreichten wir wieder das Geister-Blockhaus. Eine

Tonya Schlentner im Denali-Nationalpark

Sekunde lang dachte ich: Lass uns weiterfahren, vielleicht schaffen wir es in einem Rutsch nach Hause. Für die Hunde wäre das kein Problem, sie sind die Stärksten im Team. Aber Alan und ich brauchten dringend eine Rast. Minus 33 Grad!

Ich entfachte ein Feuer. Wir tauten Eisstücke, fütterten die Hunde, bauten das Zelt auf, schnallten Schneeschuhe unter, sägten Feuerholz und schleppten es ins Zelt. Wir gaben Eis in alle Behälter, und nach fünf Stunden Schlaf, den ich ständig unterbrechen musste, um den Ofen zu füttern, hatten wir am nächsten Morgen genug Wasser, um unsere Thermoskannen zu füllen. Gegen Mittag erst kamen wir los.«

Tonya sieht mich an und legt ihre Trail-Notizen beiseite.

»Jetzt, bei dir im warmen Blockhaus, habe ich die Knochenarbeit des Trips fast vergessen. Den Hunden ging es schon während der letzten 20 Kilometer so. Wir hatten jetzt minus 44 Grad. Meine Huskys lieben das. Von Kilometer zu Kilometer wurden sie schneller. Sie witterten Stallduft.«

Ich muss schmunzeln, als ich an Mutters Befürchtung denke, in Deutschland hinter den Hügeln, so ganz ohne Bahnverbindung, Supermarkt und Apotheke könne man doch nicht leben. Später muss ich ihr unbedingt über Tonyas ganz normalen Besuch bei Nachbarn berichten.

7

So weit die Hundefüße tragen – Yukon Quest

Der *Fairbanks Daily News-Miner* kündigt für den 13. Februar Temperaturen um minus 18 Grad Celsius an. Für Kodiak Island sagt die am weitesten verbreitete Tageszeitung Zentralalaskas sogar null Grad voraus, an der Prudhoe Bay, im äußersten Norden, sackt die Temperatur allerdings auf minus 31 Grad ab. Der *aurora forecast* prophezeit für die Nacht auf den 14. Februar einen Nordlichtschauer, der nahe dem Horizont auf die Erde prasseln wird.

Die Voraussetzungen für das 21. Yukon-Quest-Schlittenhunderennen sind alles in allem nicht schlecht.

Musher Dan Kaduce jedoch hadert mit seinem Schicksal:

»Zigmal bin ich vor dem Rennen gefragt worden, welche Startposition ich beim Quest haben möchte, zigmal habe ich gesagt: Egal, Hauptsache nicht die erste!« Er grinst breit in die Runde: »Und nun ratet, was ich bei der Verlosung gezogen habe!« Kaduce, der beim Vorjahresrennen als Zehnter durchs Ziel gefahren war, hält eine Hundemarke mit der *number one* in die Höhe.

Hans Gatt liegt auf Startplatz vier. Kaduce ist wohl schon jetzt klar, dass er seine Führungsposition vermutlich nicht lange wird halten können. Vom gebürtigen Österreicher Gatt weiß man, dass er sich vorgenommen hat, zum dritten Mal das Yukon Quest-Schlittenhunderennen zu gewinnen. Das wäre sensationell. Die Champions Charlie Boulding und John Schandelmeier haben jeweils nur zwei Siege eingeheimst.

Der 51-jährige Schandelmeier stapelt heute tief: »Im September hatte ich nur drei Huskys im *dog yard*, aber dann bekam ich noch sechs weitere Hunde dazu, ich nahm meinen alten Deutschen Schäferhund, den Pudel meines Nachbarn, einen dreibeinigen Windhund und einen Kojoten, der meinem Freund in die Falle gegangen war. Und seht her ... hier bin ich.«

Jeder in dieser Runde weiß natürlich längst, dass Schandelmeier erstmals auch Hunde aus dem Tierheim von Fairbanks in sein Rennteam aufgenommen hat. Ein Experiment. Die Unterstützung anderer *musher* dürfte ihm gewiss sein.

»Wir züchten in Nordamerika sowieso zu viele Hunde«, wettert Oldtimer Frank Turner aus dem kanadischen Whitehorse, der schon seit dem ersten Rennen dabei ist.

Und doch ist wohl allen klar, dass Schandelmeier ein beinharter Brocken und ernst zu nehmender Konkurrent ist. »Auch mit einem Haufen dreibeiniger Hunde wäre John eine Gefahr«, wird *musher* Peter Butteri aus Tok zitiert.

Am 14. Februar, dem Starttag des diesjährigen Yukon Quest, ist die Temperatur deutlich abgesackt. In meinem Blockhaus warte ich am Radio gespannt auf die ersten Berichte. 31 *musher*, davon acht Frauen, fiebern derweil dem Start entgegen.

Während der großen Langstreckenrennen – beim Iditarod bereits seit 1973, beim Yukon Quest seit 1984 – schlägt der Puls Alaskas nervöser, erwartungsvoller. Man kann darüber streiten, welches Rennen härter ist, was beide für sich in Anspruch nehmen. Während es beim Iditarod am Beringmeer ums Ganze geht, gilt beim Yukon Quest der 1200 Meter hohe sturmumtoste Eagle Summit als Härtetest.

Die Strecke des Yukon Quest ist rund 200 Kilometer kürzer als die des 1860 Kilometer langen Iditarod. Auch die Zahl der Rennteilnehmer ist geringer. Während das prestigeträchtige Iditarod in Anchorage startet und in Nome endet, teilen sich Fairbanks und Whitehorse im Yukon Territory ein um das andere Jahr den Start- und Endpunkt.

Es war an einem Wintertag des Jahres 1983, als vier Männer im *Bull's Eye Saloon* in Fairbanks über ein neues Schlittenhunderennen nachdachten. Eines, in dessen Mittelpunkt endlich auch mal Fairbanks stehen sollte und das – ähnlich dem Iditarod – historischen Goldgräber- und Postrouten folgt.

So jedenfalls sahen die Wunschträume von *musher* LeRoy Shank und seinem Kumpan Roger Williams, zweien jener vier im *Bull's Eye Saloon*, aus. Und während viele Träume beim Aufwachen zerplatzen, wurden die des Quartetts Realität.

Der Renn-Trail folgt einer alten Goldrauschroute, die damals von den Glücksrittern zwischen Fairbanks und Whitehorse benutzt wurde. Heutige ›musher‹ sehen sich gleichen Bedingungen ausgesetzt wie zu Beginn des 20. Jahrhunderts, schrieb der *Fairbanks Daily News-Miner* am 19.12.1983.

Gold-Nuggets waren bei dem ersten Rennen nicht zu erwarten. Doch Williams und Shank hatten 50.000 Dollar Preisgeld lockermachen können. Das zog ...

Am 25. Februar 1984 standen in Fairbanks 26 *musher* am Start, unter ihnen auch Jack Hayden von der Denali West Lodge; mit Mary Shields und Shirley Liss waren auch Alaskas Frauen vertreten. Nach zwölf Tagen überfuhr Sonny Lindner als Erster die Ziellinie und kassierte dafür 15.000 Dollar.

Sieben Jahre später, im Februar 1991, ist die 18-jährige Tonya Schlentner als offizielle Teilnehmerin dabei.

»Schlittenhunderennen stecken mir im Blut«, verriet sie mir. »Als ich sechs war, nahm Dad am Iditarod teil. Mit elf Jahren war ich Zaungast beim ersten Yukon Quest. Mir war klar, dass ich eines Tages selbst teilnehmen würde.«

»Und warum nicht am Iditarod?«

»Das Iditarod reizt mich, schon weil mein Vater daran teilgenommen hat. Aber das Yukon Quest bedeutete für mich schon immer das größere Abenteuer: Beim Iditarod startete man seinerzeit mit 20 Hunden, beim Quest waren es zwölf. Beim Iditarod sind die Etappen gerade mal 100 oder 150 Kilometer lang, beim Yukon Quest beträgt der längste Abschnitt ohne *checkpoint*, zwischen Carmacks und Dawson City, 480 Kilometer. Beim Iditarod darfst du den Schlitten auswechseln, beim Quest nicht. All das war eine wirkliche Herausforderung für mich! Außerdem starteten in Fairbanks so viele Freunde beim Quest: unsere Freundin Mary Shields und Nachbar Charlie Boulding ...«

Das 91er-Rennen hatte in Whitehorse begonnen. »Ich tat mich zunächst schwer, Tritt zu fassen, und war mir nicht sicher, wo ich überhaupt war. Schon seit zehn Stunden war ich unterwegs und erwartete, jeden Moment am *checkpoint* zu sein. Aber der Trail zog sich endlos hin. Als ich nach 240 Kilometern in Carmacks einlief, humpelten fast alle meine

Hunde. Ein Tierarzt riet mir, zwei Hunde, Explorer und TC, zurückzulassen. Also weiter mit zehn Hunden. Mom, die am *checkpoint* war, sagte, ich könne ja zur Not immer noch aufgeben und außerhalb des Rennens weiterfahren.

Aber aufgeben ... niemals!

Das Rennfeld hatte sich schon mächtig gelichtet. Vor mir lagen jetzt 480 Kilometer ohne *checkpoint*. Es war ein unangenehm warmer Nachmittag. Die Temperatur war deutlich zu hoch für Champ, meinen stärksten Hund. Vorsichtshalber verfrachtete ich ihn in den Schlitten. Spät in der Nacht rasteten wir, die Hunde und ich waren kaputt. Und doch hatte ich noch einen Blick für die Schönheiten der Natur. Der Vollmond ging auf und schüttete kaltes, weißes Licht über das Land. Vom Schnee reflektiert, leuchtete er zehnmal heller als zuvor.

Von nun an wollte ich häufiger nachts fahren und während der warmen Tagesstunden rasten.

Der Trail folgte einer Holzfällerstraße, die weit gehend schneefrei war. Das war hart für den Schlitten, und nach 100 Kilometern musste ich die Plastikkufen austauschen. Während ich noch reparierte, stieß Jim Hendricks zu mir. Wie schon zuvor fuhren wir gemeinsam weiter, bis Jim beschloss, vor Dawson City zu rasten.

›Dawson liegt doch hinter dem nächsten Hügel‹, sagte ich und fuhr weiter. Dort wollte ich die vorgeschriebene 36-Stunden-Pause einlegen.

Aber statt der Lichter der Stadt leuchteten nur die Sterne. Plötzlich krachte etwas dumpf gegen meinen Schlitten. Ein Baumstumpf! Ich wurde in den Schnee geschleudert, bekam aber zum Glück den Schlitten noch zu fassen.«

Tonya Schlentner ging als 23. von 24 *mushern* durchs Ziel. Zwölf hatten bereits aufgegeben.

Der Gewinner war damals ein gewisser Charlie Boulding, ein graubärtiger 48-jähriger Trapper und Yukon-Fischer mit Obelix-Zöpfen.

Alaska hatte eine neue *musher*-Ikone.

Während die 1700 Pfoten der Yukon-Quest-Athleten Richtung Whitehorse trippeln, checken die Fahrer des *Iron Dog* noch einmal ihre »eisernen Hunde«.

Erstmals in seiner 20-jährigen Geschichte startet der 3200 Kilometer lange Motorschlittenmarathon nicht in Anchorage, sondern in Fairbanks.

Ein verrücktes Rennen. 25 Teufelskerle jagen einem Preisgeld von 90.000 Dollar hinterher, allein für das Siegerteam ist der Topf mit 27.000 *bucks* gefüllt. Mit halsbrecherischen 160 Stundenkilometern werden die Polaris, Arctic Cats, Skidoos und Yamaha den Tanana und Yukon River entlang hetzen. Halbzeit ist in Nome am Beringmeer, die Ziellinie liegt bei Anchorage.

Als die tollkühnen Kerle ihre röhrenden Kisten in Zwei-Minuten-Abständen den Chena River runterprügeln, hat William Kleedehn seine Hoffnung auf einen Sieg beim Yukon Quest bereits begraben, denn er liegt im Krankenhaus. Es ist dumm gelaufen. Mit 18 Jahren hatte der deutschstämmige *musher* bei einem Motorradunfall den linken Unterschenkel verloren. Zielstrebig war der jetzt in Kanada lebende Kleedehn ins vordere Yukon-Quest-Feld gerückt. Trotz seiner Behinderung. Für seinen Humor war Kleedehn bekannt: Seine Hundezucht trägt den Namen »Limp-A-Long-Kennels«, zu Deutsch: Humpel-dahin-Zucht.

»Es geschah auf einer Eisfläche kurz vor dem Mile-101-Checkpoint. Mein Schlitten rutschte weg, dabei wurde mein Bein mit der Prothese ziemlich unglücklich eingeklemmt. Tja – der Knochen brach oberhalb der Prothese.«

Ständig greift Kleedehn zum Telefonhörer, um Genesungswünsche von allen Seiten anzunehmen. Iditarod-Champion Susan Butcher und ihr Ehemann Dave Monson, Quest-Gewinner, besuchen ihn am Krankenbett, genauso wie Top-*musher* Jeff King. Jeff hat schon beide Rennen gewonnen, Yukon Quest und Iditarod.

Auch für *musher* Jack Berry kam das Aus. Dabei wollte Berry seine Pechsträhne der Vorjahre doch endlich hinter sich bringen. Beim 2001er-Rennen stand ein Elch zur falschen Zeit an falscher Stelle auf seinem Trail. Der Elch griff an und zertrümmerte Berrys Schlitten. 2002 zerbrach sein Schlitten auf dem Yukon River. Diesmal wollten seine Leithunde nicht mehr. Der *Fairbanks Daily News-Miner* vermeldet kurz: »*Jack Berry – mile 101 – scratched.*« Aus der Traum.

Am Morgen des 18. Februar liegt die Temperatur vor meinem Blockhaus bei minus 35 Grad, es geht leichter Wind. Das Thermometer sackt weiter. Ich gehe raus, hacke zwei Stunden lang Holz, stapele die Scheite auf meinem kleinen Handschlitten und ziehe sie zum Haus.

Bestens ist mir in Erinnerung, wie mich nach meinen ersten Nordlandüberwinterungen ein Journalist, der über mich berichtete, kritisierte, weil ich »die letzten unberührten Wälder dazu missbrauche, sie zum Bau eigener Wunschschlösser im Ofen in blauen Rauch aufgehen zu lassen«.

Ich lege die Axt zur Seite. So weit das Auge reicht nichts als Wälder.

»Das sind doch alles nachwachsende Ressourcen«, hatte Carol kommentiert. »Wo du heute eine Birke schlägst, steht bereits in 20 Jahren ein neuer kräftiger Stamm. Und wie sieht es im Vergleich mit dem Erdöl aus? In wenigen Jahren wird diese Ressource erschöpft sein.«

Die Menschen in der Wildnis sind sparsam. Brennholz ist hier oftmals Treibholz, das von den Gebirgsflüssen in den See gespült wird, oder es stammt aus Waldbrandgebieten. Denn Rohstoffe hierher zu schaffen, egal welche, kostet immens viel Kraft und oft viel Geld.

»Im März ersetzen wir den Generator unserer Lodge und versorgen uns nur noch durch Solarstrom. Ich habe bereits mit George Menard in Trapper Creek Kontakt aufgenommen. Ab April wird die Lodge von fossilen Energiequellen unabhängig sein«, war Carols abschließende Anmerkung zu diesem Thema gewesen.

Ich nehme die Axt wieder zur Hand und dresche auf den Holzstumpen vor mir ein, vielleicht ein bisschen kraftvoller als nötig, denn ich stelle mir vor, wie der ach so umweltbewusste Journalist morgens mit dem Auto ins Büro fährt, die Heizung höher stellt oder sich über die Kühlung durch die Klimaanlage freut. Ich sehe, wie er das Licht anschaltet, den Elektroherd, die Kaffeemaschine ... und unwiederbringliche Ressourcen vergangener Jahrmillionen verheizt, während mein Bäumchen in ein paar Jahren schon nachgewachsen sein wird.

Während ich Holz hacke, spaltet sich das Yukon-Quest-Feld.

Rookie Steer führt noch immer das Rennen an. Doch der Neuling grummelt vor sich hin: »Bei solchen Temperaturen funktioniert rein gar nichts mehr, der Reißverschluss bricht, und der chemische Handwärmer gibt den Geist auf.«

Eisige 45 Grad liegen auf dem Quest Trail, das ist mehr als mancher vertragen kann.

»Mein fünftes Yukon Quest«, resigniert ein zerknirschter Mark May, »bin früher immerhin als zweiter und als vierter durchs Ziel gegangen, nie habe ich aufgegeben.« Doch jetzt wirft er als fünfter *musher* das Handtuch.

Zwischen Central und Circle nähert sich die Temperatur der Minus-50-Grad-Marke. All das scheint Zack Steer nicht zu berühren. Er führt deutlich, mit drei Stunden Vorsprung.

Aber er weiß auch, dass ihm ein *musher*-Schwergewicht im Nacken sitzt: »Hans Gatt ist ein verdammt harter Brocken und vermutlich meine größte Gefahr. Es liegen noch 1100 Kilometer vor mir ... da kann noch der eine oder andere Fehler passieren!«

Nur noch 24 von 31 Teams sind im Rennen.

Als ich die Tageszeitung vom 18. Februar aufschlage und die nationalen Wetterdaten überfliege, registriere ich:

El Paso/Texas: 22 Grad, Phoenix/Arizona ist mit sonnigen 27 Grad der *hot spot* Amerikas. Auf dem Yukon Quest Trail sind es hingegen minus 45 Grad.

Noch sind es für Zack Steer 960 Kilometer zum Ziel. Doch der wird zunehmend pessimistisch. Hans Gatt konnte den Abstand auf eine Stunde verringern. 60 Kilometer vor Dawson City jagt er Zack Steer die Führung ab.

Schon einmal, vor 106 Jahren, war in Dawson City der Teufel los, nachdem George Washington Carmacks mit seinen indianischen Begleitern Skookum Jim und Tagish Charley am Bonanza Creek Gold gefunden hatte. Die Stadt erblühte über Nacht. Bis zu 15.000 Dollar blätterten Geschäftemacher für einen halben Meter Straßenfront auf dem heißesten Grundstücksmarkt des Kontinents hin. Gold hatte man ja. Die Preise erreichten schwindelnde Höhen, Salz wurde mit Gold aufgewogen, für die Gallone Milch berappte mancher 30 Dollar. 30.000 Menschen drängten sich zur Zeit des Klondike-Goldrausches durch Dawson City, allein am Bonanza Creek wurde Gold im Wert von 50 Millionen Dollar herausgeholt. Bis 1953 war es die Hauptstadt des Yukon Territory, doch dann wurde der Verwaltungssitz in das verkehrsgünstiger am Alaska Highway gelegene Whitehorse verlegt. Der Stern sank.

Hans Gatt, für seinen Etappensieg mit Gold-Nuggets belohnt, ist an diesem 19. Februar um 12.48 Uhr genauso euphorisch wie die Glücksritter vom Bonanza Creek: »Hab's Zack Steer ja gleich gesagt ... man kann ein 1000-Meilen-Rennen nicht gewinnen, indem man auf lange Rennabschnitte und kurze Pausen für die Hunde setzt. Zack wollte das Yukon Quest wie ein Iditarod fahren. Das funktioniert nicht. Es sind zwei völlig unterschiedliche Rennen.«

Am 25. Februar um 6.45 Uhr Ortszeit schreibt Hans Gatt auf der Ziellinie von Whitehorse mit dem ersten Dreifachsieg in Folge Renngeschichte. Belohnt wird er mit 30.000 Dollar! Gatts Schwestern sind extra aus Österreich angereist.

»Vielleicht seht ihr mich nächstes Mal beim Iditarod«, orakelt der Champion. Dieser Sieg fehlt ihm noch in seiner Sammlung.

Dreieinhalb Tage nach Hans Gatt überquert Tom Benson aus Wyoming als Letzter die Ziellinie und kassiert die »Rote Laterne«.

Der 34-jährige *rookie* Eric Butcher erreicht eine achtbare 15. Position, trotz seiner Pechsträhne.

»Ich trainierte zu Hause gerade fürs Rennen, als mein Handy bimmelte. Ich fummelte es aus dem Parka, ging ran und hörte wie meine Frau sagte: ›Unser Haus brennt gerade ab!‹« Ein harter Schlag für den jungen Professor der University of Fairbanks. Wenigstens waren ihm noch der Schlitten, seine Hunde und die Rennvorräte geblieben. Freunde aus der *musher*-Szene halfen ihm schnell über die drängendsten Anfangsprobleme hinweg. Wenige Tage später startete er beim Yukon-Quest-Rennen, der Ohrfeige des Schicksals zum Trotz.

8

Allein im Schneesturm

Mein Blockhaus in der Wildnis am Ufer des Lake Minchumina ist mittlerweile zum Treffpunkt geworden. Oft hocken wir abends zusammen, trinken Tee oder Kakao, plaudern über unsere so unterschiedlichen Leben oder schmieden mehr oder weniger ehrgeizige Pläne für neue Abenteuer. Da ist zum Beispiel Alan aus Kalifornien, der unterm Strich nur hier ist, weil ihm im vergangenen Sommer während einer Bootstour das Mückenschutzmittel ausging.

»Mit einem Freund war ich im Schlauchboot den Foraker River runtergekommen und erreichte den Lake Minchumina«, erzählt er. »Wegen der verdammten Mücken hatten wir mehr Insektenschutzmittel verbraucht als geplant. Was tun? Da entdeckte ich am Ufer einige Boote. Merkwürdig, dachte ich. Hier leben Menschen? Wir stiegen aus und stapften den Trail zur Lodge hoch. Tja, und gegen Ende des Sommers rief ich dann aus Kalifornien bei Tonya an und fragte, ob sie einen Winterjob für mich hätte. Sie hatte einen, wir einigten uns über die Bedingungen – und hier bin ich.«

In drei Monaten will Alan am Baikalsee in Sibirien sein. Jeder hier ist ein wandelnder Abenteuer-Almanach, voller Geschichten aus einem Leben, das in keine Schablone passt. Ich sperre die Ohren auf und lausche – es ist spannender als jeder Krimi. Die vorherigen Lodge-Eigentümer, Sherri und Jack Hayden, hatten einen Fernsehanschluss. Für Carol und Tonya kommt das nicht in Frage. Ich empfinde schon das Radio als Belästigung. Auf den politischen Hickhack hüben wie drüben kann ich in der Stille der Berge und Seen getrost verzichten.

Ende Februar fahre ich mit dem Schlitten zum anderen Seeende, um Post zu holen, die das letzte Postflugzeug gebracht hat. Ich bin gespannt auf Julianas Brief und öffne ihn als Erstes. Ich freue mich sehr, von ihr zu hören. Aber dann schreibt sie von einer defekten Heizungsanlage und dem Handwerker, der fünfmal kommen musste. Es gebe Probleme mit Versicherungen, das Auto müsse repariert werden, die Gemeindesteuern seien fällig. Nachdem ich den Brief gelesen habe, genieße ich das Bewusstsein, einen »Freifahrtschein auf Zeit«, wie ich das für mich nenne, von all den Alltagsproblemen zu haben.

Schon vor Sonnenaufgang waren Alan und ich auf den Beinen, um die Hunde zu füttern. Nach dem aufgeregten Heulen, Bellen und Kreischen, das immer damit einhergeht, war bald Stille eingekehrt. Eine halbe Stunde später, Gesetzmäßigkeiten dafür fand ich nie heraus, hob der erste Husky den Kopf und heulte. Ein zweiter fiel ein, und innerhalb von Sekunden waren die letzten aus ihren Hütten gekrochen. Keiner entzog sich dem Ritual. Da gab es kein aufgeregtes Hin- und Hergerenne, kein nervöses Auf- und Abspringen von Hundedächern. Reglos wie Statuen standen 30 Hunde in der Eiseskälte auf blankem Schnee und sangen ihr Lied.

Mehrfach habe ich versucht, das Lied der Huskys mit meinem kleinen Digitalrecorder aufzunehmen. Der Erfolg war mäßig. Wartete ich eine halbe Stunde nach dem Fressen auf den ersten Ton, dann versetzten sie mich. Spätestens nach 45 Minuten war mir bitterkalt, die Batterien des Aufnahmegeräts hatten bei der Kälte sowieso schon den Geist aufgegeben. Also zurück ins Haus und Parka und Jacke ausgezogen. Just in diesem Moment beginnt ihr Lied ...

Nur ein oder anderthalb Minuten dauert dieses Heulen. Dann stoppen sie. Punktgenau. Als folgten sie einer sorgfältigen Inszenierung, bei der am Ende der Dirigent energisch den Taktstock schwingt – und alle müssen schweigen.

Ich weiß nicht, ob das Lied der Huskys Ausdruck ihrer Sehnsucht nach der Freiheit ihrer Vorfahren ist. Mir scheint es eine Ode der Freude über das Leben in Alaska zu sein.

»Sie bedanken sich fürs gute Fressen«, ist Carols Deutung.

Als Juliana und ich vor Jahren nach Manley Hot Springs kamen, war ich noch ein Greenhorn. Manley ist ein kleiner Ort mit gerade mal 80 Einwohnern. Deren Zahl wird durch die der Hunde allerdings bei weitem übertroffen. Allein unser Nachbar Joe Redington junior besaß mehr als 100 Hunde. Insgesamt lebten in Manley Hot Springs über 600 Huskys.

Fast täglich hörte ich ihren Choral. Zunächst begannen Joes Hunde: sanft, klagend, sehnsüchtig. Sekunden später sang der nächste

Chor. Und kaum war der verstummt, begann die nächste Husky-Melodie ... 15 Minuten lang. Bis sich eine Wolke vor den Mond schob, da endete das Lied der Huskys.

»Du träumst, Dieter!«, sagt Alan, der neben mich getreten ist.

Ende Februar sind die Tage hier in Zentralalaska bereits erstaunlich lang. Entsprechend lange halte ich mich bei den Hunden im *dog yard* auf. Für morgen plane ich eine Schlittenhundetour zu unserem alten Freund Greg Barringer.

Von meinen Schlittenausflügen zurückgekehrt, werde ich nach McGrath am Kuskokwim River fliegen, um die Iditarod-Teams einlaufen zu sehen. In der zweiten Monatshälfte wollen Tonya und ich dann endlich unsere seit langem geplante Expedition in den Denali National Park unternehmen.

Bergman soll während der nächsten Tage mein Leithund sein. Auch Brooks zeigt gute Eigenschaften als *leader*. Ich habe vor, ein paar Tage lang einem alten *trap line trail* zu folgen, der heute noch von Fallenstellern genutzt wird. Irgendwo an dessen Ende sollte ich auf Greg Barringers Trapperhütte stoßen.

»Pack genug Hundefutter ein«, ermuntert Carol mich. »Es liegt Schnee in der Luft ...«

Wenn man zu zweit oder zu mehreren reist, kann man die Dinge, die alle brauchen, aufteilen: Einer trägt die Axt, der andere die Säge, der Dritte Schneeschuhe oder Futternäpfe. Doch Carol und Tonya haben Vorbereitungen für ankommende Lodge-Gäste zu treffen, Alan muss arbeiten, und so reise ich eben allein.

Alleinsein belastet mich nicht. Während verschiedener Reisen in Afrika, Australien, Kanada und Alaska habe ich im Kajak, mit Schlittenhunden und Geländewagen Alleingänge unternommen. Aber allein sein heißt, für möglichst alles gewappnet zu sein, und entsprechend schwer beladen ist mein Schlitten.

»Ich drück dir die Daumen.« Alan macht das Victory-Zeichen.

Bergman, mit eingezogenem Schwanz, steht wie ein Häufchen Elend vor dem Team. Die Hinterläufe zittern erbärmlich. Aber was dem

Uneingeweihten wie ein Bild des Jammers vorkommt, ist Ausdruck höchster innerer Anspannung.

Toby lässt seine Erregung raus, indem er wie ein Irrer in seinem Geschirr nach vorn ruckt. Vito lässt Dampf beim Bellen ab, es klingt wie trockener Husten.

Stück für Stück hatte ich während des Anschirrens meine Kleidung abgelegt. Jetzt ziehe ich sie Stück für Stück wieder an. Bergman beobachtet jede meiner Bewegungen. Als ich den Schneeanker lichte, strafft sich sein Körper, ein Ruck geht durch die an einen Baumstamm gebundene Sicherungsleine.

»Whoo!«, brülle ich. »Ihr startet auf Kommando!«

Davon, dass der *musher* sein Team völlig unter Kontrolle hat, hängt im Extremfall das Leben aller ab. Doch meine Donnerstimme geht im Höllenspektakel der zurückbleibenden Hunde unter.

Meine mit Biberpelz besetzten Elchlederhandschuhe habe ich an langen Schnüren auf meinem Rücken zusammengebunden, noch ist mir heiß. Außerdem muss ich die Hände jetzt frei haben.

Behutsam löse ich die Leine.

»Okay!«

32 Hundebeine springen bei dem Startkommando gleichzeitig in die Luft, greifen im selben Moment lustvoll in den Schnee. Das Gezeter der enttäuschten Zurückgebliebenen bleibt hinter uns. In halsbrecherischem Tempo nehme ich die erste Kurve. Später auf dem Eis des Lake Minchumina herrscht Ruhe im Team. Längst ist das Heulen der Hunde im *dog yard* verklungen. Mit feinem Ratschen gleiten die Kufen des Schlittens über das Eis. Ich habe ausgerechnet, dass ich Greg Barringers *trap line* in zwei Tagen erreichen werde.

Juliana und ich lernten Greg Ende der siebziger Jahre auf einer unserer ersten Fahrten auf dem Alaska Highway kennen. Es war die Zeit, als auf den Stoßstangen vieler, die es auf dem pockennarbigen Highway wohlbehalten bis Fairbanks geschafft hatten, *bumper sticker* mit der Aufschrift »Alaska or bust!« (Alaska, alles oder nichts) oder »I survived the Alaska Highway« (Ich überlebte den Alaska Highway) klebten. Noch ahnte man nicht, dass die Nummer eins der Nordlandstraßen sich zu dem Schönling mausern würde, der er heute ist: ein begradigter und breiter Highway, auf dem auch die zehn Meter langen Wohnmobile betuchter amerikanischer Senioren bequem fahren können.

Durch das Schutzgitter vor der Windschutzscheibe unseres VW-Bullis entdeckte ich damals am Straßenrand einen betagten Armee-LKW. Ein Mann im Arbeits-Overall lag unter dem Truck und hantierte mit Werkzeugen. In einer solchen Situation hält man selbstverständlich an und fragt: »*Do you need help?*« So lernten wir Greg kennen.

Als eins von sieben Kindern stammte er aus der sogenannten *dust-bowl* Oklahoma.

»Als Kind habe ich zu viel Staub gefressen und wollte nicht wie mein Vater Farmer werden.«

Jobs waren rar, und so folgte er mit 17 Uncle Sam's Ruf in die Armee, fand sich später, entgegen seiner Überzeugung, in Vietnam wieder. Wir plauderten beiläufig darüber, während Greg sein altes Monstrum reparierte und ich ihm Handreichungen machte.

Abends saßen wir am Lagerfeuer und blickten über den Fluss, der glucksend an uns vorüberzog. Auf seiner Oberfläche küselten Strudel und zerplatzten. Ich sah, wie die Ringe auf dem Wasser größer wurden, immer weitere Kreise zogen und endlich mit der still dahintreibenden Wasseroberfläche verschmolzen.

»Ich suche ein Stück Land in Alaska«, verriet Greg.

Wir blieben ein paar Tage zusammen, dann trennten wir uns mit dem Versprechen, in Kontakt zu bleiben. Eines Tages würden wir uns wiedersehen. Aus der Begeisterung des Moments heraus werden unter Reisenden oft solche spontanen Verabredungen getroffen, die man später im Alltagsstress vergisst oder verdrängt.

Doch solche Begegnungen sind besondere Momente, die mir sehr wichtig sind. Wir schrieben uns gegenseitig zu Festtagen, haben uns aber seitdem nicht wiedergesehen. Greg lebt unweit des Stoney Creek und kontrolliert eine *trap line* von 150 Kilometern Länge.

Am Nachmittag beginnt es zu schneien. Ganz leicht nur, als fielen Millionen Diamantsplitter aus dem eisgrauen Nebel über mir.

Kein Grund zur Sorge, rede ich mir gut zu. Der Trail ist gespurt, Schneeschuhe habe ich für alle Fälle im Schlitten, das Hundefutter ist auch reichlich bemessen.

Die erste Nacht verbringe ich im Schlitten am Trail. Mein Zelt habe ich aus Platz- und Gewichtsgründen im Blockhaus gelassen.

Noch immer fallen hauchdünne Schneepartikel aus dem Grau über mir. Ganz leicht spüre ich sie auf der Haut. Als ich fünf Stunden später aus dem Schlitten steige, liegt eine nur wenige Millimeter dicke Neuschneedecke auf dem Trail.

Gegen Mittag schneit es richtig, es ist wie ein weißes Bombardement, das binnen kurzem eine zentimeterdicke weiße Schicht auf dem Trail hinterlässt. Was, wenn der Schneefall so zunimmt, dass die Hunde den Trail nicht mehr erkennen? Ich habe ja Bergman, sage ich mir. Ein erfahrener Leithund wird einen Trail auch tief unter Neuschnee wittern und ertasten.

Es schneit weiter. Es schneit auch noch, als sich das letzte Tageslicht aus den Wäldern Zentralalaskas verabschiedet. Im Licht meiner starken Stirnlampe tanzen mir Millionen Schneeflocken entgegen, jetzt schon dick und feucht. Jedes Geräusch ist erstorben.

Meine Hunde sind langsamer geworden. Immer wieder stapfe ich hinter dem Schlitten her und schiebe. Mir ist unangenehm warm.

»Whoo!«

Die Hunde kugeln sich im Schnee oder schnappen nach den Flocken. Ich finde meine Thermoskanne unter der Schlittendecke und trinke Früchtetee.

Seit sieben Stunden schneit es ununterbrochen.

Niederschläge sind im Kontinentalklima Zentralalaskas gewöhnlich gering. Im März 2003 waren sie sogar so gering, dass der Startpunkt des Iditarod von Anchorage nach Fairbanks verlegt und die erste Hälfte der Rennstrecke umgeleitet werden mussten.

Das sollte mich trösten, während ich in das Schneetreiben über mir schaue. Aber es tröstet mich nicht wirklich, denn ich muss an unseren ersten Winter hier denken, der mit 375 Zentimetern Schneefall als Rekordwinter in die Geschichte einging.

Kühlen Kopf bewahren, ermahne ich mich.

Einen Moment lang schalte ich die Stirnlampe aus. Die Hunde finden den Trail auch so.

Angst?, fragt eine Stimme.

Nein!, sagt die andere. Der vor Jahrzehnten als Schneise durch die Wälder geschlagene Trail ist klar erkennbar. Waldbrände, die solche Schneisen gelegentlich vernichten, hat es hier lange nicht gegeben. Die Gefahr, vom Pfad abzukommen, ist gering. Und sollte es so heftig schneien, dass meine Leithunde den Trail nicht mehr mit ihren Körpern brechen könnten, würde ich natürlich mit Schneeschuhen vor ihnen herstapfen. Allerdings sind 20 Kilometer *trail breaking* eine stramme Tagesleistung.

Vielleicht beobachtet dich ein Wolf, denke ich, oder ein Elch.

Trotzdem, ganz ehrlich ... eine Autofahrt auf der A7 von Hamburg nach München macht mich nervöser als die Reise im Schneesturm durch Alaska.

Um 20 Uhr schneit es noch immer.

Ich sollte rasten und die Hunde versorgen, sage ich mir.

Da geht ein Ruck durch das Team. Ich höre gedämpftes Heulen, aus der Ferne, wie durch ein schallisolierendes Fenster.

»Whoo! Whoo!«, brülle ich.

Die Hunde stoppen.

Ich ziehe die Parkakapuze vom Kopf, um besser hören zu können. Ganz deutlich, ein Heulen! Nicht das von Wölfen, das von Hunden! Und wo Hunde sind, sind auch Menschen.

Ich bin völlig unvorbereitet darauf, schon an dieser Stelle auf Greg Barringer zu treffen.

Der Mann an seiner Seite ist den Gesichtszügen nach Indianer, Aleute oder Eskimo (Anders als in Kanada, wo sich die Bezeichnung Inuit etabliert hat, wird in Alaska häufig der Begriff Eskimo verwandt. Es gibt in Alaska zwei Eskimo-Gruppen: die Inupiat im hohen Norden und die Yup'ik in Südwest-Alaska).

»Das ist Peter«, sagt Greg und klopft mir vor Begeisterung auf die Schulter, »Peter Ivanoff.«

Vermutlich wäre ich in Anchorage oder Fairbanks an Greg vorbeigelaufen, ohne ihn zu erkennen. Aber nicht nur er hat sich seit unserem Zusammentreffen vor mehr als 25 Jahren verändert.

»Komm rein«, sagt Greg, nachdem ich die Hunde angebunden habe. »Warmes Wasser kriegst du drinnen.«

Ich folge ihnen in die knapp vier mal vier Meter kleine Blockhütte. Es ist ein Zweckbau mit einem kleinen Fenster, einer groben Holzpritsche mit einer dünnen Matratze, einem ebenso grob gezimmerten Tisch und einer Küchenecke, in der auf einem Schränkchen ein zweiflammiger Coleman Stove, der überall in Alaska gebrauchte Benzinkocher, steht.

»Willkommen in meiner *trapper cabin*«, sagt Greg und strahlt mich an. Dies sei nicht die einzige Hütte, fügt er hinzu. Neben seinem großen Blockhaus, in dem er hauptsächlich lebe, habe er noch zwei weitere entlang seiner *trap line.*

Natürlich wusste Greg, dass ich in Alaska bin, aber ich hatte mich nicht für einen bestimmten Tag angemeldet. Da der Zufall Regie geführt hatte, war die Überraschung doppelt gelungen.

Trotz seiner gut 60 Jahre ist Greg ein sportlicher Typ mit breiten Schultern. Sein dunkelblondes Haar, in das sich etwas Grau geschlichen hat, ist noch voll. Grau ist auch der Oberlippenbart. Und wenn man in seine blaugrauen Augen blickt, meint man auf den Grund des Meeres zu sehen.

Greg setzt einen Eimer mit Wasser auf den Ofen. »Sollte bald heiß sein. Wir helfen dir dann beim Füttern.«

Peter Ivanoff schweigt. *Natives*, Alaskas Urbewohner, reden nicht viel. Er mag etwas älter sein als Greg, vielleicht Mitte 60. Er hat eine gedrungene, kräftige Figur und das breite Gesicht der Urbewohner des Nordwestens. Geheimratsecken unterstreichen das tiefe Schwarz der kräftigen Haare. Schwarz sind auch die Augen. Zwei schwielige Hände verraten, dass er mit ihnen sein Brot verdient.

Ich habe nie gefragt, warum Greg sich hierhin zurückgezogen hat. Er hat nie geheiratet, lebt, wie er sagt, gern allein. Ich habe in Alaska viele Männer getroffen, die mit weltweiten Kontaktanzeigen eine Partnerin für ihr Wildnisdasein suchen, aber Greg scheint mit der Einsamkeit prächtig zurechtzukommen. Er scheint sie zu genießen. Ich vermute, er hatte sein Schlüsselerlebnis in Vietnam.

»'68 war mein härtestes Jahr in 'nam«, verriet er uns damals. »Ich hasste diesen Scheißjob mit Napalm ... für einen, der seinen Frieden in der Natur suchte ... Ich sah die Augen der Menschen, gegen die ich kämpfte, und vergaß sie nie ...«

Das hatte ihn irgendwie verändert. Ich war nicht weiter in ihn gedrungen. Er schien hier seinen Frieden gefunden zu haben.

Dabei ist Greg weit davon entfernt, den Kopf in den Sand zu stecken und Dinge einfach an sich vorbeiziehen zu lassen. Wenn es um die Natur geht, ist er ein Kämpfer, auch mit der Feder, mit seinen Artikeln setzt er sich für den Umwelt- und Artenschutz ein.

»Unglaublich, die Diskussion, die derzeit in der Region McGrath über den gezielten Abschuss von Wölfen geführt wird!

Die Befürworter argumentieren, die Wolfspopulation habe zugenommen und stelle eine Gefahr für den Elchbestand dar. Ach, denen geht's doch nur darum, möglichst viel Fleisch in der Gefriertruhe zu haben. Da ist ihnen jeder von einem Wolf gerissene Elch natürlich ein Dorn im Auge.«

Greg öffnet ein kleines Notizheft.

»Ich habe mir einiges zu der öffentlichen Diskussion notiert. Beide Seiten gehen mit den Fakten so um, wie es ihnen am besten in den Kram passt. Die einen behaupten, die Wolfspopulation habe explosionsartig zugenommen, die anderen kontern, Wölfe stünden an der Schwelle zur

Alan beim Betrachten eines Bärenschädels

Ausrottung – ich sage euch, beides ist Unsinn. Die einen sagen, Wölfe rissen alles, was ihnen in den Weg kommt, die anderen sagen, sie töteten nur krankes Wild – die Wahrheit liegt in der Mitte. Was übrigens durch Untersuchungen des *Alaska Department of Fish & Game* belegt wird. Nach neusten amtlichen Publikationen leben zwischen 7000 und 10.000 Wölfe in Alaska, in Kanada sind es sogar 52.000 bis 60.000. Wir Trapper und Jäger kontrollieren den Bestand und haben in Alaska während der letzten fünf Jahre 7500 Wölfe in Fallen gefangen beziehungsweise erlegt. Diese Entnahme hält die Population stabil. Wir brauchen keine Berufsjäger, die Wölfe von Flugzeugen aus abknallen, wie es jetzt in McGrath überlegt wird – oder sie gar im August schießen, wenn die Jungen noch immer von den Alttieren abhängig sind. Und wir sollten sie auch nicht im April noch fangen dürfen, wenn die Wölfinnen trächtig sind.«

Peter Ivanoff hat auch während Gregs leidenschaftlichem Plädoyer stumm und mit unbewegter Miene zugehört. Die beiden haben sich vor vier Jahren auf Saint Paul, einer der Pribilof Islands mitten im Beringmeer, beim Fischfang kennen gelernt. Fischfang ist Gregs Sommerjob. »Mit Fallenstellen allein komme ich nicht über die Runden«, bekennt er.

Das Wasser zischt auf dem Ofen. Wir gehen raus und füttern die Hunde. Es schneit noch immer. Greg atmet hörbar ein und sieht nachdenklich in den Himmel: »Es gibt einen Wetterumschwung ...«

9

Von Wölfen und Vielfraßen – ein Trapper erzählt

Ich liebe Blockhütten. Den frischen Holzduft, der sie auch nach vielen Jahren noch erfüllt. Und ihre intime Enge, die einen schnell miteinander vertraut werden lässt. Die 16 Quadratmeter dieser *cabin* sind für drei ausgewachsene Männer allerdings herzlich wenig. In jeder Ecke stapelt sich Winterkleidung und Ausrüstung. An einem Haken an der Wand hängt Gregs Gewehr, eine Winchester 7 mm magnum.

»Mich faszinieren Wölfe«, sage ich zu Greg und frage, ob er manchmal welche schieße oder in Fallen fange.

»Ja, aber Wölfe sind außerordentlich clever«, gibt er zu. »Es gab auch schon den einen oder anderen Winter, in dem ich weder einen gefangen habe noch einen schießen konnte.«

Gregs Haupteinnahmequelle ist der Marder: »Maximal 100 Marder pro Wintersaison.«

Wenn diese Zahl erreicht ist, hört er mit dem Fallenstellen auf, damit der Bestand nicht gefährdet wird. Greg führt genau Buch, besonders über die Anzahl der weiblichen Tiere.

»Sobald ich meine zuvor festgelegte Obergrenze pro Tier erreicht habe, höre ich auf, egal wieviel ich insgesamt gefangen habe.«

Mit etwas Glück gehen ihm in der *trapping season* zwischen September und März auch sechs oder sieben *wolverines* in die Falle. Der *wolverine*, amerikanischer Verwandter des nordeuropäischen Bärenmarders, auch Järv oder Vielfraß genannt, gehört mit bis zu 30 Kilo Körpergewicht zu den größten Marderarten. Ein eigenartiges Tier. Im Sommer bewegt er sich so schwerfällig, dass Beutetiere leicht vor ihm flüchten können. In dieser Zeit lebt er von Tierkadavern, Eiern oder frischen Baumtrieben. Im Schnee aber bewegt er sich fast geräuschlos und wird zum gefährlichen Jäger, der auch junge Elche angreift. Sogar Bären überlassen ihm schon mal ihre Beute, aus Angst vor dem übelriechenden Sekret, das er bis zu drei Meter weit versprüht. Trapper hassen diese Raubtiere, die in ihre Blockhütten einbrechen und die Beute aus den Fallen plündern. Da der Lebensraum eines der Vielfraße bis zu 2000

Quadratmeter umfasst, trifft man ihn selten, noch seltener geht er in die Falle. Das wiederum treibt den Preis für seinen Pelz in die Höhe.

»Die Nachfrage nach *wolverine*-Pelz ist in Alaska sehr groß«, weiß Greg. »Die feinen Härchen brechen selbst bei tiefsten Temperaturen nicht. Du kriegst keinen besseren Pelzsaum für Parkakapuzen. Der *wolverine*-Pelz ist dem des Wolfs allemal überlegen.«

»Für wie groß hältst du eigentlich die Gefahr, von einem Wolf angegriffen zu werden?«, frage ich Greg.

»Seit Rotkäppchen ist meines Wissens kein Mensch mehr von einem Wolf gefressen worden.« Er schmunzelt: »Aber ernsthaft, seit dem Jahr 1900 wurde in Nordamerika nachweislich niemand durch einen Wolf getötet.«

Allerdings ist mir bekannt, dass im April 2000 nahe Icy Bay/Alaska, ein sechsjähriger Junge von einem Wolf gebissen wurde. Auch Greg und Peter haben davon gehört.

»Stimmt. Das war am 26. April 2000, nahe der kleinen Schule des Holzfällercamps von Icy Bay. Zwei Jungen spielten dort, und plötzlich erschien am Waldrand ein Wolf. Beide verhielten sich völlig korrekt. Nicht weglaufen, sondern verharren! Das taten sie, obwohl der Wolf sich ihnen bis auf drei Meter genähert hatte. Jetzt ging er nieder, nahm eine Art Angriffsposition ein, als wollte er jeden Moment springen. Er fletschte die Zähne. Den Jungen wurde angst und bange. Auf Kommando des Älteren rannten sie in Richtung der Wohnhäuser. Noch immer unternahm der Wolf nichts. Einer der beiden Jungen hatte Vaters große Gummistiefel an. Er stolperte und fiel nach 40 Metern zu Boden. Da stürzte der Wolf vor und biss den Jungen in den Hintern und Rücken. Später zählte man 19 Wunden. Der Junge schrie. Als Erwachsene auf der Bildfläche erschienen, packte der Wolf den Kleinen und versuchte, ihn in den Wald zu zerren. Zum Glück kam ein Labradorhund aus dem Camp dazu, der Wolf ließ den Jungen los und flüchtete. Der Vater des Jungen erschoss den Wolf. Sein Sohn erholte sich von seinen Verletzungen.«

»Und was war mit dem Wolf?«

»Er war gesund, keine Tollwut. Er wog 35 Kilo und war kein Unbekannter ... trug einen Sender am Hals, der ihm vier Jahre zuvor 160 Kilometer entfernt im Rahmen einer Wolfsstudie angelegt worden war. Das Tier hatte sich bereits während der letzten zwei Jahre nahe der Holzfällercamps herumgetrieben. Man hätte ihn verjagen sollen, dann wäre die wichtige Barriere zwischen wildem Tier und Mensch vermutlich erhalten geblieben.«

Draußen schneit es immer noch. Meine Hunde haben sich zusammengerollt. Dicke Schneeflocken schweben wie Frau Holles Daunenfedern auf sie nieder, bis kaum noch etwas von ihnen zu sehen ist.

Der Schnee dämpft alle Geräusche.

Drinnen bereitet Greg Elchragout vor. Wir essen.

Er schaut zu mir und fragt: »Hast du vielleicht noch Lust auf weitere Wolfsgeschichten?«

Na klar!

»Ich erinnere mich an eine andere Episode, im Juni 1995 in Kanada, hoch oben auf Ellesmere Island. *Wildlife Officer* Tabitha Mullin stand mit ihrer Kamera vor dem Haus, um ein Wolfsrudel zu fotografieren. Die Wölfe verharrten, als sie die Frau wahrnahmen. Nur ein Wolf löste sich aus dem Rudel. Er näherte sich Tabitha und umkreiste sie. Langsam ging die Frau zum Haus zurück. Als sie fünf Schritte von der Haustür entfernt war, sprang der Wolf vor und packte sie mit seinen Zähnen am Ärmel. Es folgte eine Art Tauziehen. Erst als Tabitha um Hilfe rief, ließ der Wolf ab, und das gesamte Rudel verschwand. Wollte der Wolf erzwingen, gefüttert zu werden?

Vermutlich hatten Touristen oder Fotografen den Wölfen gelegentlich Futter zugeworfen, um sie für originelle Fotos zu ködern. Unweit war auch eine Wetterstation, von der sich Wölfe schon mal den einen oder anderen Bissen holten.«

Greg blickt in die Runde: »Jedenfalls haben Experten das Ärmelzupfen als Aufforderung gedeutet: ›Hey, gib mir was zu beißen!‹«

»Deswegen gibt es ja auch in den stark frequentierten Nationalparks wie Banff und Yellowstone striktes Fütterungsverbot«, werfe ich ein.

Natürlich kann man über die herrlichen Fotos aus den fünfziger- und sechziger Jahren schmunzeln. Ich sah Bilder von Schwarzbären, die sich an Autos lehnen und ins Innere schauen, als hielten sie mit den Insassen ein Schwätzchen. Die lockten mit Bärenleckerlis. Aber das ging immer nur so lange gut, wie der Bär geduldig wartete, bis man ihm das Fressen gab. Beim nächsten Mal schon holte er sich die Belohnung, ohne als Fotomodell posiert zu haben.

»Das Beste ist, die Beziehung zwischen wildem Tier und Menschen nicht zu intensiv werden zu lassen.«

Greg nippt an seinem Teebecher.

»Im August 1996 fuhr eine fünfköpfige Familie übers Wochenende in den Algonquin Park im kanadischen Ontario. Nachts, als es geschah, schliefen alle tief und fest in den Schlafsäcken auf dem Erdboden, ein Zelt hatte man nicht aufgebaut. Morgens gegen zwei Uhr packte plötzlich ein Wolf den zwölfjährigen Sohn der Familie mit den Zähnen beim Kopf und versuchte, ihn fortzuschleifen. Der aufgeschreckte Vater verjagte den Wolf. Zum Glück trug der Sohn nur eine gebrochene Nase und Bisswunden im Gesicht davon. Drei Tage später trieb sich derselbe Wolf in der *campsite* zweier Frauen herum. Die kletterten schleunigst in ihr Kanu und flüchteten aufs Wasser. Bei ihrer Rückkehr fanden sie ein verwüstetes Camp vor. Der Wolf war ins Zelt eingedrungen und hatte Turnschuhe und Schlafsäcke zerkaut. Parkranger erlegten ihn. In seinem Magen fand sich ein bunter Mix von Bohnen, Stoffresten, Fleisch, Karotten, Bindfäden und Waschanleitungen, die er von den Schlafsäcken abgekaut hatte. Offensichtlich war dieser Wolf an Menschen gewöhnt. Er tat, was man schon oft bei solchen Wölfen beobachtet hatte, sie stibitzen Ausrüstung und Kleidung und verschleppen sie. Wobei in diesem Fall noch ein Junge in dem Schlafsack lag ...«

Greg sieht mich an. »Woran denkst du, Dieter?«

»Daran, dass nach diesen Erkenntnissen die Geschichte von Rotkäppchen und dem bösen Wolf wohl neu geschrieben werden muss.«

10

Männerwirtschaft mit Greg Barringer und Peter Ivanoff

Gregs Nase hat nicht getrogen. Das Wetter ist umgeschlagen. Kein Schneetreiben mehr, stattdessen jault ein Sturm um unsere Trapperhütte. Meine Hunde sind unter der Schneedecke kaum noch zu sehen. Die Tannen, die sich unter der Last des Neuschnees geduckt hatten, richten sich langsam wieder auf. Ich spüre den Temperaturunterschied in den Fingerspitzen, es ist bitterkalt geworden.

Ich folge Greg nach draußen.

»Benutzt du auch einen Motorschlitten auf der *trap line*?«

»Nein!« Seine Antwort kommt schnell. »Ich gehöre zu der Minderheit von einem Prozent aller Trapper, die ihre *trap line* ausschließlich mit Hunden befahren. Man kann mich ruhig einen Oldtimer nennen, aber mir gefällt es so.«

Der offizielle Trapperreport des *Alaska Department of Fish & Game* bestätigt, dass 84 Prozent aller Inland-Trapper ihre Fallen per Motorschlitten kontrollieren. Vier Prozent – eine Art *high tech*-Fallensteller – setzen sogar Flugzeuge ein. Dass das Trapperdasein bei aller Romantik ein harter Broterwerb ist, sieht man an der offiziellen Statistik: Im Vorjahr lag die Zahl der alaskanischen Trapper noch bei 340, derzeit sind es noch 263. Im Durchschnitt sind Fallensteller 45 Jahre alt.

»Habt ihr Nachwuchsprobleme?«

»Ich glaube, nicht langfristig ... das freie Leben in der Natur wird immer wieder Menschen anziehen. Vielleicht liegt es am Missverhältnis von Aufwand und Ertrag, dass unser Beruf für Neueinsteiger im Moment eher unattraktiv ist. Sieh nur die Kosten ... Wer mit Motorschlitten arbeitet, bekommt die Explosion der Spritpreise zu spüren. Das können auch die Einnahmen aus dem Rohpelzverkauf nicht ausgleichen, im Gegenteil. Zum Glück ist der Preis für Marder mit 40 Dollar pro Stück stabil, aber für den Wolfspelz bekomme ich mit 175 Dollar fast ein Viertel weniger als noch vor fünf Jahren. Und der Roh-*wolverine* – der begehrteste und teuerste von allen – bewegt sich bei 250 Dollar pro Pelz statt wie zuvor bei 280 Dollar.«

Er blickt mich forschend von der Seite an:»Hättest du nicht Lust, Trapper in Alaska zu werden?«

Ich überschlage ein paar aktuelle Zahlen: Nach dem offiziellen Bericht nehmen 263 Trapper für 12.000 Pelze rund 860.000 Dollar pro Jahr ein. Das ist ein lächerliches Pro-Kopf-Einkommen von 3270 Dollar. Zu versteuerndes Einkommen wohlgemerkt!

Mein guter Freund Bill Fliris fragte mich unlängst per E-Mail:»Dieter, hast du Interesse, meine Trapperhütte am Tozitna River zu kaufen?« Ich mag es zu träumen. Träume sind nicht das Privileg von 16-Jährigen auf dem Sprungbrett ins Leben. Und so erlaube ich mir manchmal, mir wenigstens vorzustellen, ich wäre Trapper in Alaska ... Aber auch wenn mein Herz für den hohen Norden schlägt, glaube ich nicht, zum Trapper geboren zu sein. Ich liebe die Vielfalt der Welt: die Savannen Afrikas, die Düfte und das Menschengewusel Asiens, ich genieße die Stille und Weite des australischen Outback ebenso wie das gastliche Neuseeland.

Also mailte ich Bill ein»Ja, eigentlich gern, aber ...«zurück.

Bill Fliris wird das verstehen, er gehört zu den Alaskanern, die mich vermutlich am besten kennen. Er war Fischer im Beringmeer und Trapper in Zentralalaska. Er nahm am Yukon Quest teil, züchtete Huskys im Indianerort Tanana, war Lachsfischer am Yukon River, und gemeinsam zogen er und ich wohl 1000 Kilometer mit Schlittenhunden durch Alaska.

Ich spüre Gregs Blick:»Also, wie sieht's aus? Willst du nicht auch Trapper in Alaska werden?«

»Ich war schon einmal dicht dran«, sage ich,»aber das ist eine ziemlich lange Geschichte.«

Der Wind ist zum Sturm geworden. Ein Plastikeimer, den Greg zum Hundefüttern verwendet, ist umgestürzt und rollt über den Schnee. Ich laufe hinterher und fange ihn ein. Greg hängt ihn an einen Haken an der Wand des Blockhauses.

»Wir haben Zeit ... Komm, lass uns ins Haus zurückgehen.«

Die Flammen des Coleman-Kochers zischen. Aus einer blauen Emaillekanne mit weißen Tupfern steigt der Duft von Kaffee. Peter toastet Sauerteigbrot. Seit wir festgestellt haben, dass wir die Leidenschaft für das Iditarod-Rennen teilen, ist er mir gegenüber aufgeschlossener geworden.

»Setzt euch doch.« Peter stellt die Kaffeekanne auf den Tisch.

»Dieter wäre wirklich fast Trapper in Alaska geworden«, sagt Greg.

»Na, dann schieß los!« Peter pafft ein paar blaue Wolken aus seiner Pfeife und streichelt seinen Hund Nash, der sich wegen einer kleinen Verletzung in der Blockhütte aufhalten darf.

»Wäre es damals allein nach mir gegangen, hätte ich in Fairbanks einen Buschpiloten gebeten, uns mit seiner Maschine an einer möglichst einsamen Stelle irgendwo nördlich des Polarkreises abzusetzen. Wir hätten dort eine Blockhütte gebaut und einen Winter lang in absoluter Wildnis verbracht. Aber ich war nicht allein.

›Du hast eine vierjährige Tochter‹, ermahnte mich Juliana, ›Bettina braucht Spielkameraden.‹

Das schränkte die Möglichkeiten für unser Blockhausleben in der Wildnis ein. Mutter und Tochter hatten mich überstimmt, und ich sah mich nach Alternativen um.

Es war ein kalter Septembertag, als wir 250 Kilometer westlich von Fairbanks an einem als *slough* bezeichneten Seitenarm des mächtigen Tanana River eintrafen. Hier liegt Manley Hot Springs.

Chuck Dart, der Eigentümer der heißen Quellen von Manley, gab uns den entscheidenden Tipp für ein Blockhaus: ›Ruft mal Steve in Fairbanks an. Der hat vor ein paar Jahren außerhalb des Ortes ein Haus gebaut. Das steht jetzt leer. Vielleicht vermietet er es.‹

Natürlich hätte ich Lust gehabt, unsere Blockhütte mit den eigenen Händen zu bauen. Aber selbst in der Wildnis geht das nicht ohne Landrechte und Genehmigungen. Und ich sagte mir: Warum Bäume fällen, wenn Blockhäuser leer stehen.

Steve ist ein typischer Alaskaner, wie die meisten wurde er nicht hier geboren. Er stammte aus Los Angeles, hatte eines Tages beschlossen auszusteigen und war mit vielen Plänen in Alaska gelandet. Ein paar Kilometer von Manley Hot Springs entfernt hatte er ein Traumhaus gebaut. Steve hatte den Spitznamen *the artist*, der Künstler, denn er zeichnete und malte. Und sein Haus war, wie man es von einem Künstler erwartet, ungewöhnlich. Auffallend waren die großen Fenster, durch die auch während der kurzen und düsteren Wintertage Licht flutete. Manch ein Trapper hatte bei dem Anblick den Kopf geschüttelt, aber mir gefiel es auf Anhieb.

Zunächst hatte Steve hier mit seiner Freundin gelebt, aber die hatte ihn inzwischen verlassen. Er kam mit dem Alleinsein nicht zurecht und lebte nun seit zwei Jahren in Fairbanks.

Juliana rief bei ihm an und kam strahlend zurück: ›Wir haben uns über den Preis geeinigt, für diesen Winter gehört das Haus uns.‹

Juliana krempelte die Ärmel hoch und begann, von der kleinen Bettina tatkräftig unterstützt, den Hausputz. Ich, der ›Mann fürs Grobe‹, hackte Holz. Zwei Wochen später war aus dem verlassenen Haus in der Wildnis unser gemütliches Zuhause geworden.

Es gab keinen Supermarkt. *Postmaster* Bob Lee verkaufte in dem winzigen Tante-Emma-Laden Brot, das gelegentlich mit der Postmaschine kam, aber ansonsten gab es nur Spam, labberiges Dosenfleisch, oder Bohnen und andere Konserven. Das war's. Und natürlich war alles sündhaft teuer.

Also stieg ich in unseren Pick-up Truck, fuhr 250 Kilometer nach Fairbanks und kaufte für 1000 Dollar ein.«

Ich gieße aus der blauweißen Kanne Kaffee in meinen Becher.

»Und wie seid ihr mit der Kälte und Dunkelheit zurechtgekommen?«, fragt Greg, der sich noch gut an seine ersten alaskanischen Winterabenteuer erinnert.

Ich kann mir ein Schmunzeln nicht verkneifen.

»So wie die Intensität der ersten Liebe sich später nie wiederholen lässt, so wird auch das Empfinden des Winters für mich nie wieder so sein wie bei diesem ersten Mal. Ich nahm alles ganz bewusst wahr und genoss jedes Detail: die Morgenröte, die Mitte November im Nordwesten bis zehn Uhr vormittags wie ein rot leuchtender Vorhang am Himmel hängt ... In diesen Tagen notierte ich: minus 31 Grad. Solche Temperaturen kannte ich bisher nur vom Hörensagen. An kalten und klaren Tagen sahen wir Denali trotz einer Entfernung von 250 Kilometern wie einen König über Alaska thronen. Und dann ging auf einmal gar nichts mehr. Das war Ende November. Selbst das Propan gefror in der Gasflasche. An der Schule maß man an diesem Tag minus 52 Grad.

In unserem Blockhaus behaupteten wir uns gegen die Kälte, indem wir im Ofen einen Holzscheit nach dem anderen nachlegten. Mir dämmerte, dass mein Holzvorrat nicht ausreichen würde. Später gingen wir täglich in den Wald, um abgestorbene Baumstämme zu schlagen. Das wärmte uns doppelt durch …

Wir wohnten erst seit zwei Wochen im Ort, als Carol eines Tages in Begleitung einer jungen Frau in unserer Tür stand.

›Hallo‹, sagte sie, ›dies ist meine Freundin Donna.‹

Donna hatte sich gerade von ihrem Mann getrennt und suchte eine Halbtagsbetreuung für ihre beiden kleinen Kinder Cindi und Billy.

Carol sah Juliana an: ›Ihr habt doch so viel Platz und so viel Zeit … wie wär's?!‹

Von da an war unser Haus vom Lachen herumtollender Kinder erfüllt. Und bald schon plapperte Bettina wie selbstverständlich Englisch mit uns.

Nach und nach wuchsen wir in das Leben der kleinen Siedlung hinein, bis wir eines Tages Teil von ihr waren.

Gegen Ende des Winters hatte ich mein eigenes Hundeteam, mit dem ich auch schon mehrere Touren unternommen hatte. Da gab Carol mir einen entscheidenden Tipp:

›Ich habe einen guten Bekannten namens Bill Fliris in Tanana am Yukon River. Neulich sagte ich ihm am Telefon, du hättest vielleicht Lust, ihn mit deinen Huskys zu besuchen.‹

Die Fahrt zu Bill war mein erster nennenswerter Alleingang mit Hunden: 100 Kilometer hin, 100 Kilometer zurück.

Bill und ich saßen in seinem geräumigen Blockhaus und tranken Kaffee, als das Wort ›Iditarod‹ erstmals fiel.

›Das Rennen reizt mich schon lange‹, sagte Bill, ›aber noch habe ich keinen Partner gefunden.‹

Ich blickte ihm einen Moment lang in die Augen, und was ich sah, gefiel mir.

›Dein Partner sitzt dir gegenüber‹, sagte ich.«

Der Sturm peitscht noch immer gegen Greg Barringers Trapperhütte.

Die beiden haben meiner Geschichte aufmerksam gelauscht.

»Und? Hast du teilgenommen?«

»Ja, aus Kostengründen fuhren Bill und ich allerdings außerhalb des offiziellen Rennreglements, doch unter knallharten Bedingungen, denn wir mussten die gesamte Logistik selbst in den Griff kriegen. Hilfe an den Renn-Checkpoints war nicht zu erwarten.«

Greg Barringer nickt nachdenklich, als ich geendet habe. Peter pafft aromatische Wolken. Nash knurrt zufrieden.

Ich sehe aus dem Fenster. Noch immer stürmt es.

»Wenn das Wetter so bleibt, werden wir noch viel Zeit haben, uns Geschichten zu erzählen.«

Der Sturm tobt auch noch am Abend.

»Das ist meine Welt«, sagt Peter Ivanoff mit Blick nach draußen. »Ich liebe den Wind.« Und als würde das alles erklären, fügt er hinzu: »Meine Heimat ist die Wiege der Winde. Ich bin Aleute.«

Im Unterschied zu mir sei er noch nie über die Grenzen Alaskas hinausgekommen. Das wolle er auch gar nicht. Alles, was er zum Leben brauche, finde er hier: Pelzrobben, Fische im Meer, Lachse in den Flüssen, Wale, dann die unterschiedlichsten Kulturen wie Haida, Tlingit, Inupiat, die Wälder und Ströme Zentralalaskas, die Vulkane der Katmai Peninsula ... und natürlich die Aleutenkette und die Pribilof Islands, seine Heimat.

Peter ist sichtlich erfreut, als ich ihm verrate, dass ich »seine« Inseln kenne und vor ein paar Jahren sogar in seinem Heimatort Saint Paul war. Das Eis bricht gänzlich, als ich anmerke, dass ich dort auch Larry Merculieff besuchte. Peters Augen glänzen. Jeder Pribilof-Bewohner kennt schließlich Larry Merculieff.

Peter zündet erneut seine Pfeife an und pafft feine blaue Ringe.

Ich traf Larry ein paar Hundert Meter außerhalb von Saint Paul in seinem Haus. Larry, Ende 40, Aleute, in dessen Pass als Geburtsort Saint Paul/Pribilof steht, hatte bereits schwarzen Kaffee in unsere Becher gefüllt. Aus großen Lautsprecherboxen klang dezent Brahms.

Sein Wohnzimmer war äußerst stilvoll eingerichtet, so wie ich es in einem Fischerdorf auf einer entlegenen Insel in der Mitte des Beringmeers, unweit der Datumsgrenze, nicht erwartet hätte.

An den Wänden hing Schmuck aus durchbohrten Robbenzähnen.

»Traditioneller Schmuck, den meine Vorfahren aus dem fertigten, was das Land ihnen gab«, erläuterte Larry.

Wir blickten aus dem großen Wohnzimmerfenster über die flache, völlig baumlose Insel. Schmucklose Häuser in Rot, Blau und Braun stachen aus dem satten Grün des Grases hervor. Wenige Kilometer außerhalb des 600-Seelen-Orts Saint Paul wälzten, grunzten, röhrten und platschten derweil 800.000 massige Pelzrobben am Strand. Die Pribilof Islands beheimaten eine der größten Tierkolonien auf Erden.

»Die Pelze von diesen Inseln füllten einst die Kassen des russischen Zaren in St. Petersburg, aber es waren die Unungan, mein Volk, die den sagenhaften Pelzreichtum der Pribilof Islands entdeckten. Erst viel, viel später kamen die Russen, die uns ›Aleuten‹ nannten.«

Larry Merculieff trat vom Fenster zurück und setzte sich zu mir, nippte wieder an seinem Kaffee. Er hatte schon hohe Staatsämter in Alaska bekleidet, jetzt setzte er sich für sein Volk ein, vor allem für Arbeitsmöglichkeiten im Fischfang.

Er sah mich an.

»Alles geht auf einen Jäger mit Namen Igadik zurück, einen Häuptlingssohn von den Aleuten-Inseln.«

Ich lehnte mich zurück, trank ebenfalls einen Schluck Kaffee und hörte zu.

»Igadik liebte die Jagd und die Fahrt in seinem Kajak. Jeden Frühling beobachtete er, wie trächtige Pelzrobbenweibchen an seiner Insel vorbei nach Norden schwammen, im Herbst kamen sie mit ihren Jungen zurück, aber niemand wusste, wo der Geburtsplatz der jungen Pelzrobben war. Eines Tages geriet Igadik mit seinem Boot in einen schweren Sturm und wurde nach Norden getrieben. Als der Nebel des Unwetters sich nach vielen Tagen lichtete, wurde ihm klar, dass sich vor ihm noch niemand so weit von seiner Heimatinsel entfernt hatte. Er vernahm die Laute von Vögeln, und dann sah er Strände, die schwarz waren von Millionen Pelzrobben. Ein Jahr lang lebte Igadik auf dieser von Nebel umwaberten Insel. Er erfreute sich an den herrlichen Blumen des Sommers und an den klaren kalten Tagen des Winters.

Als der Nordwind nach Süden zu blasen begann, belud Igadik sein Kajak mit all seinen Pelzen und ließ sich vom Sturm zurück in seine Heimat treiben. In seinem Dorf feierte man ihn. Er war jetzt ein Held.

In Liedern und Tänzen wurden seine Erzählungen von der Pelzinsel Amiq, wie er sie genannt hatte, in seinem Volk verbreitet. Noch lange nach seinem Tod lebten die Geschichten von Generation zu Generation fort. Als später russische Pelzhändler bis hierher vordrangen und Igadiks Geschichte hörten, machten sie sich auf die Suche. Am 29. Juni 1787 entdeckte der russische Navigator Gerassium Pribylow die beiden Inseln erneut. Seitdem tragen sie seinen Namen.«

Larry sah nachdenklich auf.

»Noch im Jahr der Entdeckung kehrte Pribylow von der russischen Pelzhandelszentrale auf den Aleuten-Inseln hierher zurück. Diesmal hatte er 137 Sklaven an Bord – es waren unsere Vorfahren –, die die Pelzrobben schlachten sollten. Am Ende der Fangsaison waren die beiden Schiffe Pribylows mit wertvollen 40.000 Robbenpelzen und 14.000 Pfund Walross-Elfenbein beladen.«

Peter Ivanoff räuspert sich, als ich die Geschichte meiner ersten Begegnung mit Larry Merculieff auf den Pribilof Islands beendet habe. Er wirkt gerührt und nachdenklich.

»Wenn du Interesse hast, erzähle ich dir jetzt meine Geschichte«, sagt er. »Es ist auch die Geschichte meines Volkes, das von den Russen versklavt und von den Amerikanern während des Zweiten Weltkriegs gnadenlos hin- und hergeschoben wurde. Als wären wir Schachfiguren, Bauern im Spiel der Macht, die man bereitwillig opfert.«

Peter hat es sich bequem gemacht, den Kopf ein wenig nach hinten gelegt, die Augen geschlossen. Die Pfeife ist ihm in der Hand ausgegangen. Greg Barringer scheint auf seine Geschichte ebenso gespannt zu sein wie ich.

»Es beginnt an einem sonnigen Sommertag. Der Kalender im *post office* von Saint Paul zeigte den 16. Juni 1942 an. Ein paar Jungen spielten auf dem Dorfplatz Baseball. Auf den ersten Blick sah man nicht die Schatten des Krieges, die bereits auf die Aleutian und die Pribilof Islands fielen. Anna Lestenkof ...«, Peter sieht erst mich, dann Greg an.

»Anna Lestenkof, eine Fischersfrau, im dritten Monat schwanger, sah auf die Uhr: Es war elf Uhr vormittags. Die junge Frau senkte den Kopf, so wie sie es jetzt schon seit Tagen immer wieder tat. Das Warten, das ewige Warten zerrte an ihren Nerven. Klar, es war schon vorgekommen, dass ihr Mann Elary später vom Fischfang heimkehrte als erwartet. Aber diesmal war er bereits seit fünf Tagen überfällig. Anna war in großer Sorge. Sie trat an das Fenster des kleinen Holzhauses, dessen Farbe von den Stürmen und Regenschauern des Beringmeers heruntergewaschen war, so dass man die Maserungen des groben Holzes mit den Fingerspitzen spürte.

Sie rief ihre drei Kinder zum Essen herein.

Während die Familie still am Tisch saß und Anna ohne Appetit aß, brauten sich über den Inseln Saint George und Saint Paul düstere Wolken zusammen, obwohl an diesem Tag die Sonne freundlicher, klarer und heller schien, als es sonst in der Mitte des Beringmeers üblich ist.

Als dem ersten Bewohner von Saint Paul die beiden Schiffe auffielen, die mit voller Kraft auf die Insel zuhielten, war es mit der Beschaulichkeit im Dorf vorbei.

Seit dem Angriff auf Pearl Harbor im Dezember 1941 herrschte absolute Nachrichtensperre. Und so wusste Anna Lestenkof nicht, dass die Japaner vor zehn Tagen auf den Aleuten-Inseln Kiska und Attu gelandet waren.

Larry Merculieff kämpft für die Belange der Pribilof-Insulaner

Alle eilten zum Anleger, um den Militärtransporter *U.S.S. Delaroff* und das Begleitschiff zu begrüßen. Doch die Freude war nur kurz. Anna hörte den Befehl als eine der Ersten: »Dies ist jetzt Kampfgebiet. Die Pribilof Islands und einige Aleuten-Inseln sind sofort von der Zivilbevölkerung zu räumen.«

Anna blieb nur Zeit bis zum nächsten Morgen, um das Nötigste zu packen. Ihre Kinder zwischen vier und sieben Jahren griffen sich ihre liebsten Spielsachen. Sie schliefen bald ein, doch keiner der Erwachsenen machte in dieser Nacht ein Auge zu. Als die *U.S.S. Delaroff* am anderen Morgen auslief, war kein Aleute mehr auf seiner Heimatinsel. Saint Paul wurde jetzt von zehn US-Soldaten bewacht.

In der Kürze der Zeit hatten viele nur mitnehmen können, was ihnen im allerersten Moment notwendig schien: der eine ein Fischernetz, ein anderer einen Außenbordmotor. Anna Lestenkof drückte ein Kreuz an ihre Brust, während die Kinder gegen sie gelehnt schliefen.

Sie dachte an Elary. Was, wenn er doch noch zurückkäme und die verlassene Siedlung vorfände ...

Den Menschen auf Saint George ließ das Militär nur eine Stunde zum Packen. Und schon war die *Delaroff* wieder auf hoher See, jetzt mit der gesamten Bevölkerung der Pribilof Islands. Niemand wusste, wohin die Reise ging.

»Vielleicht nach Seattle«, murmelte Anna, als ihre Kinder sie fragten. Für die Jungen war das Ganze bis jetzt noch ein Abenteuerausflug. Noch einmal stoppte das Schiff, an der Aleuten-Insel Atka, wo weitere Menschen zustiegen. Hier zerstörte das Militär sogar noch die Häuser, um den Japanern ja keine Orientierungspunkte zu hinterlassen. Selbst die russisch-orthodoxe Kirche ging in Flammen auf.

Im Zickzackkurs fuhr die *Delaroff* nach Südosten. Am 24. Juni 1942 ging das Schiff an den Admiralty Islands, Tausende Kilometer entfernt, in Südost-Alaska vor Anker.«

Peter sieht in die kleine Runde. Greg kannte diese Geschichte offenbar nicht. Er ist ebenso betroffen wie ich. Umständlich greift Peter seine Pfeife, klopft die Asche aus und drückt neuen Tabak hinein.

»Ihr müsst wissen, dass das feuchtmilde Klima Südost-Alaskas geradezu tödlich für Menschen vom Beringmeer ist, zumindest wenn man so unvorbereitet und entwurzelt dort landet wie die Pribilof-Bewohner. Wir haben keine Bäume, dort aber gibt es riesige und dichte Wälder ... Man brachte die Vertriebenen in einer ehemaligen Lachsverarbeitungsfabrik in Funter Bay unter. Seit Jahren stand sie leer, entsprechend verkommen und dreckig war sie. Es gab nichts, was hier einladend war. Anna Lestenkof machte sich trotz Schwangerschaft mit ihren Kindern daran, die Betten in den ehemaligen Schlafsälen der philippinischen und chinesischen Arbeiter herzurichten und die Halle so gut es ging mit Decken zu unterteilen. Es gab keine Privatsphäre.

Militärrationen wurden verteilt, später, nachdem das Versorgungsschiff *Penguin* angelegt hatte, wenigstens Konserven. Aber das Essen reichte hinten und vorne nicht, für die Menschen vom Beringmeer war es zudem völlig fremd. Obwohl die Frauen Beeren und Pilze sammelten und die Männer auf Lachsfang gingen, litten schon bald viele an Unterernährung.

Anna und die anderen hatten keine Chance, hier wegzukommen, obwohl die Hauptstadt Juneau nur ein paar Bootstunden entfernt war. Man verhängte Quarantäne über das Lager, niemand durfte hinaus. Nur wenigen wagemutigen jungen Burschen gelang die Flucht.

Anna Lestenkof wurde immer schwächer. Aber sie bewahrte sich die Kraft, ihren drei Kindern immer wieder Mut zuzusprechen und sie zu versorgen. Im Februar brachte sie einen Sohn zur Welt und gab ihm den Namen Peter.

In der Schlacht von Midway konnten die amerikanischen Streitkräfte den Japanern entscheidende Verluste zufügen. Um die amerikanische Wirtschaft zu stützen, gestattete die Regierung einigen der Umgesiedelten, vorübergehend zur Robbenjagd heimzukehren. In dieser Saison wurden 117.000 Robben gekeult, so viele wie seit 50 Jahren nicht mehr. Doch die Erträge flossen an die Fischereiverwaltung, die Robbenfänger gingen leer aus. Als sie am 11. November 1943 nach Funter Bay zu ihren Familien zurückkehrten, wüteten die Masern. Die geschwächten Menschen hatten dem nur wenig entgegenzusetzen. Anna Lestenkofs drei große Kinder starben, ohne die Heimat je wiedergesehen zu haben.«

Peter Ivanoff, der die ganze Zeit wie zu sich selbst gesprochen hatte, sieht auf.

»Anna, ebenfalls von Krankheit und Mangel gezeichnet, war abgemagert. Die junge Frau bewegte sich wie eine Greisin.

Als ein Schiff die Bewohner der Pribilof Islands im Mai 1944, fast zwei Jahre nach der Zwangsumsiedlung, in die Heimat zurückbrachte, musste Anna, das Baby im Arm, von zwei alten Männern aus der Verwandtschaft gestützt werden. Zwei Monate nach der Rückkehr starb sie, ohne ihren Mann Elary je wiedergesehen zu haben.

Der Tag, an dem sie beerdigt wurde, war ein in jeder Hinsicht grauer Tag. Nebelschwaden jagten vom Meer über die Uferfelsen, es war ein typischer Tag für die »Wiege der Winde«, ein Tag, wie wir ihn mögen. Das Peitschen der Brandung war die Musik, zu der Anna Lestenkof zu Grabe getragen wurde.«

Peter Ivanoff nimmt einen langen Zug aus seiner Pfeife. Es ist still im Raum. Nur Nash, der Hund, schnauft. Der Docht der Petroleumlampe ist niedergebrannt, Peter schraubt ihn höher. Warmes, weiches Licht erfüllt die *cabin*. Gegen die Flamme sehe ich silbernen Rauch aus Peters Pfeife aufsteigen. Die Stoppeln auf seinem Kinn stehen widerspenstig in alle Richtungen.

Mein Hals ist trocken, und das nicht nur, weil ich durstig bin. »Wer hat dir diese Geschichte erzählt?«, frage ich ihn.

»Meine Mutter hatte vor ihrem Tod noch Zeit genug, sie den anderen zu erzählen. Und mein Stiefvater Nathan Ivanoff, der mir seinen Namen gab, erzählte sie mir später wieder und wieder ...«

Er hält inne. »Meine leibliche Mutter gab mir den Namen Peter. Peter Lestenkof.«

11

Von Anchorage zum Yukon River

Gegen 4.30 Uhr morgens knarrt Gregs grobes Bettgestell, ich höre den Reißverschluss seines Schlafsacks. Ich kann es in der Dunkelheit nicht sehen, aber ich ahne, dass er sich sportlich über die Kante seines Bettes schwingt, um aufzustehen. Greg Barringers Lebensrhythmus ist für mich in diesem Punkt gewöhnungsbedürftig.

Peter und ich liegen noch gemütlich in unseren Schlafsäcken auf dem Fußboden.

Wäre das frühe Aufstehen Teil einer Aufnahmeprüfung für Trapper, so würde ich wohl durchfallen.

»Man passt sich dem Rhythmus der Natur an«, behauptet Greg. Carol sagt Ähnliches, allerdings steht sie »erst« um 5.30 Uhr auf.

Ich höre das Ratschen des Streichholzes. Warmes Licht flackert durch die *cabin*.

Wir hatten in der Nacht noch Feuerholz hereingeholt. Greg öffnet den Rauchabzug am Schornstein, wartet einen Moment, bis die Gase im Ofenrohr verflogen sind, öffnet die Klappe des Eisenofens und schiebt Holz nach.

»Es stürmt immer noch«, sagt Greg, der bemerkt hat, dass wir endlich wach sind.

Ein wenig bin ich doch beunruhigt. In wenigen Tagen will ich von Lake Minchumina nach McGrath fliegen, um dort die ersten Iditarod-*musher* einlaufen zu sehen.

»In meinem großen Wohn-Blockhaus kannst du mich später immer noch besuchen«, hat Greg mit Blick auf meinen engen Zeitplan angemerkt. Es ist eine Tagesreise per Schlitten von hier entfernt. Greg hat seine kleinen *cabins*, die kaum mehr sind als ein Unterschlupf, entlang der *trap line* so angeordnet, dass maximal eine Tagesreise zwischen ihnen liegt. Es stürmt. Wenn der Sturm morgen nicht nachgelassen hat, werde ich wohl die Heimreise zum Lake Minchumina antreten.

Ich habe Greg gefragt, ob er nicht selbst Interesse hätte, am Yukon Quest oder gar dem Iditarod teilzunehmen, er wäre doch in guter Gesellschaft, vor allem seit der jetzt 61-jährige Trapper Charlie Boulding bei beiden Schlittenhunderennen vorgeführt hatte, dass im Prinzip jeder eine Chance auf einen Sieg hat. Auch in diesem Jahr würde Charlie wieder dabei sein.

»Ich bewundere Charlie Bouldings inneres Feuer fürs Rennen«, schmunzelt Greg, »aber mein Feuer brennt auf anderem Gebiet.«

Zum Beispiel im Kampf um die Schutzgebiete des *National Wildlife Refuge*, Tierschutzgebiete im hohen Norden, die jetzt durch eine Öllobby in Gefahr sind. Zwar werden sie seit 1980 durch die Unterschrift von Präsident Jimmy Carter unter dem *National Interest Lands Conservation Act* geschützt, aber die Regierung Bush hat die Diskussion um das schwarze Gold nördlich des Polarkreises als Folge des Irakkrieges neu entfacht. Dass dort große Ölreserven lagern, gilt als sicher. Viele Alaskaner würden das Schutzgebiet lieber heute als morgen für Bohrungen freigeben.

»Ein Teil der Bevölkerung steht der Erdölförderung dort aufgeschlossen gegenüber. Auch viele von denen, die bisher eine eher ablehnende Haltung hatten«, weiß Greg. »So könnte mit einem Schlag ein Großteil des Hungers nach Rohöl gestillt werden, auch wenn es noch zehn Jahre dauert, bis das erste Öl in die Terminals fließt. Die Befürworter verweisen immer wieder auf die Alaska Pipeline, die sich doch bestens in die Natur einfüge. Und viele der Ja-Sager argumentieren: ›Das sind doch gerade mal 2000 *acres*, also acht Quadratkilometer geschützten Gebietes. Das ist doch nicht mehr als eine Briefmarke, die auf dem Ozean treibt.‹«

Gregs Stimme ist leise geworden. »Wenn wir uns der Rohstoffgier beugen, machen wir uns schuldig, den Kindern dieser Welt die letzten intakten Ökosysteme und Urparadiese genommen zu haben. Viele Alaskaner stimmen aus sehr eigennützigen Gründen für das Bohren. Denn wir alle profitieren seit Jahren schon von der ›Dividende‹ aus dem Erdöl von der Prudhoe Bay: Jeder *Alaska resident* erhält jedes Jahr einen Scheck, derzeit über zirka 1200 Dollar. Natürlich wäre es interessant, wenn diese Summe sich plötzlich verdoppeln würde ...«

»Da du morgen nach Lake Minchumina aufbrechen willst, bleibt dir nur noch dieser Abend, um die Geschichte deiner Alaskadurchquerung zu erzählen«, erinnert mich Peter Ivanoff später.

83

Greg war am Nachmittag mit Schneeschuhen losgestapft, um in der Nähe ein paar Fallen zu kontrollieren. Danach hatten wir unser »Abschiedsdinner« vorbereitet. Jeder hatte dafür seine Vorratsbeutel geplündert. Als Vorspeise hatte es Yukon-Lachs gegeben, Greg hatte saftige Elchsteaks in die große Pfanne gezaubert, und ich hatte als Nachspeise ein paar von meinen für besondere Gelegenheiten mitgebrachten deutschen Pralinen spendiert.

Wir waren satt und zufrieden, und auch die Hunde waren versorgt. Peter, der anfangs so verschlossen gewirkt hatte, drängte mich geradezu, endlich von meinen Schlittenhundeabenteuern auf dem Iditarod Trail zu berichten.

»Da kommst du nicht drum herum«, gibt Greg Schützenhilfe und schmunzelt dabei.

Will ich auch gar nicht ...

Wir machen es uns bequem.

»Schon die Anfahrt war damals ein Erlebnis. Zunächst ging's mit dem schwer beladenen Schlittengespann von unserer Blockhütte am Ufer des Yukon runter aufs Eis des Flusses. Während die Eisdecke des Lake Minchumina einladend glatt ist, war die des Yukon River schartig, rissig und gefährlich für den Schlitten. Die Kraft des fließenden Stromes hatte das Eis immer wieder gestaucht, Schollen waren ineinander verkeilt. Der Trail erforderte meine volle Konzentration. Das war wohl gut, so blieb wenig Zeit, über den Abschied von der Familie zu grübeln, an Juliana zu denken, die im Hintergrund die Fäden für meinen Marathon zum Beringmeer gezogen hatte, während ich mit dem Training der Hunde beschäftigt gewesen war. Bettina hatte beim Abschied alle in den Arm genommen: meinen erst 18 Monate alten Leithund Beetle, dann Speedy, Zinger, Charge, Blanco, Boomer und wie sie alle hießen.

Gemeinsam waren wir ein starkes Team. Einige Hunde stammten aus Bills hervorragender Zucht, ein paar kamen von Carol, sogar zwei Yukon-Quest-Teilnehmer von Tonya waren dabei.

100 Kilometer fuhren Bill und ich mit unseren Schlitten bis Manley Hot Springs, weitere 250 Kilometer waren es mit dem Auto bis Fairbanks, und dann kamen noch 600 Kilometer bis zum Iditarod-Startpunkt bei Anchorage.

Als wir Anchorage endlich erreichten, bestätigte Race Marshal Jim Kershner, was wir zu hören gehofft hatten: Der Iditarod Trail ist ein öffentlicher Pfad. Jeder kann ihn benutzen, auch während des Rennens. Beim Start war ich aufgeregter als die Hunde, die ganz cool zusammengerollt im Schnee dösten. Wenn nur dieses verflixte Schlittengewicht nicht gewesen wäre: 20 Kilo *high energy*-Trockenfutter, weitere 20 Kilo Fleisch und zehn Kilo Snacks, kalorienreiche Leckerlis, um mein Team unterwegs zu motivieren. Das alles sollte bis zum ersten Depot reichen. Doch 50 Kilo Futter waren nur das halbe Gewicht, weitere 50 Kilo Ausrüstung kamen noch dazu: ein Kocher mit Topf zum Wassererhitzen, der Reiseofen, unsere Schlafsäcke, *ganglines* zum Anbinden der Hunde bei Pausen, außerdem eine Axt, eine Säge und diverse Futternäpfe, die ich schwitzend versuchte, sicher auf dem Schlitten zu verstauen.

›Wohin soll's denn gehen?‹, fragte ein Mann, der plötzlich neben mir stand.

›Nach Nome‹, sagte ich und dachte: Mein Gott, hier am Knick Checkpoint fährt doch jeder nach Nome!

›Bin schon 17-mal da gewesen‹, lachte der Fremde, wünschte mir gute Reise und ging.

›Wer war das?‹, fragte ich.

›Terry Atkins aus Montana, ein großer Name im Schlittenhundesport‹, antwortete jemand.

Aber ich hatte andere Sorgen, als Rennikonen zu huldigen. Mein Schlitten war zu schwer, ich bekam den Schlittensack nicht richtig zu. Und ausgerechnet, als am Ende doch noch alles verladen war, bestieg Boomer, einer der kräftigsten Hunde meines Teams, meine läufige Leithündin Screamer ...

In diesem Moment kam Bill entspannt lächelnd aus der Knick-Bar und biss in einen Riesen-Hamburger. Ich war der *rookie* – er hatte den Vorsprung jahrzehntelanger Schlittenhundeerfahrung.

Am Checkpoint Rohn hatten wir die ersten 437 Kilometer hinter uns. Während beim Start in Anchorage nasser Schnee auf uns gefallen war, lag die Temperatur jetzt bei minus 37 Grad. Die Berge der Alaska Range sind ein Härtetest. Rund um die Uhr waren wir auf den Beinen, wir schliefen nur wenige Stunden, gewaschen hatte ich mich seit Tagen nicht mehr, denn wir konnten nicht wie die Rennteilnehmer in den Hütten der Checkpoints unterkommen.

Nach den Bergen der Alaska Range verändert sich das Land. Hier beginnen die endlosen Wälder Zentralalakas. Bill und ich hatten geplant, die 150 Kilometer zwischen Rohn und der Siedlung Nicolai in einem Stück zu fahren. Doch dazwischen erstreckt sich das gefürchtete Farewell Burn, ein weitläufiges ehemaliges Waldbrandgebiet. Hier besteht die Gefahr, den Trail zu verlieren oder in Schneeverwehungen zu versinken. Jeder hat seine eigene Horrorgeschichte über das Farewell Burn.

Die Stunden in diesem gefährlichen Gebiet werde ich nie vergessen. Das Quecksilber hielt sich konstant bei minus 42 Grad. Und doch war mir heiß; mal schob ich den Schlitten, dann wieder lief ich neben ihm her. Seit Tagen schon waren Screamer, Speedy und Zinger läufig. Alle drei waren exzellente Leithündinnen, doch mein sonst so berechenbares Team war jetzt aus dem Tritt gekommen. Alle hatten nur eins im Sinn ... den Auftrag der Natur in Nachwuchs umzusetzen.

Sie fraßen unregelmäßig, verschmähten selbst die köstlichste Fleischbrühe. Stattdessen schmachteten sie sich gegenseitig an. Screamer und Zinger hatten längst aufgehört zu ziehen und tänzelten nur noch mit erhobenem Schwanz durch die arktische Nacht.

Kurz nach Mitternacht: Ich war wohl einen Moment lang auf dem Schlitten eingenickt. Plötzlich schreckte ich hoch. Wieso stand mein Team? Vorn hatte sich ein Knäuel von Leibern gebildet, und Norton schickte sich an, Zinger zu begatten! Ich hechtete nach vorn, stolperte, fiel, konnte die beiden aber trotzdem auseinander reißen.

24 miles to Nicolai, kündigte ein Schild an einer kleinen Brücke an. Es war drei Uhr morgens, als ich die kleine Athabasca-Siedlung erreichte. Im Licht einiger Laternen erkannte ich ein paar Details des friedlichen 100-Seelen-Dorfes, vor allem die russisch-orthodoxe Kirche und mehrere hölzerne Grabkreuze, die aus dem Schnee ragten. Nicht weit davon entfernt lag der Iditarod Checkpoint.

Ich war erschöpft. Doch nach einem Müsliriegel kamen die Lebensgeister zurück. Als Erstes musst du die Hunde versorgen, hämmerte ich mir ein.

Es war 4.30 Uhr morgens. Sollte ich fragen, ob ich in einem der Häuser schlafen könne?

Unsinn, du hast doch einen warmen Schlafsack.

Mit ein paar routinierten Handgriffen entlud ich den Schlitten, wechselte die Socken, um ja keinen Hauch von Feuchtigkeit mit in den Schlafsack zu nehmen. Drinnen war es eng.

Verflixt, ich kriege den Reißverschluss nicht zu. Pass auf, dass er sich nicht verhakt!

Eilig zog ich die Handschuhe aus und schloss den Reißverschluss. Ein schlecht geschlossener Schlafsack kann ja lebensgefährlich sein.

Diese zwei, drei Minuten genügten, um an allen Fingerspitzen starke Erfrierungen zu bekommen. Der Schmerz drang tief in meinen Körper, einen Moment lang war ich bewusstlos. Gegen fünf Uhr sank ich in einen schweren Schlaf. Als ich vier Stunden später die Schlittenabdeckung zurückschlug, stand ein freundlicher Indianer neben mir.

›Du hättest auch im *town hall* schlafen können!‹ Er zeigte auf das Gebäude neben meinem Schlitten.

Ich stapfte zu der Cafeteria im Rathaus. Ein bulliger Athabasca-Indianer mit breitem Gesicht und langen schwarzen herabhängenden Haaren goss Kaffee in meinen Becher.

Als wenig später das Telefon bei Juliana in unserem Blockhaus am Yukon River klingelte, meldete sich ein mutloser, müder *musher*. Meine Stimmung war auf dem Tiefpunkt.

20 Minuten und einige Streicheleinheiten für die Seele später legte ich auf. Jetzt ging es mir besser.

Bei McGrath erreichte ich den Kuskokwim River. Von dort war es nur ein Sprung bis zu dem winzigen Ort Ophir.

›Schirrt eure Hunde da hinten aus. Ich bringe euch heißes Wasser, und schlafen könnt ihr in der *cabin* dort, vorausgesetzt ihr quatscht nicht rum und stört‹, knurrte der örtliche Rennmanager. Doch der erste Eindruck trog, die Aufnahme war rau, aber herzlich.

Die Hütte gehörte einem alten Goldgräberehepaar. Seit gut 20 Jahren stellten die beiden sie während des Rennens als Unterkunft zur Verfügung.

›Irgendein Esel hat letztes Jahr nebenan einen Sack Fleisch stehen gelassen‹, sagte der Alte. ›Als wir im Juli kamen, war es nur noch ein stinkender Klumpen. Grenzt an ein Wunder, dass nicht irgendein Bär aus der Hütte Kleinholz gemacht hat.‹

Seine Frau buk Pfannkuchen für alle.

Mein Hundeteam war satt und ließ jetzt wieder hoffen. Als ich aus der Blockhütte trat, blickte ich in treue Hundeaugen.

Da warst du, Blanco, du Freundlicher, seit einiger Zeit hattest du zu wenig gesoffen, doch deine Lebensgeister kehrten plötzlich zurück, als du Fisch zu fressen bekamst. Und was war mit dir, Boomer, du Eiche meines Gespanns? Seit Tagen schon wirktest du erschöpft. Aber zum Glück war dein Hunger so grenzenlos wie deine Leistung …

Und wie ging's dem *musher*?

Die Müdigkeit schien überwunden, mein Appetit war phänomenal. Der Schmerz in den Händen klang ab. Kurz: Meine Reise auf dem Iditarod Trail wurde zur Routine.

Beim Ort Ruby erreichte ich den Yukon River.

Es war ausgemacht, dass Bill von hier den Yukon River aufwärts allein nach Hause reisen würde. ›Wer im Busch lebt, muss zusehen, dass er seine Familie irgendwie durchbringt‹, hatte Bill schon bei der Planung unseres Abenteuers gesagt. Die restlichen 800 Kilometer bis nach Nome musste ich mich allein durchschlagen.

Das war nicht unproblematisch. Wenn ein ins Rennen eingetragener Iditarod-*musher* verunglückt, sucht man ihn. Hätte ich im Schneetreiben den richtigen Trail verpasst, wäre niemand auf die Idee gekommen, nach mir Ausschau zu halten.

Aber meine Hunde und ich hatten unseren Rhythmus jetzt gefunden. Obwohl Bill und ich zuvor unabhängig voneinander gefahren waren, hatten wir uns aus Sicherheitsgründen an festgelegten Punkten getroffen. Jetzt musste ich auf niemanden mehr Rücksicht nehmen. Ich fühlte mich frei.«

12

»Holiday on Ice« mit Huskys

Draußen ist es jetzt dunkel. Durch das Erzählen bin ich durstig geworden. Ich hole mir einen Becher und gieße Wasser hinein.

Als »Mann der Stürme« brennt Peter darauf, auch den Bericht meiner Reise entlang dem Beringmeer zu hören.

»Es ist schon spät«, sage ich. Der Sturm hat nachgelassen, am Himmel sind die Wolken aufgerissen. Morgen früh will ich aufbrechen. Ich trete ans Fenster und sehe erstmals seit Tagen die Sichel des Mondes blitzen.

»Von all meinen Abenteuern war dieses vielleicht das Aufregendste, das Nachhaltigste ...«

Ich nehme noch einen Schluck.

»Hattest du Angst?«, fragt Greg.

»Hatte nie Zeit, darüber nachzudenken ...«

»Aber du warst doch in Gefahr, so allein ...«

»Aber ich hatte meine Hunde. Ich vertraute ihnen. Sie waren so unterschiedlich, dass ich das Gefühl hatte, alle notwendigen *survival*-Fähigkeiten gebündelt dabei zu haben. Da war Beetle. Auch in extremen Situationen schaute er nicht nach hinten, selbst im heftigsten Sturm hielt er die Leine gerade. Und Screamer ... ich hatte ihr Unrecht getan, als ich sie in meinen Aufzeichnungen als faul, dumm und gefräßig bezeichnete. Das war im Zorn gewesen, aus der Situation heraus. Hätte ich in Rohn oder Nicolai die Möglichkeit gehabt, sie zurückzuschicken, hätte ich mich ohne eine Träne zu vergießen von ihr getrennt. Als sie läufig gewesen war, hatte sie sich wie eine Diva benommen, war mit erhobenem Schwanz durch den Schnee getänzelt und hatte die Rüden angeschmachtet. Doch danach war sie so verlässlich, wie Carol sie immer beschrieben hatte. Nicht sehr schnell, zugegeben, aber auf meine Kommandos – *Ghee* für rechts und *Haw* für links – reagierte sie jetzt sofort. Und darauf kam es im Sturm am Beringmeer an.«

Ich setzte mich wieder zu Greg und Peter.

»Ich weiß noch genau, wie ich in Shaktoolik einlief. Hier soll es Menschen geben?, dachte ich.

200 Leute leben in dem Ort, dessen Hauptstraße für mein Gespann unpassierbar war. Meterhohe Schneeverwehungen zogen sich quer über das, was die Fahrbahn sein sollte. Nie zuvor hatte ich einen Ort gesehen, der den Elementen so bedingungslos ausgesetzt war wie dieser.« Ich registriere, wie Peter in Erinnerung an seine Heimat schmunzelt.

»Die letzten Kilometer vor Shaktoolik war ich unmittelbar der Küste des Beringmeers gefolgt. Ich sah bläulich schimmernde Eisklötze, dahinter aber erstreckte sich eine fast glatte, weiße Eisfläche. Hätte ich mir doch die Zeit genommen, anzuhalten und zu fotografieren! Aber das war mit Aufwand verbunden ... und eine innere Stimme drängte: ›Weiter, weiter!‹ Würde der Abstand zu den Iditarod-*mushern* vor mir zu groß, müsste ich vielleicht den Trail mit Schneeschuhen selbst spuren. Noch lagen 367 Kilometer bis Nome vor mir.

Über dem Meer hingen lang gezogene, graue Wolken, wie mit dem breiten Tuschepinsel eines Malers hingewischt. Darunter lag Shaktoolik wie auf einer Altarschale, den Göttern des Windes als Opfer dargeboten. Der Ort besteht aus 40 oder 50 Häusern. Es gibt weder Baum noch Strauch. Man muss zu einem besonderen Menschenschlag gehören, um das zu lieben.«

Peter lächelt bei meinen Worten.

»Notizen zu machen war während der Fahrt unmöglich. Nachdem ich Shaktoolik verlassen hatte, zog ich deswegen mein kleines Diktiergerät in der Innentasche meines Parkas. Ich weiß noch, wie ich mich vom Wind abdrehte und ins Mikrofon sprach: ›18.27 Uhr, ich breche jetzt auf.‹ Die Hunde waren gefüttert, ihr Appetit war phänomenal gewesen. Doch sie taten sich schwer, nach der Rast wieder gemeinsam Tritt zu fassen. Kein Wunder! Es war ein Abend, an dem man im wahrsten Sinne des Wortes keinen Hund vor die Tür schicken wollte. 21 Kilometer flachen, ungeschützten Landes lagen vor mir. Irgendwo da draußen sollte eine Schutzhütte sein. Mir kamen Bedenken: War es richtig gewesen, in dieser unwirklichen Götterdämmerung aufzubrechen? Alles war weißgrau: der Himmel, der Schnee, die Luft vor, hinter und neben mir. Schlittenspuren, Reifenabdrücke oder Fußstapfen entdeckte ich nicht.

Mein Gott, sagte ich mir, wie sollen die Hunde in diesem *whiteout* den Trail finden?

Aber sie hatten ja ihre untrüglichen Nasen.

Hoffentlich schaffe ich es bis zur Schutzhütte, bevor die Dunkelheit hereinbricht! Ich holte meine starke Stirnlampe hervor und schob das angeschlossene Batteriepäckchen zum Warmhalten unter meinen Parka. Wie abwechslungsreich der Iditarod Trail doch ist, dachte ich. Da waren die hohen Küstenwälder bei Anchorage, dann die spektakuläre Gebirgsregion der Alaska Range, Taiga und Tundren, danach der Yukon River und jetzt, wie ein Paukenschlag, das Beringmeer.

Ich hatte Vertrauen zu mir. Wenn gar nichts mehr ging, könnte ich immer noch auf dem Schlitten schlafen. Meinen Fingerspitzen ging es auch schon besser, mehrfach am Tag rieb ich sie dick mit Vaseline ein. Mir war, als hätten die Hunde jetzt das Kommando übernommen. Das beruhigte mich. Weiter als 100 Meter konnte ich ohnehin nicht sehen, und Markierungen waren unregelmäßig und selten. 20.30 Uhr: Plötzlich spürte ich dieses bekannte Rucken im Schlitten. Die Hunde hatten Witterung aufgenommen. Ein paar Kilometer später roch ich es auch: Der Duft eines Holzfeuers lag in der Luft. Aus einem bedrohlich wirkenden Weißgrau schälten sich die imposanten Konturen eines Kliffs heraus, vor dem eine wettergegerbte Holzhütte stand. Davor parkte ein Motorschlitten.

›Whoo!‹ Ich stoppte die Hunde, ein Mann und eine Frau schauten aus der Hütte.

›Komm rein‹, riefen sie. Sie seien von Koyuk, und heute Abend wollten sie Freunde in Shaktoolik besuchen. Das Feuer hätten sie schon jetzt vorsorglich für die Rückfahrt in der Nacht gemacht, um sich später aufwärmen zu können.

Wie es hier wohl im Sommer aussieht, wenn sich die Wellen des Beringmeeres an den Uferfelsen brechen, über denen die Hütte steht? Am Hang lag ein umgestülptes Motorboot im Schnee.

Während ich die Hunde anband und Futter zubereitete, näherte sich ein Konvoi von vier Skidoos. Ein paar Männer grüßten, schon waren die Lichter von der Nacht verschluckt. Wie doch die Lebenssituation die Einstellung zur Gefahr relativiert. Was für mich eine Expedition ins Ungewisse war, ist für die Menschen hier ein ganz normaler Besuch bei Nachbarn.

Fürchtete ich hier allein im Schneesturm die Gefahr? Nein, Angst hatte ich nicht. Eher Respekt vor dem Fremden, dem nicht Vertrauten. Auf unsicherem Terrain bewege ich mich vorsichtig, beobachtend, tastend. Eine Situation empfinde ich erst dann als Gefahr, wenn ich spüre, dass ich sie nicht meistern kann. Aber so ging es mir hier nicht. Meine Huskys waren einzeln wie auch im Team stark. Und ich meine, dass ich ihnen in nichts nachstand. Ich sah mich in der brüchigen Bretterbude um. Sie war zwar nicht wirklich warm, aber immerhin so behaglich, dass ich die Handschuhe ausziehen konnte. Der alte Ofen, ein umfunktioniertes Ölfass, zog nicht richtig, aber ich konnte mich trotzdem warm halten, indem ich Holz nachlegte, das in großen Stapeln draußen auf dem Eis lag. Um 1.30 Uhr kroch ich in den Schlafsack, um 7.00 Uhr war ich schon wieder auf den Beinen.

Bei minus 30 Grad und dem peitschenden Eisatem der Arktis wurde der Toilettengang zur Tortur. Beetle und die anderen Hunde lagen wie erstarrt draußen, sie waren halb vom Flugschnee eingeweht und wirkten wie tot. Diese Reglosigkeit war ein weiser Instinkt, denn jede Bewegung hätte lebenswichtige Körperwärme verschwendet.

50 Kilometer waren es über das Eis des Beringmeers bis nach Koyuk. Hier traf ich auf den örtlichen Renn-*checker* Garry Douglas. Er zeigte mir den Weg zum Dorflehrer, wo Juliana Hundefutter hatte deponieren lassen. »Willst du deine Frau anrufen?«, fragt mich der Lehrer, als ich bei ihm eintreffe.

Vielleicht schrieb sie gerade einen Brief oder stickte Perlen nach indianischer Tradition auf Elchleder. Oder sie las Bettina eine Geschichte vor. Als ich mich meldete, war es für sie eine Stimme aus einer anderen Welt. Ich berichtete vom Eis des Beringmeers und den Stürmen. Sie warf vielleicht einen Blick auf den Herd, dass ja das Abendessen nicht anbrennt, und erzählte mir von Bettinas Schulerlebnissen ...

Vorübergehend lebten wir in unterschiedlichen Welten, aber das Gespräch machte mir Mut für die nächste Etappe.

Drei Iditarod-*musher* saßen noch in Shaktoolik fest. *Storm bound*, wegen des Sturms, wie mir Garry Douglas gesagt hatte. Ich wog ab, ob ich die Nacht im Schulhaus verbringen sollte. Aber ich entschloss mich zur Weiterfahrt. 20.30 Uhr: Der Schneefall wurde stärker. Vielleicht war es auch nur der Sturm, der bereits gefallenen Schnee aufwirbelte. Trail-Markierungen waren nur noch unregelmäßig, dann sah ich gar keine mehr. Immer wieder legte ich den Schlitten auf die Seite, um den Boden nach Fahrspuren abzusuchen. Wenn der Schein meiner Kopflampe den Schlitten streifte, funkelten mich zwölf erwartungsvolle Augenpaare wie rote und gelbe Reflektoren an. Am Pelz meiner Kapuze hatten sich vom Atmen dicke Eisstücke gebildet, mein Nasenschutz war ebenso mit Eis verkrustet wie mein Mundschutz. Vorsicht, dass du nicht deiner eigenen Spur folgst und im Kreis fährst ... Die Motorschlittenspuren, an denen ich mich anfangs noch orientieren konnte, fächerten sich nun in alle Richtungen auf. Die Sicht betrug weniger als fünf Meter.

Was für eine Nacht! Meine Spuren waren bereits unmittelbar hinter mir zugeweht, der Sturm peitschte den Schnee waagerecht durch die Luft.

Nur einmal, in dieser Nacht, stellte ich mir während meines Marathons nach Nome die Frage, was wäre, wenn ich vom Trail abkommen und die Orientierung verlieren würde. Drei, vier oder fünf Tage würden vergehen, bis Juliana unruhig werden würde, weil meine gelegentlichen Anrufe ausblieben. Aber dann wäre es unter Umständen zu spät.

Was hätte ich machen können? Mich eingraben? Lachhaft. Hier lag der Schnee nicht auf dem Boden, sondern in der Luft. Dann würde ich eben versuchen, ein Iglu zu bauen. So hatte schon mancher in ähnlichen Situationen überlebt. Ich tastete an meinem Körper entlang und fand das für alle Fälle eingenähte Feuerzeug. Reservebatterien für die Lampe hatte ich auch. Und soll nicht mal ein *musher* nach dem dritten Bier als Argument gegen Motorschlitten gesagt haben: ›Zur Not kannst du deine Hunde essen, versuch das mal mit einem Skidoo ...!‹

Pfui!, dachte ich, als ich mich bei solchen Gedanken ertappte.

Ich hatte noch nie so gefroren wie in dieser Nacht. Mir war, als glitte ich durch einen weißen, konturenlosen Traum. Ich weiß nicht mal, wie das Land um mich herum aussah. Meine Sinne waren trotz allem empfänglich für den Zauber dieser Nacht, ich genoss die Einsamkeit und Stille. Diese Nacht war Meditation für mich.

Gegen drei Uhr morgens nahm ich einen rötlichen Lichtschein wahr. Ich sah eine Straße, die den Schnee eigentümlich reflektierte. Das alles war so unwirklich, so heiter und farbenfroh wie eine Operetteninszenierung, und die einfachen Holzhäuser von Elim waren die Kulisse.

Ich war völlig erschöpft, als ich in Elim einfuhr, schlief zwei Stunden im beheizten Dorfgemeinschaftshaus. Dann klopfte jemand heftig an die Tür. Es war Marlin Paul, ein Inupiat-Eskimo, der hier Rennverantwortlicher war. Marlin lud mich zum Frühstück ein.

Martha, seine Frau, begrüßte mich mit Handschlag. Neben einem Pott Kaffee standen gebratene Würste und gebutterter Toast bereit, dazu briet Martha gerade ein Omelette.

Ich war in einem kleinen 200-Einwohner-Dorf im äußersten Nordwesten Alaskas. Auf der anderen Seite des Beringmeers lag schon Sibirien.

Ich hätte mich also am Ende der Welt fühlen können, aber Martha und Marlin Paul lehrten mich, dass ich hier unter wundervollen Menschen war. Eine Stunde später meldete ich mich auf den Iditarod-Trail zurück.«

»Würdest du eine solche Reise auf eigene Faust wieder machen?« Peter Ivanoff schaut mich fragend an.

»Wiederholungen reizen mich nicht. In den darauffolgenden Jahren war ich überwiegend in Australien und Afrika unterwegs. Aber ich habe mich hineingehört ... Deswegen bin ich jetzt wieder hier.«

»Wie ging es dann weiter, du musstest doch noch bis zum Ziel in Nome?«, will Greg wissen.

»Zwei Tage später war ich dort. Nicht ein einziger Hund hatte unterwegs schlappgemacht, keiner war verletzt, keinen musste ich zurückschicken.« Bei den Iditarod-Teilnehmern ist es keine Seltenheit, dass sechs oder acht Hunde unterwegs nicht mehr können und ausgeflogen werden müssen. Ich war stolz auf mein Team.

Ich durchfuhr Golovin, dann kam White Mountain. Kurz hinter dieser Siedlung hielt neben mir ein Motorschlittenfahrer: ›20 Kilometer von hier ist ein Fluss, dessen Eis stellenweise aufgebrochen ist. Es hat sich ein *overflow* gebildet. Von sechs *snow machines* sind drei eingebrochen.‹

Der Mann war ebenfalls auf dem Weg nach Nome, wo sein Sohn einen Zahnarzttermin hatte.

Verrückt, dachte ich, Expedition zum Zahnarzt, 125 Kilometer hin, 125 Kilometer zurück.

Erneut setzte Schneetreiben ein.

Nach einer Stunde hörte ich den Motorschlitten wieder. Vater und Sohn waren umgekehrt: ›Zu gefährlich!‹, sagte der Mann. ›Zweimal haben wir im *whiteout* den Trail verloren.‹

Sollte ich weiterfahren oder ebenfalls umkehren?

Selten zuvor waren meine Hunde so stark gewesen wie jetzt.

›*Hike*‹, rief ich, und die Huskys ruckten an. Von White Mountain bis zu der am Ufer des Beringmeers gelegenen Topkok-Hütte waren es nur 50 Kilometer. Doch der Neuschnee hatte den alten Pfad unkenntlich gemacht. Fast die gesamte Zeit mussten sich meine Hunde ihren eigenen Trail brechen. Oft stapfte ich, bis zur Hüfte im Schnee, neben dem Schlitten her. Während Speedy, Screamer und Beetle in *lead*, also an der Spitze, mit der Wucht ihrer Körper den Trail brachen, stabilisierten die großen *wheel dogs* Boomer und Junior den schweren Schlitten. Unglaublich, welche Leistung meine Hunde erbrachten.

Wenn jemand gelegentlich schwach wurde, dann nicht die Hunde, eher der *musher*.

Hätte ich doch moderne, leichte Kleidung gehabt! Stattdessen trug ich eine äußerst robuste, jedoch schwere Armeekluft. Mir war heiß. Zur Abkühlung stopfte ich mir bei zehn Grad unter null Schnee in den Mund und wischte das schweißnasse Gesicht immer wieder mit dem vereisten Handschuh ab.

Innerhalb weniger Stunden waren zehn Zentimeter Neuschnee gefallen. Und nun orgelte ein Sturm mir bis dahin unbekannten Ausmaßes über die Küste und trieb die Schneeverwehungen zu beinahe unpassierbaren Höhen.

Ich war dankbar für die zahlreichen Erfahrungen, die ich während meiner Trainingsläufe gemacht hatte, etwa an jenem Tag auf dem vereisten Fish Lake, als ein brutaler Sturm Hunde, Schlitten und auch mich wie einen Spielball über die spiegelglatte Eisfläche gefegt hatte.

Safety, Sicherheit, heißt der letzte Checkpoint vor Nome. Was für ein wunderbarer Name in dieser Welt, die keinen Fehler verzeiht. Nur noch 35 Kilometer waren es jetzt zum Ziel.«

Ich sehe erst Greg, dann Peter ins Gesicht.

»Nach dem Ende meines Iditarod-Abenteuers flog ich mit den Hunden von Nome nach Anchorage, fuhr 820 Kilometer mit dem Auto und *mushte* die letzten 100 Kilometer von Manley Hot Springs zurück zu unserem Blockhaus am Yukon River. All meine Hunde waren fit, keiner zeigte mentale Schwäche oder hatte irgendwelche Verletzungen. Als ich in meine zwölf erwartungsvollen Augenpaare sah, dachte ich: Es ist, als hätte mein Team *holiday on ice* am Beringmeer.

Am nächsten Morgen knarrt Greg Barringers Matratze wieder als erste. Wieder schwingt er sich aus dem Bett und setzt das Wasser für unseren Morgenkaffee auf.

»Manchmal hilft das Schicksal oder einfach eine Pause«, sagt Greg mit Blick auf das Wetter der letzten Tage, »um zu sich selbst zu finden und einander richtig kennen zu lernen.«

Auch unter extremen Bedingungen arbeiten Schlittenhunde zuverlässiger als jeder Motorschlitten

Wir sind vor die Hütte getreten, wo mein angeschirrtes Hundeteam schon wartet.

»Bis zum nächsten Mal, aber lass uns bitte nicht wieder so lange warten«, sage ich lächelnd und gebe Greg einen freundschaftlichen Klaps auf die Schulter.

»Grüß die Pribilof Islands von mir.« Ich drehe mich Peter zu und schüttele ihm wie einem Freund die Hände. Aber was heißt »wie« einem Freund? Die kleine Blockhütte jenseits des Denali hat uns dicht zusammenrücken lassen.

»Okay, Bergman!«, rufe ich und schnalze mit der Zunge.

»Pass auf dich auf!«, rufen die beiden hinter mir her. Dann jagen meine Hunde los, und schon ist Gregs Hütte in einem Meer von Birken und Fichten verschwunden.

Die Sonne funkelt an diesem klaren, kalten Märzmorgen im Schnee, meine Schlittenspur von der Herfahrt ist nur noch schwach zu erkennen. Der Himmel ist tiefblau.

»*Good girls, good boys!*«, beruhige ich mein aufgeregtes Team, und nach einer halben Stunde ist wieder Routine eingekehrt, ohne nervöses Springen und närrisches Kreischen.

Ich liebe Hunde, weil sie ihre Emotionen so unmittelbar zeigen: mit den Augen, allzu oft lautstark mit den Stimmbändern, häufig mit dem Schwanz. Ich mag sie wegen ihrer begeisterten Arbeit vor dem Schlitten. Ich weiß, dass sie für einen fürsorglichen Freund bis ans Ende der Welt laufen würden.

Bis zur Denali West Lodge liegen zum Glück nur zwei Tagesreisen vor mir.

13

Der Bärenflüsterer

Als ich mein Blockhaus oberhalb des Lake Minchumina erreiche, ist mir, als käme ich nach Hause. Der Neuschnee hat meine alten Fußspuren fast unsichtbar gemacht. Wie auf einer kitschigen Winterpostkarte liegt die *cabin* im Wald. Die Nachmittagssonne zwängt sich durch die Birkenzweige und ergießt sich wie zarte Rosen über den Schnee. Fährten von Elchen oder Mardern sind nicht zu sehen, auch keine Bärenspuren.

Bären, die natürlich auch hier leben, bieten eigentlich während des Winters keinen Gesprächsstoff, doch diesmal ist es anders. Tonya besucht mich noch am Abend meiner Rückkehr und berichtet über einen kürzlich im *Alaska Magazine* erschienenen Artikel mit der Überschrift: *»Death in the Grizzly Maze«*, zu Deutsch:»Tod in der Grizzly-Falle«.

»Stell dir vor«, sagt sie,»Timothy Treadwell, ein Mann von 46 Jahren, hatte es sich in den Kopf gesetzt, unter Grizzlys zu leben. Und zwar ausgerechnet dort, wo es weltweit die meisten Bären gibt.«

»Kannte er sich so gut mit Bären aus?«

Tonya zuckt mit den Schultern, da gingen die Meinungen auseinander:»Tim galt hier seit Jahren als kontroverse Figur, über die man immer wieder sprach und las ... Sein Ende war jedenfalls grausig. Am 5. Oktober 2003 zwischen 13.47 Uhr und 13.53 Uhr wurden er und seine Freundin Amie von einem 500-Kilo-Grizzly-Schwergewicht getötet und teilweise gefressen.«

Ich sehe Tonya verblüfft an:»Wieso weiß man die Zeit so genau?«

»Seine Videokamera lief und hat die Todesschreie der beiden aufgenommen.«

Timothy Treadwell gehörte zu der Sorte Leute, die die meisten Alaskaner mit Vorliebe von hinten sehen, hieß es im *Alaska Magazine* über die Tragödie.

»Warum?« Ich wollte mehr wissen.

»Tim stammte aus dem kalifornischen Malibu, und einige behaupten, sein Surfbrett sei 1989 versehentlich nach Alaska gedriftet. Hier entdeckte er jedenfalls seine Liebe zu Braunbären.«

»War er Biologe?«

»Weit entfernt davon! Er hatte zwar einen Highschool-Abschluss, verdingte sich aber als Barkeeper, bevor er zu den Bären kam. Vier Monate des Jahres verbrachte er in Alaska. Während des übrigen Dreivierteljahres reiste er in Florida und Montana, in Los Angeles und Chicago von Schule zu Schule und erzählte Kindern von seinen Abenteuern – immerhin bis zu 10.000 Kids pro Jahr. Er sah sich als Freund und Helfer der Bären, die er vor den Massen gefährlicher Wilderer schützte. Sozusagen ein Robin Hood der letzten Braunbären. Sein Buch *Among Grizzlies* war sehr erfolgreich.« Tonya sieht mich an. »In Wirklichkeit aber ist der alaskanische Bärenbestand hoch und das Ausmaß der Wilderei gering. Wie auch immer, letzten Sommer ließ er sich wieder von einem Wasserflugzeug im Katmai National Park absetzen.«

»In Katmai auf der Alaska Peninsula?« Überrascht unterbreche ich Tonya. In der Katmai-Region hatte ich selbst Bären beobachtet und dabei die tollsten Fotos geschossen. Ich erinnere mich noch bestens, wie ich dort hinter Parkranger Mark Wagner herging, nach allen Seiten hin sicherte, kräftig in die Hände klatschte und »Hey bear! Hey bear!« rief. »Sie müssen wissen, dass du kommst, dann gehen sie dir aus dem Weg«, hatte Mark eindringlich gesagt. Immerhin leben 2000 der größten Braunbären der Erde im Katmai National Park.

Und nun die Tragödie mit Timothy Treadwell und seiner Freundin.

»Die Parkranger hatten ihre Probleme mit ihm«, weiß Tonya.

Die Faustregel lautet: 100 Meter Abstand zu einer Bärenmutter mit Jungen, 50 Meter zu einem einzelnen Bären.

Das schien für Timothy nicht zu gelten. Er hatte die Zelte als besonderen Kick auf einem stark von Bären frequentierten Gebiet am Kaflia Lake aufgeschlagen. Wie die *Anchorage Daily News* im März 2004 berichtete, hatte er kurz vor seinem Tod noch gefilmt, wie Amie nur drei Meter von einer Lachs fischenden Bärenmutter posierte – eine extrem gefährliche Situation. Bodenloser Leichtsinn.

»Das geht nicht gut«, warnten Parkranger. »Es ist gefährlich, wenn sich Bär und Mensch aneinander gewöhnen. Die Bären sind unberechenbar, und am Ende müssen sie dann erschossen werden.«

Aber Timothy hielt sich nicht daran. Er nannte seine Bären sogar mit geradezu kindlicher Einfalt »Mr. Chocolate« und »Thumper«, hockte stundenlang in Wind und Wetter, um sie zu unterscheiden und Hierarchien bestimmen zu können. Tim war ein aufmerksamer Beobachter. Für Freunde und Bewunderer war er der »Bärenflüsterer«. Ein namhaftes Sportgeschäft sponserte ihn, Hausfrauen zwischen New York City und Florida und sogar Filmstar Leonardo DiCaprio setzten sich für ihn ein.

Von Wildbiologen und anderen Experten hingegen hagelte es Kritik. Fotos zeigen Timothy Treadwell, wie er wenige Meter vor einem 450-Kilo-Brocken entfernt die Haltung eines stehenden Bären imitiert. »Es ist wie eine Metamorphose, ich fühle mich wild und frei«, schrieb er über solche Momente.

»Aus der Sicht eines Parkrangers war die Frage nicht ob, sondern wann er von einem Bären angegriffen werden würde«, sagt Tonya. Seine Äußerung gegenüber dem National Park Service »Es wäre für mich eine Ehre, als Bärenscheiße zu enden« dürfte allerdings kaum ernst gemeint gewesen sein.

Der Tod des Bärenflüsterers war großer Aufmacher in der ›Anchorage Daily News‹

Die Tonaufnahmen dokumentieren das letzte Grauen: »Komm raus«, schreit Timothy Treadwell. »Ich werde umgebracht! Stell dich tot!«, sind seine letzten Worte, als Amie aus dem Zelt kriecht. Sie drischt verzweifelt mit einer Pfanne auf den angreifenden Bären ein und schreit: »Verteidige dich!« Dann nur noch markerschütterndes Kreischen. Und Stille.

Tage darauf kreist das von Treadwell bestellte Wasserflugzeug über dem Camp, um die beiden in die Zivilisation zurückzuholen. Der Pilot entdeckt das eingerissene Zelt und ein gewaltiges Tier, das sich an einer bärentypischen Vorrats-*cache* aus Zweigen und Erde zu schaffen macht. Offenbar hat es dort Beute versteckt. Der Grizzly lässt sich auch durch das tief fliegende Flugzeug nicht vertreiben. Per Funk setzt der Pilot einen Notruf an das National-Park-Hauptquartier in King Salmon und die *State Troopers*, die alaskanische Polizei, ab. In Rekordzeit sind zwei weitere Flugzeuge zur Stelle, gemeinsam brechen Ranger und Trooper durchs Unterholz, um nach Überlebenden zu suchen.

Da plötzlich greift ein 500-Kilo-Bär an. Blitzschnell, ohne Fisimatenten, ohne vorhergehende Drohgebärden oder irgendwelche Scheinangriffe. Eine Riesenmasse aus Muskeln, die blitzschnell auf die Männer zurast. Die reißen ihre automatischen Flinten hoch und jagen elf mächtige Flintenlaufgeschosse in den Koloss. Vier Meter vor ihnen bricht der Bär tot zusammen.

»Ein paar Meter weiter war die *cache*, darin das, was der Braunbär von Amie übergelassen hatte. Tims Überreste entdeckte man auf dem Bären-Trail. Im Magen des Bären fand man Kleidungsfetzen und Menschenfleisch. Entsetzlich!«

Tonya sieht nachdenklich hoch. »Es ist eine Ironie des Schicksals: Timothy Treadwell hat sich 15 Jahre lang unter Lebensgefahr für das Wohlergehen der Bären eingesetzt, so sah er es jedenfalls. Mit seinem Tod bewirkte er das Gegenteil. Ein Prachtbär von stolzen 28 Jahren, ein ›Patriarch‹, wie sie ihn nannten, musste dran glauben. Kurz danach wurde an derselben Stelle ein weiterer Braunbär aus Notwehr getötet.«

14

Brief aus dem Blockhaus: Landschaftsbilder

Mit einem Schreibblock habe ich es mir an meinem kleinen Tisch bequem gemacht und überlege, wie ich Juliana meine vielen neuen Eindrücke am treffendsten vermitteln kann. Nein, auch dieses Mal nicht per Telefon. Natürlich habe ich eine Telefonkarte für 20 Dollar. Ich müsste nur durch den Birkenwald zur Lodge stapfen, einen Code wählen, und schon wäre ich dort ... Es ist 21 Uhr in Alaska, also Mittag in Deutschland. Vielleicht ist sie im Büro oder beim Mittagessen. Möglich, dass sie das Telefon aufs Handy umgelegt hat und ich sie am Steuer ihres Autos erwischen würde. Nein. Das will ich nicht.

Ich möchte Momente wie diesen in Ruhe mit ihr teilen: Ich sehe, wie sie meinen Brief nimmt, das Papier glatt streicht und Zeile für Zeile liest.

Sehr deutlich ist mir in Erinnerung, wie ich Juliana während eines langen Alleingangs durch Australien von der riesigen Sandinsel Frazer Island anrief. Während der vorangegangenen Nacht hatte ich zwischen angeschwemmten Schiffswracks campiert, morgens waren Dingos ungebetene Frühstücksgäste gewesen. Dann war ich trotz vortrefflicher Geländetauglichkeit meines Toyota Land Cruiser tief im weichen Sand versackt. Nach einer Stunde Schaufeln, Buddeln und Schwitzen war ich endlich frei. Ein öffentliches Telefon am Rand der Sandpiste, das mir zunächst als Fata Morgana erschien, entpuppte sich als echt und funktionierte sogar. Ich rief Juliana an, und wir führten ein herzliches Gespräch, bis all meine Münzen aufgebraucht waren.

Ein andermal paddelte ich, wiederum allein, den Yukon River entlang. In Dawson City entdeckte ich im *Eldorado Hotel* ein Telefon, bezahlte für das Gespräch mit Juliana mehr, als mich ein halber Reisemonat gekostet hätte. Dabei wollte ich ihr nur sagen:»Lass alles stehen und liegen, setz dich ins nächste Flugzeug, und paddle gemeinsam mit mir durch Alaska zum Beringmeer!« Natürlich ging das nicht so einfach, und im Grunde wusste ich das.

Bei der Lektüre der langen Briefe, die wir uns später schrieben, blieb Zeit zum Nachdenken, Zeit, um noch einmal still in den anderen und sich selbst hineinzuhören, Zeit, um dann beim Antworten Wünsche und Worte behutsam abzuwägen.

»Daddy, du bist hoffnungslos altmodisch«, höre ich unsere Tochter Bettina einwerfen. Dem widerspreche ich. Vom Computer übers Notebook bis zum Handy setze ich alles ein, was mir im Alltag eines Autors und Abenteurers hilfreich erscheint. Aber muss man auch alles mögen, was der Zeitgeist für nützlich hält?

Ich trete auf die Veranda meiner Blockhütte, setze mich auf meinen Holzstapel und schaue lange in den Sternenhimmel. Wer das millionenfache Funkeln eines klaren Nachthimmels über den Anden, den Wüsten Namibias oder über den Schneewüsten Alaskas nie erlebt hat, mag sich fragen, ob diese Pracht der Himmelsdiamanten nur ein Traum ist. Über Hamburg, Hannover, Bochum oder Stuttgart sah ich sie in dieser Klarheit nie.

Mir wird kalt. Ich gehe zurück ins Haus, lege noch Holz in den Eisenofen und beginne zu schreiben.

Lake Minchumina
im März

Du wirst erstaunt sein, denn so einsam, wie man sich diese entlegene Gegend vorstellt, ist sie gar nicht. Gerade ist George Menard aus Trapper Creek bei uns eingetroffen. Mein erster Eindruck: eine faszinierende Persönlichkeit, und das nicht nur, weil er die Energieversorgung der Lodge von Diesel auf Sonne umstellt. George ist Anfang 60, mittelgroß, schlank und sportlich. Ein markanter, eisgrauer Bart umrahmt sein Kinn.
Natürlich war ich neugierig, was ihn in die Mitte Alaskas verschlagen hatte.
»Ich wuchs in Colorado in den Rocky Mountains auf, daher meine Liebe zur Wildnis. Bereits damals fühlte ich mich außerhalb der Städte – und außerhalb aller Konventionen – am wohlsten. In jeder freien Minute ging ich wandern oder klettern.«

»Und wieso Alaska?«, fragte ich.

George schmunzelte. »Es begann in Nepal, wo ich für das amerikanische Peace Corps beim Wegebau arbeitete. Das Bild der Himalaja-Bergriesen wirkt noch immer in mir nach. Mein Job dort ließ mir genügend Zeit für Treckingabenteuer, bei denen ich auch die Nepalesen kennen und schätzen lernte. Der Himalaja veränderte mein Leben.«

Die Liebe zu den Bergen führte ihn nach Alaska. Jahre später kehrte George mit Frau und Tochter nach Nepal zurück. 65 Tage lang wanderten sie durch die Berge und lebten von dem, was sie in den Bergdörfern kaufen konnten. Diese Reise schärfte Georges Blick für das für ihn Wesentliche im Leben.

»Heute verkaufe ich die Kraft der Sonne und bekämpfe den Raubbau an Erdschätzen. Es gibt viel Sonnenschein in Alaska. Wenn wir den auf intelligente Weise für uns arbeiten lassen, bewahren wir die Natur für unsere Kinder.«

Dieses war so ein Tag, an dem man den guten Geist der Sonne einfangen konnte. Bereits kurz nach sieben Uhr ist sie aufgegangen. Jetzt, zwölf Stunden später, ist es noch immer hell. Ich spüre den Sommer mit großen Schritten nahen, auch wenn – anders als bei dir daheim – noch keine Märzbecher und Krokusse blühen. Ein kurzer Rückfall in den Winter mit minus 30 Grad ist durchaus noch denkbar.

Aber es ist, als erwachten die Menschen aus dem Winterschlaf: In Fairbanks schnitzen Künstler quadratmetergroße Eisblöcke zu filigranen Meisterwerken, beim Ice Golf Classic in Nome wetteifern Golfspieler mitten auf dem Beringmeer, und die Iditarod-›musher‹ rüsten sich für das längste Schlittenhunderennen der Welt.

Heute sah ich den 6193 Meter hohen Denali so klar wie nie zuvor seit meiner Ankunft, eine Belohnung für die Strapazen bei der Rückreise von Greg Barringer, über den ich dir noch viel zu berichten habe. Der Neuschnee war tief, und über viele Kilometer musste ich mir selbst einen Trail brechen.

»Siehst du«, lachte Carol, nachdem ich mein Blockhaus erreicht hatte, »das ist einer der Gründe, weshalb ich noch nie ein Fitnessstudio besuchen musste.«

Es ist verblüffend, wie die Temperaturen und Wetterverhältnisse trotz des Kontinentalklimas schwanken. Zumindest jetzt, gegen Ende des Winters. Noch vor Tagen tobte ein Schneesturm, dann riss der Himmel auf, seitdem flutet Sonne das Land ... bei minus 22 Grad. Doch diese Kombination lässt sich bestens ertragen.

»Kommst du mit mir runter zum See, um zu fotografieren?«, fragte ich vorhin Carol.

Sie willigte ein.

Wir schirrten sechs Hunde an, und ich setzte mich mitsamt meinen Kameras in den Schlitten. Carol ›mushte‹. Momente später waren wir auf dem Eis.

Zunächst war ich enttäuscht, denn im Westen schob sich eine schmale Wolkenbank vor die Sonne. Gleichzeitig aber war ich geradezu verzaubert. Gelbrot floss das Sonnenlicht über die Ränder der Wolkenwand, neben denen der Himmel so golden glänzte wie das Eis des Sees unter mir. Dieses war meine Stunde. Warm und ein wenig diffus leuchtete Mount Denali im Licht der untergehenden Sonne.

Alan bestätigte später, dies sei der Abend mit der klarsten Bergsicht seit seiner Ankunft im vergangenen Herbst.

Du kennst meinen »Jagdinstinkt« beim Fotografieren und weißt, dass ich die außergewöhnliche Perspektive suche. Mal war ich mit der Kamera rechts, dann wieder links vom Schlitten. Auf der Suche nach dem besten Blickwinkel robbte ich übers Eis. Unter mir vernahm ich ein lang gezogenes Knacken, dann einen Knall, der in einen lang gezogenen, pfeifenden Peitschenschlag überging. Es war unheimlich.

Das Eis lebte!

Die Sonnenstrahlen am Tag und die Kälte der Nacht hatten es in Bewegung gebracht, so dass es fast wie ein Mensch stöhnte und ächzte. Feine Risse, die dabei entstanden, zogen sich wie ein Netzwerk bis an die Oberfläche.

Das Bild der untergehenden Sonne hatte sich jetzt erneut verändert. Die Ränder der langen Wolke waren in glühendes Gold gefasst, das geheimnisvoll, ja mystisch mit dem Tiefblau des Himmels kontrastierte.

Es war fast eine Erlösung für den Fotografen, als die Sonne unterging und ich meine Kameras verstauen musste.

Jetzt schmunzelst du ...«

Mir ist kühl geworden, und ich lege Holz nach. Morgen oder übermorgen werde ich weiterschreiben. Ich ziehe mir meinen Parka über und schlendere noch ein wenig durch die Nacht.

Auf der weiten Eisfläche des Sees kann ich das Nordlicht besser sehen als zwischen den Birkenstämmen meines Wäldchens. In dieser Nacht geistert die Aurora blass wie ein Gespenst über den Himmel. Und wieder höre ich das Ächzen und Peitschen des meterdicken Eises. Ich deute es als erwartungsvolles Stöhnen, da die Last des Eises in zwei Monaten vom See genommen sein wird. Dann werden Enten an seinem Ufer schnattern, und das Lachen des *loon*, des Nordlandtauchers, wird über das Wasser vibrieren.

Ich kann den Sommer kaum erwarten, aber zunächst stehen weitere Höhepunkte des Winters an. Schon in wenigen Tagen werde ich in McGrath Zaungast des Iditarod-Schlittenhunderennens sein. Wie wohl die deutschen Teilnehmer abschneiden werden? Einen von ihnen traf ich vor meiner Reise nach Alaska bei Frankfurt am Main.

15

Bernhard Schuchert – der Traum vom großen Hunderennen

»Was veranlasst einen deutschen Manager aus der IT-Branche, mit Schlittenhunden durch Alaska zu fahren?«, fragte ich Bernhard Schuchert damals.

Seine Geschichte begann vor 20 Jahren mit Jucca, einer schwarzweißen Sibirischen Husky-Hündin mit wunderschönen blauen Augen. Ihr treuer Blick zog ihn in seinen Bann – der Anfang eines Langstrecken-Rennteams von 24 Hunden. Ernst zu nehmen von der Rennkonkurrenz! Bernhard Schuchert war der erste Deutsche, der das rund 1000 Kilometer lange Finmark-Løpit mit eigenen Hunden beendete. Das machte Mut für neue Abenteuer. Zum Beispiel das Iditarod ...

Natürlich ist klar, dass große Schlittenhunderennen auch finanzielle Abenteuer sein können.

»Warum tust du es dir an, für das Iditarod so tief in die Spardose zu greifen? Ein Urlaub auf den Malediven wäre doch preisgünstiger und viel erholsamer.«

Bernhard lachte:»Es ist eine einzige Freude, mit den Hunden zusammen zu sein, als Teil des Teams, das aus so unterschiedlichen Individualisten besteht ...«

Ich ließ nicht locker. Bei der Gretchenfrage nach den Kosten für die Iditarod-Teilnahme legte Bernhard Schuchert dann doch die Stirn in Falten:»Mit 10.000 Euro schlägt allein der Lufttransport für die Hunde von Frankfurt nach Alaska zu Buche. Nach Erfahrungen befreundeter norwegischer *musher* gehe ich derzeit von mindestens 25.000 Euro aus, die laufenden Kosten der Hundehaltung daheim nicht mitgerechnet. Und in Alaska wird insgesamt eine Tonne Futter durch die Hundemägen gehen.«

Eine Tonne! Das sind 1000 Kilo, also 1000 große Futterdosen!

Bernhard Schuchert zählt auf: 400 Kilo Spezialmix aus Fett und Mineralien, ferner 300 Kilo Trockenfutter, eine»Kalorienbombe«mit 1500 Kalorien pro Kilo. Dazu gibt es leckere Snacks, die sich wie die Speisekarte eines Drei-Sterne-Restaurants lesen: Biber, Rindfleisch,

Hühnerhaut und Lachs. So hält man die Hunde bei Laune. Ein Freund in Alaska wollte ihm alles vor Ort zusammenstellen.

»Hat ein *musher*, der in einem deutschen Ballungsgebiet ein überschaubares Team trainiert, überhaupt Chancen gegen erfahrene Alaskaner, die aus 200 oder mehr Huskys aus dem eigenen Hundehof auswählen können?«

Er lachte: »Natürlich nicht gegen Vollprofis wie Martin Buser. Der bedauert ja in aller Öffentlichkeit diejenigen, die neben dem *mushen* auch noch einem normalen Job nachgehen müssen. Aber bei weniger Hunden kann ich dafür besseren Kontakt zu jedem einzelnen halten, die Beziehung ist intensiver als bei jemandem, der ein paar hundert Huskys in seinem *dog yard* hat.«

Von Bernhards insgesamt 24 Athleten werden 16 durch Alaska laufen.

»Vier davon sind echte Leithunde, aber ich habe noch eine ganze Reihe von Huskys, die im *lead* eine gute Figur abgeben würden. Mukla, meine Siberian Husky-Leithündin, ist etwas ganz Besonderes! An Strecken, die sie nur ein einziges Mal gelaufen ist, erinnert sie sich Jahre später noch. Auf dem Finmark-Løpit wusste sie beim Zieleinlauf nach 1000 Kilometern noch genau die Details vom Vorjahr. Ohne Kommando bog sie an der richtigen Stelle ab.«

»Ist für dich der Sieg wichtig, oder zählt vor allem das Mitmachen?«

Er wiegte nachdenklich den Kopf. Natürlich gehe es ihm um das Naturerlebnis, doch von einem »Campingtrip«, wie man das Iditarod noch in den Anfangsjahren bezeichnete, will Bernhard Schuchert nichts wissen. Er möchte unter Beweis stellen, dass die Hunde seiner Porttikoski-Zucht gut sind.

Bei meiner Frage »War es Liebe auf den ersten Blick?« wiegelte er ab, aber es war nicht zu übersehen, dass der Schlittenhundesport für ihn eine tief unter die Haut gehende Leidenschaft geworden ist. Seinen ganzen Urlaub widmet er den Rennen und jede freie Minute dem Training der Hunde. Am Wochenende sieht man Bernhard Schuchert joggen, kürzlich absolvierte er den Jungfrauenmarathon in der Schweiz. »1850 Höhenmeter«, strahlte ein zufriedener *musher*, »eine der schönsten und sicherlich härtesten Langstreckenrennen der Welt.« Für Herrchen, denn die Hunde blieben diesmal zu Hause.

»Meine Frau und ich haben dieses Hundeabenteuer gemeinsam begonnen und sind fast immer gemeinsam auf den Trails«, sagte Bernhard. Carola Schuchert unterstützt ihn auch jetzt beim Training der Hunde, auch sie ist schon zweimal das 300 Kilometer lange Femunds-Løpit in Skandinavien gefahren. In Alaska wird sie sich im Hintergrund halten. Will zuschauen, gelegentlich einen Tropfen Balsam für die Seele spenden. Weitere Hilfe von außen ist untersagt.

»Hast du jetzt vor dem Rennen Wunschträume oder vielleicht sogar Albträume?«

»Ich wünsche mir, in Nome über die Ziellinie zu fahren! Dass ich beim ersten Rennen unter den 30 Schnellsten sein werde, ist allerdings unwahrscheinlich.«

»Und wie sieht es mit Albträumen aus?«

»Dass die Zugleine reißen könnte. Ein hochmotiviertes, durchtrainiertes Team von 16 Hunden setzt gewaltige Kräfte frei. Wenn 16 Hunde ohne *musher* durchgehen, kann das lebensbedrohlich werden.«

»Wie kriegt der *musher* eigentlich das Problem mit dem Schlafentzug in den Griff?«

»Heute besser als früher«, zeigte sich Bernhard Schuchert optimistisch, und wenn doch mal auf dem Trail die Müdigkeit zuschlägt, wird er die Methode Robert Sørlies, des Iditarod-Gewinners von 2003, anwenden: »Bei minus 40 Grad den Anorak weit öffnen. Da wirst du garantiert munter!«

Ich bin gespannt, wie sich Bernhard jetzt in Alaska schlagen wird.

16

Lachs, deutscher Pfannkuchen und beinharte Athleten

Das ist neu für mich.

Ich stehe auf dem verschneiten Rollfeld von McGrath und halte einen gefrorenen 15-Kilo-Lachs unter dem Arm. An jedem anderen Ort der Erde würde ich mir komisch vorkommen. Hier nicht. Eine Freundin von Carol hat Verwandte in McGrath, bei einem von ihnen kann ich wohnen, und jetzt stehe ich hier und warte, dass mein Gastgeber mich abholt. Der Lachs ist mein Gastgeschenk. Ich kenne die Leute nicht, werde aber gleich dort anrufen. Der Name der Verwandten ihrer Freundin stimmt mich nachdenklich. Schneiderheinze ... das klingt mächtig deutsch.

An zwei dick mit Schnee bepackten einmotorigen Maschinen vorbei stapfe ich zum Flughafengebäude. Wenn dieser verflixte Fisch nur nicht so schwer wäre ...

Draußen sind es minus 32 Grad, drinnen liegt die Temperatur 55 Grad höher. Das mögen Fische nicht, auch nicht wenn sie tot sind. Vorsichtshalber schleppe ich den Lachs wieder raus und lege ihn neben der Tür ab. Zum Glück hat Carol ihn im Spätsommer gleich nach dem Fang im Yukon River sorgfältig in Folie eingewickelt und verklebt.

Und Katzen sehe ich hier auch nicht ...

Hinter dem zehn Meter langen Tresen bearbeitet eine Angestellte einen Packen Formulare. An der Wand hängt ein Elchschädel mit ausladenden Schaufeln, daneben Karibugeweihe und Luchsfelle. Ein Prachtexemplar ist der zweieinhalb Meter lange Grizzly mit Furcht erregend aufgerissenem Rachen direkt neben dem Kaffeeautomaten.

Ein Funkgerät plärrt. Die Frau am Schalter greift danach und gibt Daten durch.

Die Wärme macht mich schläfrig. Ich gähne und ziehe meine dicke Daunenjacke aus.

Morgens um sechs bin ich aufgestanden, um acht ging es mit meinem Hundeteam vom Blockhaus zum *airstrip*. Tonya hat mich begleitet. Die

Maschine, mit der ich nach McGrath weiterfliegen sollte, würde der Denali West Lodge neue Gäste bringen.

Der Trail über den See war glatt und ohne Schneeverwehungen. Er war mir ebenso vertraut wie meinen Hunden, und ich wagte es sogar, mich auf meinem Schlitten nach Tonya umzudrehen. Zwei Meter hinter mir liefen ihre Leithunde, deren Zungen weit aus den halb geöffneten Schnauzen hingen. Deutlich hörte ich ihr Hecheln.

Eben war die Sonne aufgegangen, doch im Westen lagen die Berge der Alaska Range noch in einem watteweißen Dunstschleier verborgen.

Ich weiß nicht, wie Tonya an diesem klirrenden Spätwintermorgen auf das Thema Buschfeuer zu sprechen kam, aber sie zog ihren vereisten Gesichtsschutz etwas herunter, um besser sprechen zu können, und machte eine weit ausholende Handbewegung: »Im Sommer wüten hier überall Buschbrände. Zentralalaska ist dann sehr trocken, und ein Blitzeinschlag reicht, um große Flächen in Flammen aufgehen zu lassen. Bereits zwei *cabins* habe ich auf diese Weise verloren.«

Sie war mit ihren Hunden etwas zurückgefallen, ich trat auf die Fußbremse und wartete, bis sie wieder näher kam.

»Zuerst die *cabin*, die Mom und Dad damals am Kantishna River gebaut hatten, und dann Miles Martins Trapperhütte ... Miles hatte sie mir geschenkt, als er nach Nenana umsiedelte. Er wusste, dass es mein Wunsch war, ganz in der Wildnis zu leben. Vor wenigen Jahren aber wütete genau dort ein verheerendes Buschfeuer. Da heute niemand mehr dauerhaft in jener Region lebt, ließ das *Bureau of Land Management* das Feuer einfach brennen. Miles, der während des Brandes draußen war, tat alles, um sein Blockhaus zu retten. Zunächst mit Erfolg. Es schien, dass der Großbrand endlich zum Stillstand gekommen war. Miles setzte sich ins Boot und fuhr nach Nenana zurück. Aber da war noch ein übriggebliebenes Glutnest, es schwelte tief im trockenen Moos.

Der Wind lebte ein paar Tage später erneut auf, und Miles' Trapperhütte, der Ort meiner schönsten Kindheitserlebnisse, ging in Flammen auf. Zum Glück blieb wenigstens mein kleines Fort verschont ...«

»Und was, wenn hier am Lake Minchumina plötzlich ein Feuer ausbrechen würde?«

»Da hier Menschen leben, schützen uns die *fire fighters*«, sagte Tonya, während meine Hunde das Steilufer vom See zum Land hochliefen.

Wir waren keine fünf Minuten am Minchumina Airport, als die Maschine nach McGrath landete. Eine halbe Stunde später genoss ich Alaskas weiße Wildnis aus der Luft.

»Hier geht man nicht zu Fuß«, behauptet die nette Flughafenangestellte in McGrath, »erst recht nicht, wenn man einen schweren Lachs durch die Gegend schleppen muss.« Dann rief sie für mich bei Schneiderheinzes an.

»Peter müsste in zehn Minuten hier sein.«

Die vielen Jahre des Reisens haben mir meine frühere Befangenheit, wenn ich als Fremder von Freunden über deren Freunde zu Fremden weitergereicht wurde, genommen. Geradezu unglaublich war dieses Weiterreichen bei den Neuseeländern, die uns, obwohl sie uns noch nie gesehen hatten, das Gefühl gaben, lang erwartete Freunde zu sein.

Ich schlürfe dünnen Milchkaffee, während mir im Flughafengebäude von McGrath solche Erinnerungen durch den Kopf gehen.

Da öffnet sich die Tür. Ein etwa 60-jähriger Mann geht auf den Tresen zu, spricht kurz mit der Frau, kommt schließlich zu mir.

»Na, dann steich mal ein!« sagt er. »Mein Auto steht draußen, dann kann ick dir gleich unser schönes McGrath zeijen.« Das ist kein Deutsch mit amerikanischem Unterton, sondern breitestes Berlinerisch.

Und mit dem blaugrauen Subaru Kombi Baujahr 1982 sollen wir jetzt fahren?

»Keine Sorge, keine Sorge!«, beruhigt mich Peter Schneiderheinze. »Der hat sein *road certificate*, Motoremissionen und Bremsen sind völlig in Ordnung. Ist doch erst 240.000 Kilometer gelaufen. Der summt wie ein Bienchen!«

Die Routine, mit der er seine Erklärungen abspult, lässt vermuten, dass sich jeder Fremde Hilfe suchend über die Schulter schielt, bevor er dieses Ding besteigt.

Damit die Türen während der Fahrt nicht aufspringen, hat Peter daran befestigte Expandergummis in die Polster gehakt. Sicher ist sicher.

Wie Spinnennetze kriechen Hunderte feiner Risse über die Windschutzscheibe. Spätestens als ich in den durchgesessenen Sitz plumpse, bin ich sicher, dass dieses Auto im Deutschen TÜV-Museum einen Ehrenplatz sicher hätte ...

Peter scheint meine Gedanken erraten zu haben, denn er grinst mich vom Fahrersitz an. Eine Unterhaltung muss allerdings ausfallen, denn das Hämmern der Schneeketten gegen das Bodenblech übertönt alles. Zum Glück sind es nur fünf Minuten bis zu seinem Haus.

Ich bin nach McGrath gekommen, um die Iditarod-*musher* einlaufen zu sehen. Ich brauchte eine Bleibe, ein Heim sollte ich finden.

»Du hast Hunger«, stellt Peter fest. Nun ja, seit meiner Ankunft in Alaska bin ich ständig auf den Beinen und habe eigentlich unablässig einen Bärenhunger. Ich setze mich in seine Küche. Die und das angeschlossene Wohnzimmer unterscheiden sich kaum von einer Durchschnittswohnung in Deutschland. Auf einem Bord über der Spüle entdecke ich Bierkrüge und Bierdeckel mit deutscher Aufschrift, die aktuelle *Spiegel*-Ausgabe liegt auf dem Couchtisch.

»Du trinkst deutschen Kaffee«, stellt Peter fest. Vermutlich hat er das Fragen längst eingestellt und beschränkt sich auf die zu erwartende Antwort. Alle, die zu ihm kommen, haben einen Bärenhunger. Von Berufs wegen. Aber das weiß ich zu diesem Zeitpunkt noch nicht.

»Hier ist dein Pfannkuchen!«, sagt Peter Schneiderheinze und stellt einen wahren Riesen, größer als ein Essteller, vor mich hin.

»Da, nimm Sirup!«

Ich verteile großzügig *corn*-Sirup über meinen zwei Zentimeter dicken Fladen.

»Hau rein«, ermuntert mich Peter. »Hier kommt gleich der nächste.« Sprach's und wirbelt einen weiteren goldbraunen Pfannkuchen durch die Luft.

Ich erfahre, dass Peter Schneiderheinze für seine Pfannkuchen ebenso berühmt ist wie für seinen guten Kaffee, seine opulenten Mahlzeiten und seine herzliche Gastfreundschaft.

»Ich hol dir mal Brent«, sagt Peter und ist schon auf dem Weg ins Obergeschoss.

Wie gesagt: ich bin nach McGrath gekommen, um die Iditarod-*musher* und ihre Hunde zu sehen. Dass ich bei Peter gelandet bin, ist eine dieser fabelhaften Fügungen des Reisens. Man mag es Zufall nennen, nun gut, dann stellte eben der Zufall die Weichen. In McGrath verdanke ich ihm, am Endpunkt eines der ausgefallensten und extremsten Sportevents angekommen zu sein.

Brent ist 35, misst einsneunzig, ist schlank und drahtig. Die frische Farbe des feingeschnittenen, schmalen Gesichts mit den blaugrauen Augen verrät, dass Brent viel *outdoors*, draußen an der frischen Luft, ist. Er lässt sich gar nicht erst von Peter nötigen und nimmt sich gleich einen Pfannkuchen.

»Brent hat mit Skiern einen 560-Kilometer-Alleingang bewältigt«, strahlt Peter anerkennend. »Willst du noch einen Pfannkuchen?«

Ich schüttele den Kopf. Es geht beim besten Willen nicht.

Während der nächsten Tage tritt das Iditarod für mich in den Hintergrund. Ohne es zu wissen, bin ich an der Ziellinie des »Alaska Ultrasport« gelandet. Sie verläuft mitten durch Peters Wohnzimmer.

Ich lerne, dass während dieses Rennens Extremsportler dem Iditarod Trail von Anchorage bis McGrath 560 Kilometer zu Fuß, per Ski oder Fahrrad folgen. Brent Veltkamp brauchte dazu auf seinen Brettern acht Tage, 14 Stunden und 24 Minuten.

»Glückwunsch, Brent, das ist fantastisch!«

Bescheiden winkt er ab: »Roberto Ghidoni aus Italien hat es in fünf Tagen und 20 Stunden geschafft. Zu Fuß!«

Während der nächsten Tage wird noch öfter vom »Phänomen Roberto«, einem Mann wie ein Baum mit Schuhgröße 52, die Rede sein.

»Wie hast du dich gefühlt, als Mister Riesenfuß vor dir in den Wäldern verschwand?«

»Hatte eigentlich gedacht, mit Skiern schneller als ein Fußgänger zu sein. Aber Roberto ist aus ganz besonderem Holz geschnitzt!«

»Erzähl mehr«, bitte ich.

»Wir erreichten die Berge der Alaska Range, der Trail war jetzt gewunden. Dann fiel Neuschnee. Ich war enttäuscht, weil ich nicht so schnell vorankam, wie ich es mir vorgenommen hatte. Aber dann sagte ich mir: Ruhe bewahren! Du wolltest das Rennen in zehn Tagen schaffen und liegst gut in deinem Zeitplan, also kein Grund zu jammern!«

Das Geheimnis seines Erfolgs sei, dass er sich nicht mit den Problemen von morgen belaste, sondern versuche, sich mit der Gegenwart auseinander zu setzen. »Diese Einstellung hat mir sehr geholfen«, erinnert sich Brent. »Ich kann meine Geschwindigkeit ziemlich gut einschätzen: Du bist heute 14 Stunden unterwegs, wenn du dieses Tempo beibehältst, wirst du dein Etappenziel um 22 Uhr erreichen. Gewöhnlich bin ich zwölf bis 14 Stunden am Tag auf den Brettern – gestern, kurz vor dem Ziel, waren es allerdings 17 Stunden. Das Einzige, was mich genervt hat, war mein unbändiger Appetit!«

»Du schleppst doch sicher nicht das Essen für die gesamte Strecke mit?« Ich brenne darauf, mehr von Brent zu erfahren.

»7000 Kalorien pro Tag hatte ich veranschlagt. Mehrere meiner Fünf-Kilo-Beutel mit je 14.000 Kalorien deponierte die Rennorganisation an verschiedenen Punkten des Trails. Eine kleine Tasche an meiner Rucksackvorderseite war immer mit Trail-Futter gefüllt.« Er lacht. »Dazu kam noch das, was es gelegentlich am Trail gab. In der Lodge von Skwentna zum Beispiel. Dort verputzte ich die erste warme Mahlzeit. Aber ich war immer noch hungrig. Also aß ich noch mal, schlief ein paar Stunden, wachte auf ... und war schon wieder hungrig. Musste mir noch ein großes Frühstück bestellen. Da kommen schon ein paar Tausend Kalorien extra zusammen. Aber anders geht es nicht. Um konstant Höchstleistung zu erbringen, musst du die Energiespeicher füllen. Ich wollte kein Gewicht verlieren.«

Ob er nicht durchdrehe – die ganze Zeit nur für sich allein, frage ich. Er lacht. »Manchmal habe ich mit mir selbst gesprochen oder mit den Bäumen. Und wenn ich einen Raben über mir sah, dann redete ich zu ihm. Ich mag Raben, meine Freundin auch. Sie haben die Aura des Geheimnisvollen, etwas Mystisches. Für die Küstenindianer ist der Rabe ein heiliger Vogel. Viele Totempfähle und Potlatch-Häuser sind mit Darstellungen von Raben geschmückt. Meine Freundin jedenfalls hatte mir gesagt: ›Wenn ich einen Raben sehe, gebe ich ihm liebe Grüße für dich mit auf die Reise.‹ Bei jedem Raben dachte ich an sie und daran, dass er vielleicht ihr Bote war. Ich weiß, das klingt albern ... aber unter Extrembedingungen ist so etwas eine mentale Stütze. Man erlebt viele euphorische Momente, aber danach kommt mit Sicherheit ein tiefes Loch, ein ›Moralischer‹ ... Da war zum Beispiel ein 40 Kilometer langer Abschnitt, auf dem ich locker einen Schnitt von acht Stundenkilometern schaffte, eine meiner besten Dauerleistungen. Das Wetter war gut, die Schneeverhältnisse prächtig, ich hätte die Welt umarmen können. Bei der Ankunft am Finger Lake fühlte ich mich unbesiegbar. Aber vom nächsten Tag an schneite es. Es war die Hölle. Mein kleiner Frachtschlitten, der gestern noch leicht hinter mir über den Schnee gehuscht war, schien im schweren Neuschnee plötzlich eine Tonne zu wiegen. Mein Durchschnittstempo sackte auf schlappe drei Kilometer pro Stunde.

›Himmelhochjauchzend‹ und ›zu Tode betrübt‹ lagen dicht beieinander. Es war kalt und sonnig, als ich die höchste Erhebung der Alaska Range erreichte. Ich genoss den Tag genauso wie die vielen *ptarmigan*, Schneehühner, die über mir am blauen Himmel flatterten. Ich drehte mich um, und mein Blick schweifte über das Land: Donnerwetter – da hast du dich mit eigener Kraft durchgeschlagen! Das war Euphorie. Aber die Ernüchterung folgte, als es dann fünf Tage ohne Unterbrechung schneite.«

Es ist später Vormittag, und Peter Schneiderheinze wirbelt schon wieder zwischen seinen Töpfen und Pfannen umher. Auf der Anrichte der Küche türmen sich Tomaten, Käse, Wurst und Eier. Peter sieht meinen fragenden Blick.

»Nu ja, in einer Stunde gibt es Lunch. Ihr müsst doch wahnsinnig hungrig sein!«

Zwischenzeitlich haben sich zwei Italiener namens Marco und Gigi eingefunden. Für ihr Rennen zu Fuß brauchten sie nur geringfügig länger als Brent Veltkamp. Auch ihre Gesichter sind rotbraun gegerbt.

Es ist warm in der Küche, der Kaffee tut ein Übriges. Ich bin erhitzt, auch dank dieser wunderbaren Atmosphäre. Lautstark und gestikulierend unterhalten sich Gigi und Marco. Brent spricht mit mir Englisch, Peter Schneiderheinze steht wie eine Eiche dazwischen und berlinert ins Telefon. Gibt es hier etwa noch mehr Deutsche?

Peter erzählt, dass er mit seiner amerikanischen Frau Tracy Deutsch spricht, sie mit ihm aber ausschließlich Englisch.

»Das klappt schon seit 33 Jahren«, sagt er und lächelt vergnügt.

»Da waren doch sicher Menschen am Trail«, wende ich mich wieder Brent zu. »Wie haben sie auf dich reagiert? Warst du für sie ein komischer Vogel, ein Spinner, der sich auf Skiern selbst kasteit, wo es doch Schneemobile gibt?«

»Bei meinem Start hatte ich vor, immer draußen am Trail zu schlafen, entsprechend war ich ausgerüstet. Doch nach Tagen, an denen es schneite und ich die Welt um mich herum nur im Radius von 100 Metern wahrnahm, wurde mir der Kontakt zu anderen Menschen wichtiger, als ich es zuvor gedacht hatte.

Ich erinnere mich an den Wirt der Skwentna Lodge, der mich einlud, kostenlos bei ihm zu übernachten. Ich wollte das zunächst nicht annehmen, bot Geld, aber er lehnte ab: ›Wenn du hungrig bist, kauf dir ein Abendessen und ein Getränk, alles andere geht auf Kosten des Hauses.‹ Eine großartige Geste. Viele am Trail verwöhnten mich mit Kakao und brannten darauf, Geschichten zu hören. Sie wollten wissen, wer ich bin und warum ich den Marathon mitmache. Für diese Menschen sind es Festtage, wenn wir Sportler kommen. Ein oder zwei Wochen später wiederholt sich das Ganze noch mal mit den Iditarod-Teams.«

Brent will gar nicht aufhören zu erzählen: »Eine eigentümliche Begegnung ganz anderer Art hatte ich in Bison Camp, auf halber Strecke zwischen Rohn und Nicolai. In drei großen Zelten lebte hier eine Familie: ein Weißer, seine indianische Frau und ihre Kinder. Obwohl der Mann nicht da war, lud mich die Frau zum Essen ein. Sie beobachtete mich aufmerksam, sagte aber kein Wort. Die anderen Menschen am Trail, die Renn-*checker* und die Leute in den Lodges, hatten immer etwas Anerkennendes gesagt wie ›Whow, ich kann's nicht glauben! Was ihr verrückten Burschen macht, ist echt eindrucksvoll!‹, aber diese Frau schwieg und schien sich für das, was ich hier machte, nicht im Geringsten zu interessieren.«

Brent füllt Kakao in einen Becher, gießt Milch dazu und rührt das Getränk um.

»Freundlich fragte ich sie: ›Soll ich dir nicht ein bisschen was von meinem Marathon erzählen? Fast alle am Trail sind verwundert über das, was wir machen. Manche finden es toll, andere halten es für verrückt. Aber du sagst nichts.‹«

Sie blickte von ihrer Küchenarbeit auf und erwiderte: ›Die Angehörigen meines Stammes wanderten jahrtausendelang, jahrein, jahraus, Hunderte von Kilometer über die Berge. Das war ganz normal.

Noch meine Großeltern zogen über die Alaska Range, um mit den Stämmen auf der anderen Seite Handel zu treiben, und zwar noch im hohen Alter. Für mein Volk ist so etwas nicht außergewöhnlich.‹«

Das Rennfeld des »Alaska Ultrasport« hat sich weit auseinander gezogen. Peter Basinger aus Anchorage schaffte die 560 Kilometer lange Strecke per Fahrrad, auf dem extrabreite Felgen montiert waren, in nur fünf Tagen und einer Stunde als Erster. Der Skifahrer Eric Wilmot gelangte elf Stunden später auf den zweiten Platz, gefolgt von »Mister Riesenfuß« Roberto Ghidoni. Sein *walk* war nach fünf Tagen und 20 Stunden beendet. Die übrigen Sportler benötigten zwischen sechs bis acht Tage.

Vier Athleten haben das Ziel noch nicht erreicht. Einem von ihnen, dem ehemaligen jugoslawischen Biathlon-Olympiateilnehmer Brane Kozinc aus Slowenien, zerbrach bereits 60 Kilometer nach dem Start einer seiner Langlaufski. Die restlichen 500 Kilometer stapfte Brane in dünnen Langlaufschuhen Richtung McGrath. Für die kommende Nacht erwarten wir ihn.

17

Ein Berliner in McGrath

»Eines Tages mussten wir in der Schule im Atlas die Deutschlandkarte aufschlagen. Mein Gott, war das langweilig ... Ich blätterte weiter und kam irgendwann nach Alaska, mein Finger fuhr die Küstenlinie entlang, bis er Anchorage erreichte. Hatte keine Ahnung, was das Wort bedeutete, aber ich begann zu träumen ...«

So sah Peter Schneiderheinzes erste Begegnung mit Alaska aus. Vielleicht wäre es sogar seine letzte geblieben, hätte er nicht mit ein paar Freunden auf der Ferieninsel Mallorca für ein Radrennen trainiert. Das war 1971.

»Eines Abends forderte ich im Hotel ein Mädchen zum Tanzen auf. Ich war überrascht, denn es sprach Englisch.

›Woher kommst du?‹, fragte ich radebrechend.

›Aus dem Norden.‹

›Schottland?‹, fragte ich aufs Geratewohl.

›Nein‹, lachte sie, ›Alaska.‹

Sie lag so gut in meinem Arm, es dauerte noch eine halbe Drehung, bis bei mir der Groschen fiel. Alaska! Ich hielt mitten im Tanz inne ... Ich glaube, der Funke ist bereits an diesem Abend übergesprungen. Aber wie das so ist, der Tag unserer Rückreise stand bevor. Tracy und ich tauschten Adressen aus, und ich flog mit meinen Kumpels zurück nach Berlin.

Wochen später sitze ich daheim und sehe die Sportschau, als es klingelt. Wer kommt denn jetzt, denke ich. Ich drücke auf den Türöffner. Aber die Tür ist bereits abgeschlossen. Also schnell zu Fuß die Treppe runter, ich will doch endlich zur Sportschau kommen. Ich öffne die Tür, und da steht Tracy ... Ich konnte es nicht fassen, und sie war überglücklich, dass sie nach langem Suchen endlich meine Wohnung gefunden hatte.«

Aber Peter und Tracy hatten ein kleines Problem.

»Mein Englisch konntste vergessen. In der Schule habe ich Englisch gehasst. Aber wenn man miteinander reden will, dann findet man einen Weg. Und wenn es der ist, dass einfach jeder bei seiner Sprache bleibt.«

Auf Mallorca war Tracys Mutter dabei gewesen. Peter war nicht entgangen, dass sie mit Argusaugen den Tanz ihrer Tochter mit dem zehn Jahre älteren Mann beobachtet hatte.

»In der Familie meiner Frau gibt's zehn Geschwister, fünf Mädels, fünf Jungs! Eines Tages kam eine Schwester rüber, um mich auszuchecken. Ich sage dir: wie ein Detektiv. Na ja, und dann kam Muttern, um mich auch noch mal unter die Lupe zu nehmen. Offenbar bin ich bei der Prüfung nicht durchgerasselt. 1975 flog ich zum ersten Mal nach Alaska. Das Ende vom Lied war, dass alle wollten, dass wir in Alaska bleiben. Aber ich hatte ja meine Familie und meine Arbeit als Steinsetzer beim Straßenbau in Deutschland. Find mal als Steinsetzter 'nen Job in Alaska! Kurz und gut, wir haben in Deutschland geheiratet. Fast die gesamte Sippe kam rüber, um mit uns zu feiern. Sie schwärmen heute noch davon, nach fast 30 Jahren. ›Kommt doch endlich nach Alaska‹, umgarnten sie mich immer wieder. Na ja, letztlich hab ich's gewagt. Wir also rüber. Zunächst war ich Zimmermannsgehilfe, später malochte ich in der Brauerei *Alaska Fritz Bräu*.«

Peter runzelt die Stirn.

»Der Lohn war gut. Aber bisher hatte ich immer im Freien gearbeitet. Und jetzt in einer Fabrik ... nee! Einerseits war es für mich eine glückliche Fügung, dass die Firma Pleite ging. Doch es folgte eine harte Zeit, in der ich parallel drei kümmerlich bezahlten Teilzeitjobs nachging: Putzmann, Zimmermannsgehilfe und Packer auf dem Flugplatz.

Wir mussten den Gürtel enger schnallen. Es gab Zeiten, in denen ich nur noch fünf Dollar in der Tasche hatte, um etwas Sprit fürs Auto oder ein Pfund Gehacktes zu kaufen. Da erwähnte ein Schwager, der damals in McGrath wohnte, dass in seinem Ort ein Schulhausmeister gesucht werde. Ich also nach McGrath. Wollte mir den Ort mal ansehen, und sollte er mir gefallen, würde ich mich bewerben. Mein erster Eindruck: Hilfe, hier gibt es ja nicht mal anständige Straßen, was soll ich hier mit meinem Rennrad machen?«

»Und wieso seid Ihr dann trotzdem hier gelandet?«

»Ich war Vater geworden. Wir brauchten Geld. Und in McGrath gab's Arbeit. Tracy, unser kleiner Bernd und ich kamen mit 50 Dollar Bargeld hier an. Aber ich hatte wenigstens einen Job.«

Peter lächelt versonnen.

»20 Jahre, bis zu meiner Pensionierung, arbeitete ich als Hausmeister und Schulbusfahrer von McGrath.«

Als Hausmeister der Schule war Peter zugleich Klempner, Elektriker, Zimmermann und Automechaniker. Eigentlich genau das Richtige. Aber es bedrückte ihn, isoliert wie auf einer Insel zu leben. Nach einem Jahr hatte er etwas Geld auf der hohen Kante. Er fuhr zum Flugplatz, ließ sich in einen Flugzeugsitz plumpsen und flog nach Anchorage.

»Ich freute mich wie ein kleiner Junge darüber rauszukommen!«

Dass Peter nach wie vor eine gute Beziehung zu seinem alten Heimatland hat, habe ich schon daraus geschlossen, dass auf seiner Veranda eine Deutschlandfahne hängt.

»Meine Freunde fragen: ›Wann wirst du endlich Amerikaner?‹«

Er lacht.

»Wenn sie mich nicht dazu zwingen, meinen deutschen Pass abzugeben, werde ich ihn immer behalten. Tracy ist Amerikanerin, und unsere beiden Kinder, Bernd und Elisabeth, die jetzt in Anchorage leben, haben die doppelte Staatsbürgerschaft. Mich befremden Deutsche, die, kaum dass sie nach Amerika ausgewandert sind, kein gutes Haar mehr an ihrer alten Heimat lassen.«

Die Anfänge in McGrath waren nicht leicht. Peter und Tracy kauften eine mit Gerümpel vollgestellte Blockhütte von gerade mal 28 Quadratmetern. Es gab weder fließendes Wasser, noch ein WC. Dafür stand draußen ein »Häuschen mit Herz«.

»Ich fühlte mich in die Steinzeit zurückversetzt«, erinnert sich Peter lächelnd. »Gut, dass ich eine patente und anpackende Frau an meiner Seite hatte.«

Neue Herausforderungen taten sich nach dem ersten Winter auf, denn im Frühjahr, wenn es taut, verwandeln sich die Straßen von McGrath in eine Schlammlandschaft.

»So um den 10. Mai herum ist *break up*, dann bricht das Eis des Kuskokwim und des Takotna River, die in McGrath zusammenfließen. Nicht selten kämpfen wir dann mit dem Hochwasser. Vor fünf Jahren war der Wasserspiegel acht Meter gestiegen, bis 20 Zentimeter unter unsere Wohnungstür, so dass ich mit meinem Boot bequem dort anlegen konnte. Meine treuen Hunde rettete ich natürlich zuerst: Sergeant,

Silver, Mädchen, Prax und Moritz saßen bedeppert auf unserer Veranda. Meinen Ford Truck, den ich im Sommer neben meinem guten alten Subaru fahre, hatte ich auf der höher gelegenen Straße geparkt, mit dem Schneemobil hinten auf der Ladefläche.«

Peter schüttelt den Kopf: »An vieles habe ich mich während all der Jahre gewöhnt. Nur an eins nicht: die Mücken! Jedes Jahr im Juni fallen Abermillionen dieser Plagegeister über uns her. Dagegen ist kein Kraut gewachsen. Da gibt's nur eins: einfach jar nich druff achten!« Nach und nach wurde aus dem Radrennfahrer und früheren Pflasterer Peter Schneiderheinze, dessen Herz weiter leidenschaftlich für die alte Heimat Deutschland schlägt, ein waschechter *outdoors*-Mann.

»Mit dem Jagen ließ ich mir allerdings Zeit. ›Wenn du hier wohnst, musst du auch zur Jagd gehen‹, drängte mein Schwager. Er besitzt eine Piper Supercub, und irgendwann im September stieg ich dann doch mal mit ihm in den Vogel. Gott sei Dank sahen wir bei diesem ersten Jagdabenteuer keinen Elch, und ich hatte noch Zeit, mich im Zielschießen zu üben. Ich war einfach noch nicht reif für die Jagd. Die zweite

Küchenartist: Peter Schneiderheinze backt Pfannkuchen

Jagdsaison wurde im Dezember eröffnet. Es schneite. Mir war kalt ... viel zu kalt! Tagein, tagaus tigerten mein Schwager und ich durch den Busch. Ich fror und wünschte, dass diese Tortur zu Ende ging. Endlich erspähten wir einen Elch, den wir auch erlegten. Meine Einstellung zur Jagd hat sich seitdem geändert. Etwa alle zwei Jahre schieße ich jetzt einen Elch, vielleicht auch einen Büffel, von denen es hier einige gibt, oder ein Karibu. Ich sehe die Jagd ganz pragmatisch als Möglichkeit, an Essbares zu kommen. Seit meiner Ankunft in McGrath habe ich höchstens zehn Stück Großwild erlegt.«

Er schmunzelt.

»Ein Jagderlebnis vergesse ich nie. Bernd war gerade sieben Jahre alt, und wir fuhren mit dem Boot über den Kuskokwim River. Auf der anderen Seite schlugen wir uns zu Fuß durch die Wälder. Bernd, zehn Meter hinter mir, kriegte von der Pirsch nicht viel mit, denn er drosch mit seinem Stöckchen unentwegt auf trockene Gräser. Plötzlich war ich elektrisiert: fünf Elchkühe auf einer Lichtung! Aber die waren geschützt. Ein Stück weiter entdeckte ich einen kapitalen Bullen. Noch immer schlug Bernd aufs trockene Gras. ›Pst!‹, machte ich. ›Pst!‹

Wir schlichen uns gemeinsam an, und ich sandte ein Stoßgebet zum Himmel: ›Lass mich den Elchbullen treffen, sonst blamierst du dich vor deinem Sohn!‹ Zum Glück wurde mein Gebet erhört.«

»Mit 350 Einwohnern ist McGrath heute nicht mehr das kleine Dorf, das du bei deiner Ankunft vorgefunden hast«, wechsele ich das Thema. »Es gibt einen Supermarkt und Flugverbindungen nach Anchorage und Fairbanks. Ist das Leben dadurch einfacher geworden?«

»Ein wenig, und dennoch musst du anders planen als zum Beispiel in Deutschland. Alle zwei Monate fliegen wir nach Anchorage, wo wir dann für mindestens 500 Dollar Lebensmittel einkaufen. Hier im Ort ist alles viel zu teuer.« Eine Erfahrung, die ich schon selbst gemacht habe, als man mir im Supermarkt für einen Apfel 1,50 Dollar abknöpfte.

»Hier musst du lange im Voraus planen und denken. In Anchorage habe ich immer eine ellenlange Einkaufsliste dabei, ich muss auch Ersatzteile fürs Auto und fürs Schneemobil besorgen, denn bei technischen Problemen kannst du nicht mal schnell in die Werkstatt fahren. Hier musst du dein eigener *handyman* sein. Aber wenn wirklich mal was Schlimmes passiert, dann rückt das ganze Dorf zusammen«, erinnert sich Peter. »Letztes Jahr starb eine Mutter von fünf Kindern im Alter von nur 35 Jahren. Der Ort veranstaltete einen Potlatch, bei dem jeder Essen mitbrachte und Geld spendete, Weiße wie Indianer.«

»Wie ist denn das Verhältnis zwischen *natives* und Weißen?«

»McGrath ist kein *native town*, unsere Bevölkerung ist gemischt. Die Situation der Weißen ist daher ganz anders als in kleinen Buschsiedlungen, in denen Athabasca-Indianer nicht selten mit bis zu 90 Prozent dominieren. Die *whites* dort haben oft einen schweren Stand. Auch hier ist es nicht leicht, von den Indianern akzeptiert zu werden. Bei den Kindern ist das zum Glück anders, die wachsen miteinander auf. Unsere beiden erregten sich heftig über getrennte Unterrichtseinheiten für *natives* und *whites*. Die Kinder sagten: ›Was redet ihr von Weißen und Indianern? Wir sind doch Freunde und spielen zusammen.‹ Ich hoffe, dass das Miteinander hier in Zukunft genauso selbstverständlich sein wird.«

Peter guckt auf die Uhr. »Zeit fürs Abendessen.«

»Nur noch eine Frage«, bitte ich. »Wie bist du zum Herbergsvater für die Ultrasport-Athleten geworden?«

»Hat mit meiner Begeisterung für den Radsport zu tun. In Anchorage bin ich auch Rennen gefahren. Irgendwann, da wohnte ich schon in McGrath, hatten vier Freunde die Idee, im Winter auf dem verschneiten Iditarod Trail 1860 Kilometer von Anchorage nach Nome zu radeln. Die erinnerten sich an mich und fragten, ob sie nicht bei mir übernachten könnten. ›Na klar!‹, sagte ich.« Er lacht: »Seither gibt's hier für Sportler aller Art ein Dach über dem Kopf und was Anständiges zu essen!«

Inzwischen sind auch Carola, Bernhard Schucherts Frau, ihr *doghandler* Martin und Onkel Schorsch aus Deutschland angekommen, um das Iditarod-Rennen aus nächster Nähe zu beobachten. Auf dem Wohnzimmerboden nebenan schlafen Rob Kehrer aus Anchorage und ein Engländer namens Andy Wilson, die zuletzt eingelaufenen Ultrasport-Teilnehmer, auf ausgerollten Matratzen. Sie erreichten das Ziel zeitgleich zu Fuß nach neun Tagen, zehn Stunden und 45 Minuten.

Peter Schneiderheinze ist in seinem Element. Nur vier Meter von den Schlafenden entfernt wirbelt er in seiner Küche.

»Er ist wie ein Fels in der Brandung«, sagt Tracy, die von ihrer Arbeit auf dem Flughafen zurückgekommen ist und ihn liebevoll beobachtet. Ein paar Gäste schneiden Gurken und Tomaten und machen Salat, jemand wäscht ab. Ich decke den Tisch. Peter inspiziert fachmännisch den Schweinebraten.

»Peter ruht in sich selbst«, weiß Tracy. »Ich mag Menschenmengen eigentlich gar nicht so gern, aber mein Peter kann gar nicht genug Gäste haben.«

Und wie daheim bei Muttern steht pünktlich um 18 Uhr das Abendessen auf dem Tisch: Schweinebraten, Salzkartoffeln, Gemüse, Salate.

Ein paar Märztage lang ist diese Wohnküche ein kleiner Kosmos für sich, in dem sich alles ums Rennen, die Fitness, Wildniserfahrung und um die Wünsche fürs nächste Mal dreht. Als ich sage, dass ich mich in dieser Runde wohl fühle, weil hier keiner normal sei, habe ich die Lacher auf meiner Seite.

Bei Tisch hält Peters alter Subaru wieder mal als Gesprächsgegenstand her.

»Ja, ja, wir werden uns irgendwann einen neuen Wagen kaufen«, verspricht der Hausherr, der wie eine Glucke zwischen allen thront. »Aber erst mal müssen wir ausloten, wie wir den am günstigsten nach McGrath kriegen. Hier kriegt man nur abgetakelte Kisten, keinen Deut besser als mein Subaru. Aber wenn ich in Anchorage einen Wagen bestelle, wird mich allein der Transport per Flugzeug 3000 Dollar kosten.«

»Und per Schiff?«

»Zu umständlich. Es dauert lange und ist ebenfalls teuer«, hören wir. »Manchmal tun sich ein paar Leute zusammen und chartern ein Flugzeug. Eine DC-10 kostet 7000 Dollar, für eine Herkules-Maschine muss man 14.000 Dollar hinblättern.«

Während wir Eis mit Bergen von Schlagsahne verputzen, plaudere ich mit meinem Tischnachbarn Bill Merchant, der zusammen mit seiner deutschstämmigen Frau Kathi das Alaska-Ultrasport-Rennen organisiert. Bill, eine drahtige Erscheinung von etwa 50 Jahren, hat etwas Ansteckendes, wenn es um »seinen« Sport geht.

»Das Rennen gibt es seit 1997, damals hieß es noch ›Iditasport‹.«

Vor drei Jahren übernahmen Kathi und er die Organisation und gaben dem Event den aktuellen Namen.

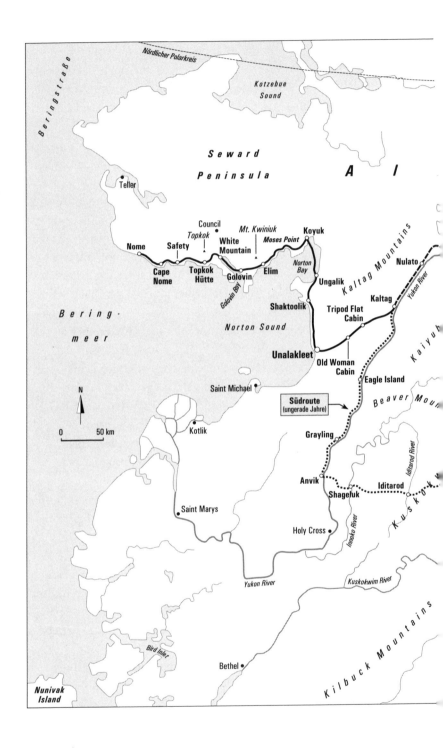

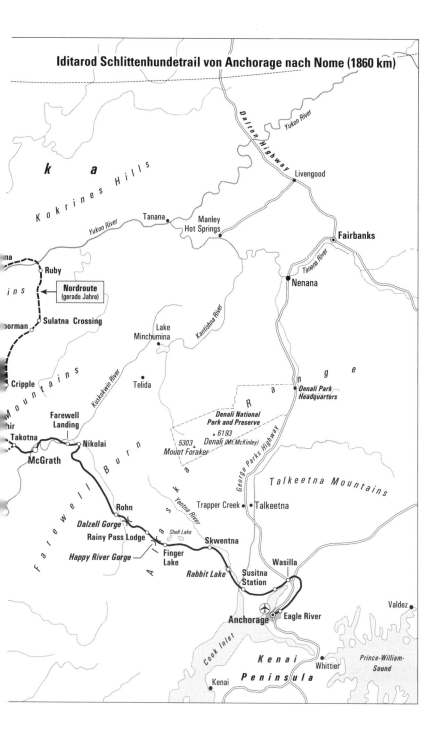

Iditarod Schlittenhundetrail von Anchorage nach Nome (1860 km)

Yukon River

Dalton Highway

Yukon River

Livengood

k a

K o k r i n e s   H i l l s

Tanana

Manley
Hot Springs

Fairbanks

Yukon River

na

Ruby

Nordroute
(gerade Jahre)

Nenana

Tanana River

i n s

Sulatna Crossing

Lake
Minchumina

Kantishna River

orman

M o u n t a i n s

Cripple

Telida

Denali Park
Headquarters

R a n g e

Kuskokwim River

Denali National
Park and Preserve

▲ 6193
Denali (Mt.McKinley)

hir

Farewell
Landing

5303   Mount Foraker

Takotna

Nikolai

George Parks Highway

McGrath

B u r n

T a l k e e t n a   M o u n t a i n s

Yentna River

Trapper Creek

Talkeetna

A l a s k a

Rohn

Dalzell Gorge

Shell Lake

Rainy Pass Lodge

Skwentna

F a r e w e l l

Finger
Lake

Wasilla

Happy River Gorge

Rabbit Lake

Susitna
Station

Valdez

Anchorage

Eagle River

Cook Inlet

K e n a i

Whittier

Prince-William-
Sound

P e n i n s u l a

Kenai

»Ich selbst habe fünfmal teilgenommen, zweimal per Fahrrad, zweimal mit Skiern und einmal zu Fuß. Das war für mich die stärkste Erfahrung. Als Skifahrer hast du Skier und Skistöcke, als Radfahrer die Fahrradtechnik, die du in den Griff kriegen musst. Zu Fuß konzentrierst du dich nur auf die Werkzeuge, die dir der liebe Gott gegeben hat. Da bist du ganz frei ...«, philosophiert Bill.

»Was muss man können, um es ins vordere Feld zu schaffen?«

»Das Wichtigste ist, das Schlafproblem in den Griff zu kriegen. John Stamstad, der im Vorjahr das Rennen in einer Rekordzeit von drei Tagen und acht Stunden per Fahrrad fuhr, schlief auf der gesamten Strecke von 560 Kilometern nicht ein einziges Mal und hielt sich insgesamt nur 45 Minuten an den Checkpoints auf.«

Kathi Merchant stammt aus Bayern. Mit 20 Jahren schnappte sie sich ihren Rucksack, flog über den großen Teich und reiste mit Bussen und Fährschiffen der Inside Passage hoch nach Alaska. Seit sie vor Jahren in der Jahreslotterie der amerikanischen Regierung die Green Card gewann, lebt sie permanent in Alaska.

Während im Haus von Peter und Tracy Schneiderheinze das Träumen und Pläneschmieden kein Ende nehmen will, laufen 1300 Hunde durch die eisige Nacht nach Norden. Morgen werden die ersten Iditarod-Teams in McGrath erwartet.

18

Nervenkitzel – das 32. Iditarod

Der *ceremonial start* des 32. Iditarod in der Fourth Avenue in Anchorage ist eine große Party. Fans aus aller Welt säumen die Straße, Fernsehteams richten ihre Kameras auf die 87 *musher* und ihre Hunde, die jetzt über die mit Schnee präparierte Straße jagen. Statt Hundefutter und Ausrüstung sind heute *Idita Rider* in den Schlitten. Für das Vergnügen, ein paar Kilometer lang hautnah beim Rennen dabei zu sein, haben sie einen Batzen Dollars hingeblättert.

An den Straßenrändern verhökern Händler Goldrausch-Kitsch und Rentierwürste.

Auf den Schlittenkufen aber stehen – wie jedes Jahr – *musher*, deren Namen in Alaska so geläufig sind wie der von Coca-Cola: Rick Swenson, der Altmeister, der in den 70er- und 80er-Jahren fünfmal das Rennen gewann und sich noch immer im vordersten Feld behauptet. Jeff King, der in den 90er-Jahren dreimal als Sieger auf dem Iditarod-Treppchen stand. Da ist natürlich auch der gebürtige Schweizer Martin Buser, ein Vierfach-*champ*.

Die Startliste des 32. Iditarod liest sich wie das *Who is who?* des *mushing*: Charlie Boulding tritt an – trotz einer vorausgegangen Krebserkrankung. Und die zähe Dee Dee Jonrowe, der unmittelbar vor dem Rennbeginn in Anchorage ein kapitaler Elchbulle über den Weg läuft. Im Mittelpunkt des Medieninteresses sonnt sich Doug Swingley aus Montana, der das Rennen seit Mitte der 90-er Jahre dreimal in Folge gewann. 2002 munkelte man, Swingley werde sich zur Ruhe setzen. Offenbar hat er es sich anders überlegt.

»Ich werde das Iditarod erneut gewinnen«, sagt er beiläufig, aber jeder Insider weiß: Das ist sein Schlachtruf.

Mit Nils Hahn und Frank Sihler sind zwei deutsche Rennveteranen dabei. Bernhard Schuchert hingegen betritt Neuland.

36 Stunden nach dem Echtstart führt der 17-fache Iditarod-Teilnehmer Bill Cotter. Aber ein gutes Dutzend Top-*musher* klebt ihm auf den Fersen. Einer von ihnen ist Kjetil Backen, ein Landsmann des Norwegers Robert Sørlie, der 2003 das Iditarod-Gold einfuhr.

Erwartungsgemäß zählen auch Jeff King und Martin Buser zu den Frontmännern. Busers Hunde laufen zwischen Willow und Skwentna einen fabelhaften Schnitt von 24 Stundenkilometern. Wie lange wird er diese Geschwindigkeit halten können?

Ich habe Martin Buser vor einiger Zeit in seinem Haus unweit von Anchorage besucht. Es war im Sommer, und ich folgte einem Schild mit dem Hinweis *Happy Trails Kennels*. Am Ende des Wegs wies mir ein liebevoll bemalter hölzener Husky, der in einem Schlitten voller leuchtender Sommerblumen saß, den Weg zum Grundstück des Champions.

»Bereits in den 70er-Jahren trainierte ich daheim bei Zürich Hunde«, plauderte er, während wir uns gegenüber saßen. »Später, nach dem Abitur und der anschließenden Militärzeit ging ich für ein Jahr nach Alaska.«

Doch nachdem er begonnen hatte, bei dem Alaskaner Earl Norris als *dog handler* zu arbeiten, kam er endgültig auf den Hund.

»1980 fuhr ich mein erstes Iditarod mit reinrassigen Siberian Huskys aus Earls Zucht.«

Buser gelangte auf Anhieb auf Platz 22, das Jahr drauf war es schon Platz 19. Und es ging weiter bergauf. Später bestritt er bis zu sieben Rennen jährlich.

Als er heute den Schneeanker zum Start des Iditarod zieht, haben seine Athleten 3000 Trainingskilometer unter den Pfoten. Im April, zum Ende der Saison, wird jeder von ihnen 6500 Kilometer gelaufen sein ...

Ich fragte Martin Buser, ob das Iditarod für ihn noch immer ein Nervenkitzel sei.

»Für mich ist das Kräftemessen mit den anderen der größte Kick«, sagte er. »Aber dann ist da natürlich auch die großartige Landschaft, die sich ständig verändert – und die Herausforderung durch den arktischen Winter.«

Er dachte einen Moment nach.

»Mein wohl spannendstes Erlebnis hatte ich 1991.«

Schon damals gehörte er zu den Favoriten, zusammen mit Susan Butcher und Rick Swenson. Ein fürchterlicher Sturm tobte. Während die anderen *musher* an der Spitze beschlossen, zum letzten Checkpoint umzukehren, lichtete Martin Buser den Schneeanker und setzte wie Rick Swenson alles auf eine Karte. Swenson gewann, aber immerhin wurde Buser Zweiter. Den Weg an die Spitze der Weltbesten hatte er geebnet. 1992 setzte er mit seinem Rennergebnis von gut zehn Tagen Maßstäbe.

»Ist es für die Huskys nicht eine unzumutbare psychische und körperliche Belastung, wenn das Rennen von Jahr zu Jahr schneller wird?« Buser schüttelte den Kopf.

»Je schneller man geht, umso länger kann man in den Pausen ruhen. Das ist doch eine einfache mathematische Formel. 1994, bei meinem zweiten Sieg, waren meine Hunde 97 Stunden auf dem Trail. 117 Stunden hatten sie Ruhe. Ein langsamerer Hund muss längere Zeit arbeiten, um da mithalten zu können. Das aber geht zu Lasten der Pausen und damit zu Lasten der Kraftreserven. Deswegen versucht heute jeder, schnellere Hunde zu züchten.«

Am Mittwoch, dem 10. März lese ich in der *Anchorage Daily News* in einem Artikel über das 32. Iditarod: *Buser stellt bereits jetzt unter Beweis, dass er eins der schnellsten, wenn nicht gar das schnellste Team des diesjährigen Rennens hat.*

Als ich Martin Buser besuchte, zählten fast 80 Hunde zu seinem *dog yard*. Ich fragte ihn, ob er alle mit Namen kenne und sie auseinander halten könne. Er lachte.

»Man kennt doch seine Kinder!«

Apropos Kinder: Bei der Namensgebung seiner leiblichen Söhne schlug die Leidenschaft für das Iditarod durch. Er gab ihnen die Namen der Checkpoints: Rohn und Nicolai.

Der Iditarod Trail führt mitten durchs Herz Alaskas und berührt Orte und Flüsse, die Alaska während der letzten 150 Jahre ins Bewusstsein der Menschen rückte. Es macht mir immer wieder Spaß, im Geschichtsbuch Alaskas zu blättern. Bis der erste Goldrausch Alaska in aller Munde brachte, war die Region ein weit gehend unbekanntes Territorium, das der amerikanische Außenminister William Seward 13 Jahre zuvor dem russischen Zaren abgekauft hatte. Für die lächerliche Summe von 7,2 Millionen Dollar – das sind 1,5 Cent pro Hektar. Ein echtes Schnäppchen! Allerdings sah das damals nicht jeder so: Man nannte den scheinbar wertlosen Landzipfel im Nordwesten spöttisch *Seward's Icebox* oder *Seward's Folly*. Doch auch die schärfsten Kritiker verstummten, als 1880 Joe Juneau und Richard Harris den ersten großen Alaska-Goldrausch auslösten. Juneau, der in der von Inseln durchzogenen Inside Passage im Südosten gelegene Fundort des ersten Goldes, wurde das Ziel Tausender Glück Suchender und ist heute Hauptstadt Alaskas.

Doch viele Neuankömmlinge waren damals schlecht vorbereitet und noch schlechter ausgerüstet für ein Leben in der Wildnis. So beschloss das Militär, ein Trailnetz zu schaffen.

1899 zog ein gewisser Leutnant Joseph Herron in Begleitung seiner Männer vom Cook Inlet, unweit des heutigen Anchorage, über den Susitna und den Yentna River, dann weiter über den Simpsons Pass der Alaska Range bis zum Kuskokwim River. Herron suchte eine ganzjährig nutzbare *All-America Route* zum Yukon River, als Ersatz für die lange Standardroute vom Hafen Skagway über die Goldgräberstadt Dawson City am Yukon.

Die acht Männer und 15 Pferde der *Herron Party* hatten schwer zu schleppen: *15.000 Kilo Ausrüstung und Lebensmittel, wovon 900 Pfund Mehl und fast 600 Pfund Schinkenspeck sind*, vermerken die Journale. Schnell wurde den Expeditionsteilnehmern klar, dass Pferde für dieses waldige Terrain mit knietiefem Moos nicht das geeignete Transportmittel waren. Im Gebiet des Kuskokwim River ließen die Männer einen Teil der Pferde frei. Da die Männer die enorme Last ihrer Verpflegung nicht selbst schleppen konnten, legten sie ein Depot mit einem Teil des Schinkens als Reserve für den Rückweg an.

Niemand rechnete damit, dass ein Bär in die Vorrats-*cache* einbrechen und den Schinken fressen würde. Und erst recht ahnte niemand, dass Indianerhäuptling Seseui vom Telida-Stamm mit seinem Sohn und einem weiteren Begleiter gerade in jener Gegend jagte und den räuberischen Bären erlegen würde. Im Magen des Tiers fanden die Indianer Reste des Schinkens. »Weiße müssen in der Nähe sein«, sagte sich

Seseui. Der Häuptling verfolgte die Fährte des Bären zurück. Als er das zerstörte Vorratslager entdeckte, war ihm klar, dass die Männer die Gesetze der Wildnis nicht begriffen hatten und in Gefahr waren. Sie aufzuspüren war für ihn eine Kleinigkeit. Häuptling Seseui lud Herron und dessen Männer in sein Dorf ein. Zwei Monate blieben die Weißen seine Gäste. Der Häuptling rüstete sie mit dem Notwendigsten für die Weiterreise im Winter aus, und wohlbehalten erreichte die *Herron Party* schließlich Fort Gibbon am Yukon River.

Damals verband ein loses Netzwerk von Trails den Hafen Seward mit den Siedlungen McGrath und Ophir in der Kuskokwim- und Innoko-River-Region. Vom Dörfchen Kaltag am Yukon schloss sich eine weitere Überland-Postroute nach Nome am Beringmeer an.

Es war eine abenteuerliche Zeit. Die Schlitten der Post-*musher* waren groß und fassten bis zu 250 Kilo Ladung, sie wurden von zehn nach heutigen Maßstäben extrem großen Huskys gezogen.

Die Regierung spielte mit dem Gedanken, das Trailnetzwerk weiter auszubauen. Vermutlich wäre es bei vagen Plänen geblieben, hätten nicht am Weihnachtstag des Jahres 1908 die Prospektoren William Dikeman und John Beaton unweit einer Siedlung namens Flat am Rande des Haiditarod River Gold entdeckt.

Ein neuer Klondike! Die sensationelle Nachricht verbreitete sich in Alaska wie ein Lauffeuer. Schon waren die ersten Tausend Glücksritter zur Stelle. Der Ort Iditarod entstand.

»Seward – das Tor zum Iditarod«, warb das kleine Küstenstädtchen selbstbewusst. Im Frühjahr 1910 machte sich der 60-jährige George Terrill auf den immerhin 880 Kilometer langen Seward-Iditarod-Trail. Der *sourdough*, wie man die Glücksritter nach dem Sauerteig nannte, den sie zum Brotbacken in ihren Packtaschen mit sich führten, hatte sich Jahre zuvor in einem Schneesturm verirrt. Beide Füße waren ihm abgefroren, aber der Traum vom Gold ließ ihn auf Prothesen bis nach Iditarod humpeln.

Im Frühsommer 1910 lebten 1200 Menschen in Iditarod, im darauf folgenden Winter waren es schon 4000. Der Ansturm blieb den Offiziellen nicht verborgen, und die Alaska Road Commission ließ den Trail verbessern. Jetzt war die Reise von Seward nach Iditarod in drei Wochen zu schaffen. Ende Dezember 1910 erreichte die erste halbe

Tonne Gold Seward. Es gab doppelten Grund zum Feiern, denn der Kongress wollte weitere 150.000 Dollar in den Ausbau der Trails stecken. Eine Investition, die sich lohnen sollte, denn Gold im damaligen Wert von zwei Millionen Dollar gelangte über den Iditarod Trail in die ganze Welt.

Doch ein paar Jahre später wurde es still um Iditarod, sehr still. Der Goldstrom versiegte. Aus der 4000-Einwohner-*boomtown* wurde eine *ghost town*.

»Ich muss nicht gewinnen, ich bin dabei, um Spaß zu haben«, lautet ein Ausspruch von Joe Redington, dem *father of the Iditarod.* »Dabei sein ist wichtig.«

Als der legendäre Begründer des Rennens 1999 starb, ließ der Gouverneur alle Flaggen Alaskas auf Halbmast hängen. Kurz vor seinem Tod hatte »Old Joe« in einem Interview noch erklärt: »Ich wünschte, ich hätte das Iditarod fahren können, als ich 35 war.« Aber da gab es das Rennen noch nicht ...

Das erste Kapitel der *race*-Story beginnt im Jahr 1967, damals wurde das Rennen aus Anlass der Hundertjahrfeier des Ankaufs Alaskas von Russland erstmals abgehalten. Mit nur 45 Kilometern Länge war die Strecke, ein Teilabschnitt des alten Iditarod Trail, noch überschaubar. Das Preisgeld von 25.000 Dollar hingegen war hoch und zog die Elite des Schlittenhundesports an. *Musher* wie Gareth Wright und Dr. Roland Lombard traten an, und auch Joe Redington und seine Söhne Joe und Raymie waren mit von der Partie.

Joe Redington hatte eine Vision. 500 Meilen, also 800 Kilometer sollte die Rennstrecke irgendwann messen und bis zum Geisterort Iditarod führen.

Sprint-*musher* Dick Mackey aus Anchorage aber winkte ab, als Joe mit ihm darüber sprach: »Kein Mensch erinnert sich mehr an Iditarod! Warum ziehst du das Rennen nicht gleich bis nach Nome durch?«

Gesagt, getan. Das erste Rennen wurde für 1973 angesetzt. Redington, obwohl körperlich relativ klein, dachte in großen Dimensionen.

»Wenn ich attraktive *musher* als Zugpferde gewinnen will, muss ich sie auch ködern!« Also versprach er ein Preisgeld von 50.000 Dollar. Allerdings hatte er noch keinen einzigen Cent ...

Die *Bank of the North* streckte ihm 30.000 Dollar vor, dafür verpfändeten Joe und seine Frau Vi ihr Haus. 10.000 Dollar spendete der ehemalige Befehlshaber der Eskimo Scouts, ein gewisser Oberst »Muktuk« Marston.

Auch der zehnfache Weltmeister im Sprintrennen, George Attla, wollte teilnehmen. Attla, ein Indianer, hatte sich zuvor mit den Ältesten der Athabasca-Stämme darüber unterhalten, wie lange ein 1860-Kilometer-Rennen von Anchorage bis Nome denn dauern würde. »Zehn Tage«, tippten die Alten. Richtig, allerdings sollte das erst Martin Buser 19 Jahre später gelingen. Das erste Iditarod wirkt aus heutiger Sicht geradezu gemütlich. Ein Dick Wilmarth überquerte nach 20 Tagen und 49 Minuten die Ziellinie in Nome. Redington war bei diesem ersten *long distance race* nicht dabei.

»Bis zur letzten Minute musste ich bei irgendwelchen wohlgesonnenen Leuten Klinken putzen, um das Preisgeld zusammenzubetteln.«

56 Jahre alt war Redington, als er im darauf folgenden Jahr selbst antrat. 19 mal fuhr er das Iditarod-Rennen, so lange, bis er 1992 aus gesundheitlichen Gründen aufhören musste. 1997, mit 80 Jahren, war Joe noch einmal dabei und belegte bei 53 Teilnehmern einen erstaunlichen 36. Platz.

Es ist nicht sehr lange her, dass ich Joe Redington in seinem Haus in Knick, einem Ort unweit von Anchorage am Iditarod Trail, traf. Er schenkte mir ein Foto von sich und signierte es. Auf einem Schlitten, mit einem Eispickel in Richtung Kamera winkend, steht er mit einem Hundeteam auf dem Gipfel des 6193 Meter hohen Denali.

Joe Redington lächelte verschmitzt, als er mir ans Herz legte: »Heb das Foto mit dem Autogramm gut auf. Wenn ich mal tot bin, wird es wertvoll sein.«

Für den Jungen aus dem Mittelwesten war es ein langer Weg bis hierher. Seine Mutter – er nannte sie immer nur eine *outlaw*, eine Asoziale – hatte die Familie schon früh verlassen, und Joe wuchs in der Obhut seines Vaters, eines Cowboys, auf. Er war acht Jahre alt, als 1925 eine Stafette der besten Hundeführer Alaskas das so genannte Serumrennen startete, um einen lebensrettenden Impfstoff gegen Diphtherie in die Goldgräberstadt Nome am Beringmeer zu bringen. Little-Joe träumte mit offenen Augen: Wenn er doch nur selbst einmal an einem solchen Rennen teilnehmen könnte ...

Aber für den Jungen aus ärmsten Verhältnissen lag Alaska in unerreichbarer Ferne. Zum Glück blieben ihm die Träume von der *musher*-Legende jener Tage, Leonhard Seppala, und von dessen Leithunden Togo und Balto, die gemeinsam bei jenem legendären Wettlauf Berühmtheit erlangten.

»Eines Tages werde auch ich Hunde haben«, schwor sich der Junge in Oklahoma.

Es sollte noch 23 Jahre dauern. 1948 fuhr Joe Redington mit seinem Sohn Joee, Bruder Ray und dessen Frau Vi auf dem erst sechs Jahre alten Alaska Highway nach Norden. Cathy, seine Frau, wollte so bald wie möglich mit dem neugeborenen Raymie nachkommen. Doch die Ehe war nicht glücklich. Die beiden ließen sich scheiden, und Joe heiratete Vi, die Frau seines Bruders. Jeder in Alaska weiß, dass Joe und Vi füreinander bestimmt waren. Gemeinsam verwirklichten sie Joes Kindheitstraum und gründeten 1949 ihren Knick Kennel, die heute berühmte Hundezucht.

Joe Redington wurde in einem Hundeschlitten begraben. Doch bei den regelmäßigen Treffen des Iditarod-Komitees ist er nach wie vor dabei; auf der Teilnehmerliste steht neben seinem Namen als Entschuldigung vermerkt: »... *out on the trail*«.

In sternklaren Nächten huscht das Nordlicht über
das romantische Blockhaus am Denali. Und vom Lake
Minchumina hört man das Ächzen der dicken Eisdecke.

Urige Blockhäuser säumen das Ufer des Lake
Minchumina (o). Dieter Kreutzkamp füttert den
gefräßigen Ofen seiner ›cabin‹ (m). Ab März
kann man es schon wagen, einen Moment lang
die Tür zu öffnen und den Stimmen der Natur
zu lauschen (u).

Die Denali West Lodge setzt auf umwelt-
freundliche Energien (o). Vom rustikalen
Innern der Lodge fällt der Blick auf den
Denali. Links im Bild George Menard (u).

Schnee und vereiste Flüsse machen Alaska im Winter zugänglich. Dieter Kreutzkamp bei den Telida Hills (o). Schneeschuhe spuren Pfade, wo Huskys sonst nicht durchkommen (m). Tonya rastet nach einem schweißtreibenden ›trail breaking‹ (u).

Wintervergnügen bei minus 30 Grad auf
dem Eis des Lake Minchumina. Selbst
Flugzeuge landen auf dem zugefrorenen
See. Im Hintergrund die Kulisse der
Alaska Range mit Mount Denali (o, u).

Meditativ: das Hecheln der Hunde, ansonsten Stille, die man hören kann (o). Tonya und Alan beim Frühstück (m). Nach den Schneefällen der Nacht streicheln die Strahlen der Sonne den Denali National Park (u).

Denali thront wie ein König über dem Zentrum Alaskas (o). Während im Sommer Wanderer die Tundren am Denali durchstreifen, ist man hier im Winter völlig allein (m). Nach Sonnenuntergang funkeln Millionen Sterne, dann beginnt der Zauber des Nordlichts (u).

Pulvriger Neuschnee macht ein Durchkommen zum Denali fast unmöglich (o). Von der
Beziehung zwischen ›musher‹ und Hunden
hängt alles ab – oft sogar das Überleben (m).
Beim Start sind Schlittenhunde kaum zu
bändigen (u).

»So fing ich mit fünf Jahren meinen ersten Fuchs«, sagt Tonya und zeigt Alan, wie man ein Fangeisen spannt (o). Genug trinken lautet das oberste Gebot in der trockenen Winterluft (m). Gewöhnlich gehören zwei ›cabins‹ zum Fallenstellerbezirk (u).

Der Deutsche Bernhard Schuchert erreicht
bei seinem ersten Iditarod-Rennen den
Checkpoint McGrath (o). Landsmann Frank
Sihler ist ein alter Iditarod-Hase. Wenn er
einen Energieschub braucht, nascht er Ritter-
Sport-Schokolade (m). Die Reserveschlitten
sind einsatzbereit (u).

Trapper und Renn-Ikone: Charlie Boulding macht mit seinen Hunden Lockerungsübungen (o). Das Wohlergehen der Huskys steht beim Schlittenhundesport an erster Stelle (m). In McGrath wird den vierbeinigen Athleten heißes Wasser für eine Kraftbrühe bereitet (u).

Vom Dach der Blockhauskirche in Telida ragt
ein russisch-orthodoxes Kreuz in den kalten
Morgenhimmel (o). Camping bei minus 25 Grad.
Carol (am Lagerfeuer) kann sich ein Leben
ohne diese besondere Art von Romantik nicht
mehr vorstellen (u).

Über dem Eingang von Steve Eluskas Blockhaus sind die Gewehre immer griffbereit
(o). »Mit diesem Karabiner erlegte ich im
vorigen Winter einen Wolf, der meinen
Wachhund gerissen hatte«, sagt Steve (u).

Frühlingserwachen – die Sonne scheint,
und der Schnee schmilzt (o). Für die
Hunde beginnt die lange Pause bis zum
nächsten Herbst (m). Carol trägt Feuerholz in ihre Blockhütte (u).

Der Autor beim ›wood chopping‹ – das wärmt gleich zweimal, beim Hacken und beim Heizen (o). Die letzte Fahrt mit dem Hundeteam. Am 18. April steigt die Temperatur auf minus zwei Grad (u).

Als Greenhorn kam Miles Martin mit 19 Jahren
nach Alaska, um sich und seine Grenzen zu
testen. Große Zeitschriften berichteten über
die ›bushrat‹ vom Kantishna River. Heute lebt
Trapper Miles in Nenana (o, u).

Courtney Moore aus Tanana wird Königin und Repräsentantin der World Eskimo Indian Olympics (o). Rebecca aus Tok ist eine Indianer-Schönheit wie aus dem Bilderbuch (m). Selbst die Kleinsten kassieren bei der Olympiade Preise (u).

Im Sommer durchziehen Karibus den Denali National Park (o). Eine Bärin mit zwei Jungen erfrischt sich an den letzten Schneeresten (u).

Vier Monate lang präsentiert sich Alaska
lieblich und grün (o). An den Blockhütten der
Denali West Lodge leuchten Lupinen (m), die
Buschflugzeuge haben Kufen gegen Schwimm-
pontons ausgetauscht (u).

Unzählige Flüsse machen Alaska zum Paradies für Faltbootfahrer (o). Aufbau des
Pouch-Faltboots am Lake Minchumina (m).
Endlich kann das Kantishna-River-Abenteuer
beginnen (u).

Frühstücksromantik auf einer Sandbank im
breiten Bett des Tanana River.

›Bushplanes‹ können ein Faltboot in jeden Winkel Alaskas schaffen. Es ist das ideale Transportmittel für den Sommer (o). Carol vor dem Biberdamm der ›fourty mile cabin‹, wo sie mit Miles Martin lebte. Aber ein Buschfeuer zerstörte alle gemeinsamen Blockhausträume (u).

Schlaraffenland: Über Nacht holte
das ›fishwheel‹ neun Lachse aus dem
Kantishna River (o). Mike Turner genießt
sein Leben als Trapper und Fischer (m).
Buschpilot und Missionar Adam White
besucht uns in der Wildnis (u).

Der Winter verzaubert mit Schnee und Polarlicht, im Sommer schnattern Gänse, Bären stromern durch die Wälder, und Biber ziehen durchs
Wasser. Für ein paar Wochen vergoldet jetzt die Mitternachtssonne
die »Eisbox« Amerikas.

19

Eiskalt erwischt

An einem Landvorsprung, oberhalb des im Winter tief drunten liegenden Kuskokwim River, mit einem spektakulären Panorama bis zum Horizont, liegt der Checkpoint von McGrath. Keine Anzeichen vom Trubel, der in ein paar Stunden hier herrschen wird, wenn die Flugzeuge der Fotografen und Kamerateams einfliegen und die ersten Iditarod-*musher* einlaufen. Nur ein Motorschlitten rast mit hysterischem Gekreisch die Hauptstraße entlang.

Noch vor rund 100 Jahren war dies menschenleere Wildnis, bis auf eine Hand voll Prospektoren allenfalls, die nach den Goldfunden am oberen Kuskokwim River hier durchzogen. 1907 gründete US-Commissioner Peter McGrath an dieser strategisch wichtigen Stelle einen Handelsposten: Old McGrath lag auf der dem heutigen Ort gegenüber liegenden Seite des Kuskokwim River.

1924 machte das sonst eher unspektakuläre McGrath durch Schlagzeilen auf sich aufmerksam: Als erster Ort Alaskas wurde das Städtchen von dem Luftfahrtpionier Carl Ben Eielson damals mit Post versorgt. Heute ist McGrath vor allem ein Versorgungsposten für die Goldminen im Hinterland. Für die *musher* des 32. Iditarod aber ist es eine Oase in der Schneewüste – und da Oasen, ganz gleich ob in der Sahara bei sengender Hitze oder in der Schneewüste, etwas Anziehendes und Anheimelndes haben, legen viele *musher* ihren *24-hour-layover*, ihre vorgeschriebene große Rast, hier ein.

»Jetzt aber los, der erste *musher* kommt«, ruft Peter Schneiderheinze durchs Haus. Zehn Minuten später sitze ich in einem flachen Holzschlitten, der hinter Bill Merchants Schneemobil hängt. Eine Höllenfahrt. Das Ding schlingert und rutscht in den Kurven zur Seite. Ich bin heilfroh, als ein lachender Bill seine *snow machine* einparkt und mir aus dem ungepolsterten Schlitten heraushilft.

Am Morgen hatte die Nadel des großen, runden Thermometers klirrende 42 Minusgrade angezeigt. Vier Stunden später liegt die Temperatur bereits ganze zehn Grad höher. Als ich am Iditarod Checkpoint stehe, ist mir viel zu warm. Schon ist die Temperatur nämlich auf minus 18 Grad geklettert.

Bunte Flaggen in den Farben der teilnehmenden Nationen schmücken die dem Fluss zugewandte Seite des Rennhauptquartiers: die *stars and stripes* der USA, das rote kanadische Ahornblatt, ich sehe norwegische, italienische und deutsche Farben. Neben dem Checkpoint faucht ein riesiger Gasbrenner, darauf steht ein riesiger Kochtopf, in den ein Helfer Schnee für Brühe schaufelt. So verwöhnt McGrath seine vierbeinigen Athleten.

Noch weiß ich nicht, wer der Erste sein wird, aber ich stelle mir vor, wie dies alles auf ihn wirken muss: Draußen war die Stille, unterbrochen nur vom Hecheln der Hunde und dem Kratzen der Schlittenkufen. Eine meditative Ruhe, ein kleiner Kosmos bestehend aus *musher* und Hunden, eine Miniaturwelt, die nachts nur bis zum Rand des Lichtkegels der Stirnlampe reichte.

Und dann plötzlich ein Ort, in dem *musher* und Hunde gefeiert werden wie Stars. Ich stelle mir vor, wie das Gespräch zwischen *musher* und dem verantwortlichen *race marshall* abläuft: Der eine einsilbig und müde, der andere begierig, jedes Detail vom Rennverlauf zu hören. Kameramänner richten ihre Objektive auf den Schlittenführer, der sich fahrig mit der Hand über das Gesicht streicht.

Ein Raunen geht durch die wohl 50-köpfige Menge am Ufer des Kuskokwim River.

»Er kommt!«

Jeff King aus dem Ort Denali Park ist als Erster in McGrath.

Ich besuchte Jeff King und seine Frau Donna Gates vor Jahren in ihrem Zuhause. Was für eine Wohnlage! Von einer Hügelkuppe aus schweift der Blick weit über die Bergkette der Alaska Range ...

Der Boden um uns duftete schwer nach feuchtem Moos, von den Zweigen der nur mannshohen Fichten hingen Moose und Flechten wie die eisgrauen Bärte von Greisen. Und wir saßen mittendrin auf der Terrasse und nippten Fruchtsaft.

Während nur zehn Fahrminuten entfernt die Nationalparkbesucher aus aller Welt kamen und gingen, mit ihren riesigen Wohnmobilen die Parkplätze vor dem Denali-Besucherzentrum füllten, war es hier absolut still. Abgesehen vom Vogelgezwitscher und ein paar Enten, die lautstark mit den Flügeln schlugen und voller Lebensfreude schnatterten.

Sie habe sich den *American Dream* erfüllt, sagte Donna und lächelte. Jenen Traum, der mit der tief in der amerikanischen Seele verwurzelten Sehnsucht nach einem Neubeginn, nach neuem Land hinter dem nächsten Hügel verknüpft ist. Was für die Planwagenpioniere von anno 1860 der Oregon Trail ins gelobte Land des Westens gewesen war, wurde für Donna Gates und Jeff King der Alaska Highway: »Unsere Straße in die Freiheit.«

Donna strich ihrem Jeff über den Handrücken, dann machte sie eine ausholende Geste mit dem Arm und zeigte über das weite Land. »Deswegen kamen wir nach Alaska …«

Ihre Reisen hatten unabhängig voneinander an verschiedenen Punkten Nordamerikas begonnen: Jeffs in Kalifornien, ihre im Osten der USA.

»Ich wurde in Chicago geboren und wuchs im Staat New York auf«, erinnerte sich Donna Gates.

Sie kam nach Alaska, um für ein oder zwei Jahre als National Park Ranger zu arbeiten. Doch das Land ließ sie nicht wieder los. Und sie begann, ihre Eindrücke von Landschaften, Menschen und Tieren in Gemälden festzuhalten. Donna wurde als Künstlerin bekannt.

Ehemann Jeff King sicherte sich als *musher* einen festen Platz in der *Iditarod Hall of Fame*. Sein Siegeszug begann 1989, als er Top-*musher* des Yukon Quest wurde. 1993, 1996 und 1998 gewann er das Iditarod.

Während wir plauderten, wanderte die Sonne gen Westen. Es war ein herrlich sonniger Tag. Erst gegen Mitternacht würde das Abendrot den Himmel golden färben. Die Wellen des Goose Lake, neben dem ihr schmuckes Blockhaus sich in die Wildnis duckt, klatschten gegen das Ufer. Ich sah auf die Berge, und Donna erriet wohl meine Gedanken, denn sie wiederholte: »Deswegen bleibe ich in Alaska.«

Jeff King wirkt zerstreut, als er das Geschenk der Gemeinde McGrath für den zuerst eingelaufenen *musher*, ein Gemälde, entgegennimmt. Die Filmkamera einer Outdoor-TV-Station ist auf ihn gerichtet. Rundfunkreporter fuchteln mit Mikrofonen vor seinem Gesicht herum. Jeff schwankt ein wenig, lächelt müde und sagt:»Das Bild passt prächtig in Donnas Sammlung!« Und schon ist er bei seinen Hunden. 16 Minuten nach Jeff King erreicht Martin Buser McGrath.

Tags drauf macht die *Anchorage Daily News* mit der Schlagzeile *Cold Reality* auf. Zu diesem Zeitpunkt ist das Spitzenduo King und Buser längst wieder auf dem Trail. Nach sechs Stunden Pause haben die beiden acht Minuten nacheinander McGrath verlassen. Charlie Boulding hingegen hat bereits diesen Checkpoint für die obligatorische 24-Stunden-Rast gewählt.

Cold Reality titelte die Zeitung und könnte statt»eiskalte Wirklichkeit« auch meinen:»eiskalt erwischt!«. Denn während ich Charlie Boulding zuschaue, wie er liebevoll seine Hunde massiert, sie an den Hinterbeinen hochzieht und Handstand machen lässt, um verspannte Muskeln zu lockern, spürt Doug Swingley aus Montana, dass irgendetwas mit seinen Augen nicht stimmt.

Bereits am Checkpoint Rohn hatte er mit dem rechten Auge Probleme. *Musher*-Freunde gaben ihm Augentropfen. Doch auf der knapp 130 Kilometer langen Strecke durchs Farewell Burn nach Nicolai musste er sich auf die Kufen hocken, um seine Augen hinter dem Schlittensack vor dem eiskalten Fahrtwind zu schützen.

In McGrath suchte er vergeblich einen Augenarzt. Swingley – er ist auch Pilot – hat Angst, das Augenlicht zu verlieren.

Im Takotna Checkpoint musste er das Handtuch werfen. Das Aus für einen Kämpfer- und Gewinnertyp.

Bereits 1992, bei seinem ersten Iditarod, belegte er den neunten Platz unter 63 erfolgreichen *mushern*. Das trug ihm damals den Titel *rookie of the year* ein. 1995, 1999, 2000 und 2001 war er der Champion.

»1996, als ich nur auf Platz zwei kam, taten manche, als wäre das eine persönliche Niederlage«, erinnert er sich.»Ich glaube, man verzieh mir einfach nicht, dass ich der erste Nicht-Alaskaner war, der die geliebte Trophäe aus dem Land holte.« Er schüttelt den Kopf.»Aber nachdem ich 2001 zum vierten Mal gewonnen hatte, akzeptieren sie mich als Alaskaner ehrenhalber.«

Swingley gilt als zäher Brocken, kühler Kopf und Perfektionist – als Mann mit dem richtigen Biss.

»Ich fahre nicht, um die Ziellinie zu überqueren, sondern um zu gewinnen«, sagt er. Einmal allerdings machte er eine Ausnahme.

»Es fiel mir im Jahr 2002 schwer, nicht mit den anderen mitzuhalten. Gleichzeitig wollte ich schon lange mal die Siedlungen und Menschen am Trail kennen lernen, mich mal ausklinken aus der Routine des Rennens, die einen jede Minute in Beschlag nimmt. Anstatt vier blieb ich acht Stunden in den Dörfern. Und wenn's eine Bar gab, ging ich rein und genehmigte mir einen Whisky.«

Jetzt, ein paar Jahre später, ist Doug Swingley wieder dabei. Es klang fast wie eine Entschuldigung, als er sagte: »Das Iditarod ist wirklich wie eine Sucht ...«

Das unvermittelt schnelle Ende des Rennens ist die Folge eines Lasereingriffs, den er vornehmen ließ, um keine Kontaktlinsen mehr tragen zu müssen. Fachärzte mutmaßen in den Medien, Swingleys Hornhäute seien mangels Tränenflüssigkeit erfroren.

Jeff King, Iditarod- und Yukon-Quest-Gewinner

Urgestein Rick Swenson, der vor mehr als einem Vierteljahrhundert den ersten seiner zahlreichen Siege einfuhr, erlebt einen schwarzen Tag, als er zwischen Finger Lake und Rainy Pass gegen einen Baum knallt. Dabei bricht eine Schlittenkufe, doch der Meister resigniert nicht, repariert den Schlitten provisorisch und *musht* weiter. Da bricht die rechte Lauffläche. Swenson repariert erneut. Trotz der Pechsträhne schafft er die 128 Kilometer lange Strecke in sieben Stunden und 43 Minuten.

Rick Swenson erreicht McGrath knapp vier Stunden nach dem Deutschen Bernhard Schuchert. Als dessen Team, vom Kuskokwim River hochkommend, an mir vorbeizieht, wirken seine Hunde erstaunlich frisch und munter.

»Und wie ist das beim *musher*?«, frage ich Bernhard.

»Habe seit Anchorage höchstens fünf Stunden geschlafen ...« Das sagt alles.

Sein haarsträubendstes Erlebnis hatte Bernhard in der berüchtigten Dalzell Gorge. Er fuhr den Abschnitt durch die Schlucht bei Nacht und sah plötzlich, dass sich an einem steilen Hang vor ihm drei Hundeteams hoffnungslos ineinander verkeilt hatten. Wenn es ihm nicht ebenso ergehen sollte, musste er sein Team stoppen. Er rammte den Schneeanker in den Boden, und die Hunde stoppten.

Nachdem später seine 15 Huskys wohlbehalten einen knietiefen eisigen *overflow* durchwatet hatten, gab es nur noch ein Hindernis: »Zwischen Rohn und Nicolai lag ein toter Elch auf dem Trail. Auf dem schmalen Pfad war es unmöglich auszuweichen. Also tat ich, was andere Teams vor mir auch getan hatten, und fuhr samt Hundeteam und Schlitten über den Elch rüber.«

Bill Cotter hatte den Elch als Erster gesehen. »Wölfe hatten das Tier gerade eben zur Strecke gebracht. Deutlich hörte ich das Rudel nahebei heulen«, sagte er.

Auch für die erfahrene Dee Dee Jonrowe, die unmittelbar hinter Cotter fuhr, war es ein Erlebnis der besonderen Art: »Erst spürte ich, wie der Schlitten über ein Hindernis polterte, dann sah ich im Licht der Stirnlampe frisches Blut spritzen und dann den Kopf des Elches.«

Das Wetter schlägt Kapriolen. Während ich mit einem der Renn-Tierärzte ins Gespräch komme, fällt Schnee in daumengroßen Flocken. Nach seinen ersten Worten horche ich auf. Den Tonfall kenne ich doch von Down Under!

»*Yeah, mate*, ich komme aus Brisbane, *Australia*.« Seit zehn Jahren ist der 60-jährige Michael Gascoigne regelmäßig als Veterinär beim Iditarod dabei. Zu Hause zählen Greyhounds zu seinen Patienten, gelegentlich bringt man auch einen kranken Koala vorbei. Aber seine Liebe gehört den alaskanischen Huskys. Über sein tiefbraun gebranntes Gesicht fliegt ein Lächeln, als wir auf die Hunde hier zu sprechen kommen.

»Die Art und Weise, wie die *musher* sich um das Wohl ihrer Vierbeiner kümmern, ist beispielhaft«, lobt der Tierarzt.

»Oft machen wir uns in den Checkpoints größere Sorgen um den Zustand der Männer und Frauen auf den Schlitten als um den ihrer Hunde. Ich habe schon *musher* gesehen, die ihren Husky an sich drückten und mit in ihren Schlafsack nahmen, weil sie befürchteten, das Tier wäre unterkühlt.«

Auch der Deutsche Frank Sihler, der zum zweiten Mal das Iditarod fährt, hat wegen des Rennens wenig geschlafen. Er streift ein paar dicke Schneeflocken von der Kappe seiner Mütze: »Wenn es nicht so kalt ist, kriegen meine Hunde möglichst wenig Fett zu fressen.« Ansonsten hält er sie bei »warmem Wetter« auf dem Trail mit einem abwechslungsreichen Snack-Mix bei Laune: mal Lammfleischstückchen, mal Hühnerhaut; oder Biber, Pferdefleisch, Rindfleisch oder Schweineschmalz.

»Und das sind die Snacks des *mushers*?!«, frage ich mit Blick auf die vielen Tafeln deutscher Schokolade in seinem Schlitten. Frank lächelt: »Mit Grüßen aus der Heimat. Meine Oma verwöhnt mich liebevoll mit Ritter Sport.«

Frank Sihlers Abenteuer begann vor 18 Jahren, als er seinen Beruf als Fernmeldehandwerker an den Nagel hängte, um sich die Welt anzusehen.

»Zunächst ging's durch Kanada. Ich war begeistert, wie die Menschen dort leben, so naturnah und entspannt. Nach und nach kam ich dann auf den Schlittenhund.«

Zurück in Deutschland, eröffnete er mit einem Partner die erste deutsche Schlittenhundeschule. 1991 nahm er am Alpirod-Langstreckenrennen über die Alpen teil. Aber der wilde Norden Amerikas lockte ihn mehr als alles andere. Auf Umwegen über Nordlappland verschlug es ihn letztlich nach Alaska, wo er heute lebt.

Aber ähnlich wie Bernd Schuchert hat auch Frank Sihler in der Dalzell Gorge Federn gelassen.

»Stand da doch mitten auf meinem Trail ein Baum ... keine Ahnung, wer den dort hingepflanzt hatte. Jedenfalls habe ich mir den *handlebar*, meinen Schlittenhandgriff, abgerissen. Ich stoppte das Team, nahm eine Reservelauffläche aus meinem Schlittensack, bog meinen Skistock, formte beides halbrund und wickelte meterweise *duct tape* darum.« Frank Sihler rüttelt zufrieden an dem Handgriff. »Das müsste bis Nome halten.«

Nils Hahn, der dritte deutsche Rennteilnehmer, hat zu diesem Zeitpunkt McGrath bereits verlassen.

Schwerer, feuchter Schnee fällt auf McGrath, dämpft Schritte und Laute. Still, fast gespenstisch, bewegen sich die Menschen hinter der weißen Gaze, die die Sicht bis auf 50 Meter begrenzt.

Trotzdem entdecke ich bekannte Gesichter, die der Mackeys zum Beispiel. Jedem älteren Alaskaner ist das Finale von 1978 in Erinnerung, als Dick Mackey nur eine Sekunde vor Rick Swenson an der Ziellinie in Nome einfuhr. Sohn Rick machte es dem Vater nach und gewann das Rennen 1983.

Inzwischen hat Martin Buser den »Halfway Point« Cripple als Erster erreicht und kassiert *goldnuggets* im Wert von 4000 Dollar.

Mitch Seavey, ein *musher*, auf den ich bisher noch nicht mein Augenmerk gelenkt habe, fährt nur 15 Minuten später ein.

Kann Buser den Vorsprung halten?

Hilft ihm vielleicht sein neues Schlittendesign, für das er, wie man munkelt, von Jeff King die Anregung bekam? Ein Schlitten, auf dem man sitzen kann! Das fanden die Elche am Trail sicherlich zum Brüllen komisch. Und den Wölfen war bestimmt zum Heulen ... Aber: »Ich war noch nie so ausgeruht ...«, wird ein zufriedener Buser zitiert.

Beste Voraussetzungen also, den *musher*-Jackpot zu knacken: Mit 720.000 Dollar werden rund 100.000 Dollar mehr als im Vorjahr an die ersten 30 gehen.

Während Martin Buser seine 24-Stunden-Rast in Cripple nimmt, zieht King an ihm vorbei und übernimmt die Führung. Auch der Norweger Kjetil Backen hat sich ins vordere Feld geschoben. Ist sein Erfolg darauf zurückzuführen, dass zwölf seiner 14 Hunde den Trail bereits kennen? Schließlich waren sie im Team seines Landsmannes, des Vorjahressiegers Robert Sørlie.

Als Kjetil Backen am 12. März um 19.51 Uhr mit 13 Hunden in Galena am Yukon-Ufer einläuft, liegt er in Führung.

Martin Buser spekuliert über das norwegische Phänomen:»Während wir Hunde züchten, die 50 Prozent der Rennzeit laufen und 50 Prozent ruhen, verfügen die Norweger über Huskys, die zwar etwas langsamer sein mögen, dafür aber weniger rasten müssen.« Er bringt es auf die Formel»Acht Stunden laufen, fünf Stunden ruhen«.

Damit wären die norwegischen Vierbeiner ihren alaskanischen Kollegen im Rennrhythmus überlegen.

Ich schaue in den Himmel über McGrath. Der Schnee fällt jetzt noch dichter. Minus fünf Grad sagt mir das Thermometer! Zwei Stunden später klart der Himmel auf, und die ersten Sterne funkeln.

Noch sind 84 von 87 Teams im Rennen: 84 verbliebene Teams mal 14 Hunde, das sind 1176 Huskys. Oder anders ausgedrückt: 4700 Füße trippeln zurzeit Nome entgegen.

Die *musher* behandeln ihre Hunde liebevoller als sich selbst, hat Michael Gascoigne gesagt. Das ist wirklich das schönste Kompliment an das Iditarod.

20

Brief aus dem Blockhaus: Frühlingsgefühle

Lake Minchumina
Mitte März

Als ich heute in meinem Blockhaus saß, hörte ich das Tropfen von Wasser: pitsch, pitsch, pitsch ... Das ist ungewöhnlich. Ich reckte den Hals und sah, wie von den Spitzen der fast meterlangen Eiszapfen am Dachrand meines Hauses silberne Wassertropfen auf den weichen Schnee platschten.

Und du konntest das durch die dicken Balken deines Blockhauses hören?, magst du fragen. Nun, schon die Wetterkapriolen in McGrath zeigten, dass der draufgängerische Frühling mit aller Macht versucht, den Winter in seine Schranken zu weisen. Wir hatten angenehme 15 Grad minus. Dazu schien die Sonne aus heiter blauem Himmel.

Bei solchen Temperaturen wurde es mir in meinem Blockhaus zu warm. Aber mein Versuch, den eisernen Ofen zu drosseln, misslang. Schließlich ist er für Extremtemperaturen konstruiert. Also öffnete ich einen Spaltbreit die Tür und trat auf die Terrasse. Ich hörte das Holz unter meinen Füßen knacken. Die Luft schien mir frischer, würziger als sonst. War es die zunehmende Kraft der Sonne, die den freigelegten Duft der Fichten, Espen, Birken und der wie Bärte herabhängenden Flechten verteilte?

Das raue, kehlige Klongklong der großen Raben drang von fern aus dem ›dog yard‹ zu mir. Dort stolzieren sie geckenhaft um die Hundehütten und suchen nach Fressbarem. Bei Hütten, die vorübergehend leer sind (vielleicht weil Tonya mit ihrem Team auf dem Trail ist), rupfen sie dreist das Stroh heraus.

Und plötzlich, Vorboten des Sommers, erschienen weiße ›snowbuntings‹. Den Schneeammer hatte ich nie zuvor bewusst wahrgenommen, obwohl ich mich ihm doch verwandt fühlen müsste. Er ist ein Vogel des Nordens, der unmittelbar nach der bittersten Kälte hierher zurückkehrt.

Ich horchte in die Stille und hoffte, den lerchenartigen Gesang die-
ser Vögel zu hören. Aber da war nur der leise Schlag ihrer kleinen
schneeweißen Flügel.

Die vergangenen Tage waren so abwechslungsreich, dass ich nicht
weiß, wo ich beginnen soll. Ein Tag des Reisens bringt mehr Erleb-
nisse und Inspiration als eine ganze Woche daheim.

Du erinnerst dich, dass ich dir von George Menard schrieb. Er war
vorhin auf eine Tasse Tee bei mir und erzählte, dass die Sonne die
Zellen seiner großen Batterien randvoll gefüllt habe. Selbst das
Mikrowellengerät der Denali West Lodge lasse sich damit betrei-
ben. Wir kamen auch auf seine Frau zu sprechen, mit der er seit
Jahren ein spannendes Leben führt. Stell dir vor, sie war die erste
›native‹-Frau, die den Gipfel des Denali erklomm.

»Und was war dein beeindruckendstes Erlebnis?«, fragte ich.

Er dachte nach und sagte nach einer Weile:»Mein Flugzeugab-
sturz in der Antarktis ...«

Davon wussten weder Carol noch ich etwas.»Magst du mir die
Geschichte erzählen?«, fragte ich vorsichtig.

Und George begann:»Im Mittelpunkt meiner Geschichte steht
jener legendäre Oberst Norman Vaughan, der 1975 im jugend-
lichen Alter von 69 Jahren erstmals das Iditarod fuhr. 1992, mit 86
Jahren, absolvierte er sein letztes Rennen. Demnächst, zu seinem
hundertsten , will er Mount Vaughan, den nach ihm benannten
Berg in der Antarktis, erneut besteigen. Du erinnerst dich?«

»Was ist das für ein Mensch?«, fragte ich George.

»Ein Optimist durch und durch. Sein Lebensmotto, das er auch
gern von sich gibt, lautet: ›Dream big and dare to fail‹, was so viel
bedeutet wie ›Lebe deinen großen Traum, und habe keine Angst
vor dem Scheitern.‹«

»Und was hat er mit dem Flugzeug-Crash zu tun?«

»1993 plante Vaughan eine Antarktisexpedition. Er war 88 Jahre
alt, und ihm stand der Sinn nach neuen großen Abenteuern. Das
›National Geographic Magazine‹ wollte einen Film über die
Expedition drehen. Ich gehörte zum Vorauspersonal und sollte für
den Sprechfunkverkehr zwischen dem ›basecamp‹ und den Expe-
ditionsteilnehmern zuständig sein. «

Das Vorauspersonal – mit Piloten waren es acht Mann und 22 Hunde – startete im chilenischen Punta Arenas. Unter anderem hatten sie 23 Fässer mit Heizöl und mehrere für die Antarktis frisierte Motorschlitten an Bord.

»Irgendwann«, sagte George, »roch jemand Sprit.« Der Zusatztank eines Motorschlittens war undicht! Benzin floss durchs Flugzeug! Der Pilot stellte sofort die Heizung aus, und die Männer wischten vorsichtig den Boden auf. Doch der Versuch, danach die Heizung und die Auftauvorrichtung für die Fenster zu reaktivieren, misslang. Irgendein Ventil war zugefroren. Acht Stunden später, beim Landeanflug auf die Patriot Hills in der Antarktis, waren sämtliche Fensterscheiben vereist.

»Die letzten 30 Sekunden vergesse ich nie«, erinnerte sich George, während er mir in meinem Blockhaus gegenübersaß und die Beine ausstreckte. Weiches warmes Abendlicht fiel durch das kleine Terrassenfenster auf sein Gesicht. »Diese Momente sind tief in meine Erinnerung gebrannt. Ich konnte nichts sehen, hörte aber, wie die Motoren mäßig laut dröhnten, wie bei einem ganz normalen Landeanflug. Plötzlich gaben unser texanischer Pilot und der Kopilot Don King aus Anchorage Gas. Die Maschinen brüllten wie beim Start. Ich ahnte, gleich passiert was! Offenbar hatten die Piloten wegen der vereisten Scheiben den Winkel zur Landebahn nicht richtig eingeschätzt und mussten noch einmal durchstarten. Aber es war nicht genug Zeit, das Treibstoffgemisch so zu regulieren wie beim Start. Die Maschinen dröhnten zwar, und die Propeller drehten sich, aber sie bissen nicht kraftvoll genug in die kalte Luft. Wir kamen nicht mehr hoch und krachten aufs Eis.«

George sah zu mir herüber.

»Merkwürdig«, sagte George, »es ist das erste Mal seit Jahren, dass ich die Geschichte jemandem erzähle. Mir ist, als wäre das Ganze gestern gewesen ... Beim Aufschlag dachte ich zunächst: Das ist aber 'ne harte Landung. Aber dann schrie mein Innerstes: Nein, das ist ein Crash! Ich hörte lautes Kreischen von Metall, ein Beben und Krachen. Splitter jagten wie Geschosse durch die Luft. Ein Mann vom ›base camp‹, der uns abholen wollte, sagte später, er habe nur

eine riesige Schneewolke gesehen. Wohl 15 oder 20 Sekunden lang schlitterten wir. Dann kam unsere DC6 zum Stillstand, oder besser: das, was von ihr übrig geblieben war. Ich war in einer Art Trancezustand. Bis eine Stimme brüllte: ›Get out! Get out!‹ Mir schien nichts passiert zu sein. Unglaublich, denn das Gepäck, all die Heizölfässer, die Boxen mit den Hunden waren wie in einem Actionfilm an mir vorbei nach vorn geschlittert. Es gelang mir, die Flugzeugtür zu entriegeln und rauszuspringen. Nicht alle hatten so viel Glück. Unser Tierarzt, Jerry Vanic, zum Beispiel, schaffte es zwar raus, aber es dauerte ein Jahr, bis er halbwegs wiederhergestellt war. Wir befreiten unsere 22 Hunde aus ihren Boxen, da wir befürchteten, dass das Flugzeug explodieren würde. 18 von ihnen konnten wir später wieder einfangen, vier blieben verschwunden.«

George knetete seine Hände.

»Das Flugzeugwrack liegt heute noch an jener Stelle. Norman Vaughan brach die Expedition ab, aber gut ein Jahr später kam sie doch noch zu Stande. Und ›National Geographic‹ drehte den Film, in dem der inzwischen 90-Jährige doch noch zum Gipfel ›seines‹ Berges kam.«

Ich lege den Stift auf den Tisch, lehne mich zurück und schließe die Augen. Eigentlich sollte ich mich endlich ans Packen machen. Morgen wollen Carol und ich eine Schlittenhundetour zum Indianer-Ort Telida unternehmen. Ich muss noch Hundefutter portionieren, meine Ausrüstung zusammensuchen ... irgendwas ist sicherlich noch zu reparieren, Holz muss ich auch noch hacken. Doch es war mir auch wichtig, die spannenden Geschichten der Menschen um mich herum zu Papier zu bringen.

Ich ziehe Papier und Bleistift wieder zu mir. Ich will Juliana noch ein kleines Stimmungsbild zu den letzten Stunden in McGrath zeichnen.

McGrath liegt hinter mir, setze ich mit etwas ungelenken Fingern auf das Papier. Durch das unablässige Fotografieren bei Kälte habe ich *frostbites,* leichte Erfrierungen, an den Händen. Die Risse schmerzen.

Nach den quirligen Anfangstagen, an denen ständig neue Sport-
ler bei Peter Schneiderheinze eingelaufen waren, kam irgend-
wann Ruhe ins Haus.

Auch Bernhard Schuchert meldete sich auf dem Iditarod Trail
zurück, jetzt mit 13 Hunden. Seine Frau Carola würde mit ihren
Freunden ein Flugzeug chartern und Bernhard in Unalakleet und
Shaktoolik am Beringmeer wiedersehen. Ein letztes Mal bum-
melte ich durch McGrath, folgte dem Kuskokwim River hin zum
Checkpoint, wo noch reger Betrieb herrschte, obwohl die Spitzen-
›musher‹ schon durchgezogen waren. Noch immer fauchte der
große Brenner, auf dem Helfer unablässig Schnee für die Hunde
der Nachzügler tauten. Und unablässig wuselte Marc Cox, der
bärtige Race Marshall von McGrath, zwischen allem herum.
Auch zwei Frauen mit ihren Teams waren dabei. Dee Dee Jonrowe
habe ich leider verpasst. Schade, sie gilt gleichermaßen als weib-
liches Urgestein des Rennens und große Sympathieträgerin. Vor
allem, seit sie im Vorjahr nur sechs Wochen nach dem Abschluss
einer Brustkrebsbehandlung antrat und doch als achtzehnte von
64 ›mushern‹ durchs Ziel fuhr.

Der letzte Morgen bei Peter Schneiderheinze endete so, wie mein
erster dort begonnen hatte: Als ich morgens um sieben Uhr noch
etwas verschlafen aus meinem Zimmer tapste, stand bereits ein
fröhlicher Peter in der Küche und jonglierte gleichzeitig mit zwei
Pfannen, in denen goldene Omelettes garten. Anstatt zu duschen,
begnügte ich mich mit einer Hand voll Schnee im Gesicht. Ein
Wasserrohrbruch vom Vortag war von der Gemeinde noch nicht
behoben worden. Peter brachte mich mit seinem Truck zum Flug-
hafen. Danach würde er bei den Aufräumarbeiten helfen und
mehr als 20 nicht genutzte Zweitschlitten zurückschicken. Noch
immer standen vor dem Rennzentrum mehrere Dutzend Futter-
säcke. Was übrig war, sollte an die Hundebesitzer des Ortes ver-
teilt werden. Auch an Peter. McGrath fasste nach den tollen Tagen
wieder Tritt.
Ich winkte Tracy Schneiderheinze zu, die am Flughafen eine zwei-
motorige Linienmaschine von PenAir abfertigte, die in wenigen

Minuten mit Kathi und Bill Merchant an Bord vom Alaska Ultrasport nach Anchorage fliegen würde.

In der Abfertigungshalle meiner Airline begrüßte mich dieselbe
Bedienstete wie bei der Ankunft, wieder plärrte das Funkgerät. Da
waren die Karibugeweihe an den Wänden und der riesige Grizzly
mit dem aufgerissenen Rachen, angriffslustig wie eh und je. Gut,
dass er ausgestopft ist.

Alles sah aus wie bei meiner Ankunft, und es fiel mir schwer zu
glauben, dass seitdem nur vier Tage vergangen waren.

Während des
Iditarod bestimmt
das Renngeschehen
die Schlagzeilen

21

Carol – am Anfang stand ein Traum

Das Foto vom 20. März 1919 zeigt Carl Seseui als 26-Jährigen: ein entschlossen dreinblickender Indianer mit asiatisch anmutenden Zügen, die ebenso gut die eines Eskimo oder Sibirers sein könnten. Carls Hand ruht auf dem Hinterkopf eines großen Hundes, der ihm bis weit über die Hüfte reicht. Alexandria, seine Frau, steht mit zwei großen Malemuten neben ihm. Ein weiteres Foto zeigt Carl in der prächtig geschmückten russisch-orthodoxen Kirche von Nicolai.

Carl Seseuis abwechslungsreiches Leben kennt in Zentralalaska jedes Kind. Als Sechsjähriger rettete er 1899 zusammen mit seinem Vater, Häuptling Seseui, die Herron-Expedition – und hoch betagt leistete Carl sich in den 1970er-Jahren noch einen Polaris-Snow-Traveler, wie die ersten Motorschlitten hießen, um sich das Leben auch beim Holzholen ein wenig zu erleichtern. Die weite Spanne vom Halbnomadentum zur Moderne spiegelt sich im Leben dieses Mannes.

Auch Carl wurde Häuptling. Allerdings lässt sich ein Athabasca-Oberhaupt in Zentralalaska mit jenen mächtigen Führern der Prärien des Südens wie Red Cloud oder Sitting Bull nicht vergleichen. Hier im hohen Norden lebte man in kleinen Gemeinschaften, und statt auf schnellen Pferden bewegte man sich zu Fuß oder paddelte im Kanu.

1899 listete Leutnant Herron 17 Bewohner von Telida auf, das waren vier Familien. Niemand war älter als 35, wohl eine Auswirkung der von den Weißen eingeschleppten Epidemien.

Und Telida heute?

»*A dying community*«, verriet mir Carol. »Die Jungen sind in die Städte gezogen. Nur der 80-jährige Deaphon Eluska, seine kaum jüngere Frau Heldina und ihr 54-jähriger Sohn Steve sind geblieben.«

Noch immer zieht sich der alte Wintertrail vom Lake Minchumina in südwestlicher Richtung fast gerade nach Telida. Vermutlich ist es der Weg, dem schon 1899 die *Herron Party* folgte. Jedenfalls ist belegt, dass Häuptling Seseui in der damaligen Indianersiedlung Minchumina Halt machte, bevor er sich mit den Weißen auf den Weg nach Fort Gibbon am Yukon River machte.

Als wir anderntags Richtung Telida aufbrechen, liegt die Temperatur bei minus 12 Grad.

»*Too hot!*«, murrt Carol, »zu warm für die Hunde.« Schleier haben sich vor die Sonne geschoben, und auch der Denali versteckt sich hinter einer Wolke. Eine Wetterveränderung steht bevor.

Lake Minchumina verästelt sich am südwestlichen Ende in viele sumpfige Buchten. Im Winter lässt sich das bloß ahnen, nur Schilf und Gräser ragen dann verloren aus dem Eis. Gleich danach führt uns der Trail in dichten Wald. Hier und da baumeln Marderfallen an Bäumen, die tödlichen Klammern jetzt unschuldig zusammengeklappt. Die *trapping season* ist zu Ende.

Spät am Nachmittag erreichen wir eine trostlose Landschaft mit Abermillionen dünner, verkohlter Baumstämme, die in düsterem Kontrast zum Weiß des unberührten Schnees stehen.

»Im Jahr 2002 wütete hier über 20 Kilometer ein verheerendes Buschfeuer«, erinnert sich Carol. So trostlos diese Landschaft auf den Naturfreund wirkt: Feuer sind ein natürlicher und von der Natur eingeplantes Regulativ, das manche Pflanzen sogar zur Fortpflanzung benötigen – die Samenkapseln der gigantischen Sequoia-Bäume in der kalifornischen Sierra Nevada zum Beispiel öffnen sich nur bei großer Hitze. Insbesondere nach den Erkenntnissen aus dem verheerenden Yellowstone-Buschfeuer von 1988 hat sich die Nationalpark-Verwaltung die Strategie zu Eigen gemacht, der Natur so weit es geht ihren Lauf zu lassen und Buschfeuer nicht mehr mit allen Mitteln zu bekämpfen.

Wie ein Schwarzweißfoto, denke ich, als ich um mich schaue. Und wir beide mittendrin ... wie dünne schwarze Striche auf einem weißen Blatt Papier.

»Jedenfalls gibt es hier reichlich Holz fürs Lagerfeuer«, rufe ich Carol zu. Wir nutzen die Gunst der Stunde und schlagen unser Nachtlager auf.

Zwei Stunden später liegen die Routinehandgriffe hinter uns: Mit *snow shoes* bin ich durch den Schnee gestapft, um tote Fichtenstämme abzusägen. Bald prasselt ein Feuer. Die Flammen lodern hoch, im Winter besteht keine Waldbrandgefahr. Wir schaufeln Schnee in große, über zahllosen Feuern geschwärzte Behälter und haben so genug Wasser, um die Hunde mit einer leckeren Kraftbrühe zu verwöhnen.

Wiederum mit meinen Schneeschuhen planiere ich ein Plätzchen, auf dem ich unser Zelt aufbaue. Dann essen wir mit rußgeschwärzten Händen, aber umso größerem Appetit unsere vorgekochten Mahlzeiten. Für einen kurzen Moment schiebt sich die Abendsonne durch die Wolken über den Hügeln der Munsatli Ridge. Das Schwarzweißbild wird mit einem zarten Hauch von Gold überzogen. Wir sitzen weit genug vom Feuer entfernt, um unsere gefütterten Stiefel nicht anzusengen, aber nahe genug dran, um die wohltuende Wärme an den Füßen zu spüren. Carol nippt an ihrem heißen Früchtetee, aus dem sie dann und wann kleine Holzpartikel und Ascheflocken vom Lagerfeuer schnippt.

Wer ist dieser Mensch neben dir eigentlich, geht es mir durch den Kopf. Ich kenne Carol nun schon viele Jahre, aber warum sie noch immer hier ist, warum sie den Komfort eines Lebens an der Ostküste mit einem ganz normalen *nine to five*-Job für das harte *outdoor*-Leben hier aufgegeben hat, ist mir immer noch nicht klar. Ich spreche sie darauf an.

»Ich bin auf dem Land aufgewachsen, auf einer romantischen Farm, wo im Sommer große Ahornbäume Schatten spendeten. Das Anwesen steht im Staat New York, unweit vom Hudson River, ein geräumiges Haus, denn wir waren drei Kinder, und auch meine Großeltern väterlicherseits lebten bei uns. Großmutter und Großvater lernten sich übrigens beim Wandern im Harz kennen«, holt Carol aus. »Sie stammte aus Helmstedt, er aus Königsberg. Großvater war stolzer Ostpreuße, der viel auf Bismarck hielt. Zu Opas Geburtstag gab es immer deutsche Köstlichkeiten wie Hering mit saurer Sahne und Roter Bete. Ich fand das zwar gewöhnungsbedürftig, hielt aber beim Essen trotzdem tapfer mit. Großvater ist bereits 1926 nach Amerika ausgewandert. Gleich nach seiner Ankunft trat er seine Arbeitsstelle bei Singer-Nähmaschinen in New Jersey an. Großmutter folgte mit meinem Vater, der damals fünf Jahre alt war, etwas später. Die Großeltern versuchten, uns Kindern Deutsch beizubringen.«

Carol lacht wie ein Teenager. Ich weiß, wie gern sie noch heute deutsche Volkslieder singt.

»Unser riesiger Garten jedenfalls wurde von Mutter bestellt, einer prächtigen Gärtnerin. Mein jüngerer Bruder Warren, meine kleine Schwester Emma und ich durchkämmten die angrenzenden Wälder, wir gingen Angeln und Schwimmen. Warren neckte uns Mädchen und spielte uns Streiche. Der Kleine von damals ist heute übrigens ein erfolgreicher Arzt.«

»Dein Bruder verbringt sein Leben im weißen Kittel, mit Sprechstundenhilfe und vielen Patienten, und seine große Schwester lebte bis vor kurzem in einem *sodhouse*, durch dessen lehmgedecktes Dach sich hungrige Schwarzbären graben wollten ...«

»Du solltest mal Emma kennen lernen! Sie wohnt in einem hübschen Haus und hat all das, was zum *American Way of Life* dazugehört, inklusive dreier wohlgeratener erwachsener Kinder. Nur ist untypisch für eine Amerikanerin: Seit 35 Jahren ist sie glücklich mit demselben Mann verheiratet.«

Mütterlicherseits stammt Carol von einem gewissen Steven Hopkins ab, der 1620 auf der *Mayflower*, dem ersten Einwandererschiff, nach Amerika kam. Viele von Carols Verwandten leben seit fast 400 Jahren an Cape Cod und Martha's Vineyard.

»Die Wanderlust hast du also in den Genen«, stelle ich fest.

»Ja! Und das Träumen! Ich habe schon immer vom Blockhausleben in der Wildnis geträumt. Und dieser Traum wurde noch lebendiger, nachdem ich als Mädchen Laura Ingalls Wilders Klassiker *Little House on the Prairie* über ihr Pionierleben im amerikanischen Westen gelesen hatte. Vielleicht hätte ich Bob nicht geheiratet, wenn er damals nicht ähnliche Träume gehabt hätte. Ursprünglich wollte Bob nach dem Abschluss seines Studiums in New York promovieren. Aber der Funke sprang wohl auf ihn über, er verschob die weitere Uni-Laufbahn, und so waren wir 1972 unter den letzten *homesteaders*, die sich unweit von Manley Hot Springs am Mooseheart Mountain ein Stück Wildnis abstecken durften.«

Es ist behaglich am Lagerfeuer. Winzige Schneeflocken tänzeln scheinbar schwerelos durch die Luft. Ich stelle mir vor, wie das alles wohl aus der Perspektive eines Vogels aussieht: unser Trail, der wie mit dem Lineal gezogen das Land durchschneidet, der Feuerschein, der im Radius von vier Metern über den Schnee huscht. Und die zusammengerollten, dösenden Hunde. Vielleicht schleicht gerade ein Wolf in weitem Bogen um unser Camp herum? Aber als ich Carol von dem Wolf in meinem Bild berichte, klopft sie sich auf die Tasche:»Keine Sorge, ich habe meinen Revolver Kaliber 44 Magnum dabei!«

Am nächsten Morgen sind meine Stiefel steinhart gefroren. Die Wärme des Lagerfeuers hat den Schnee darauf tauen und ins Leder einziehen lassen. Auch dadurch, dass ich die *boots* während der Nacht als Kopfkissen unter meinem Schlafsack hatte, sind sie nicht weicher geworden. Zentimeter um Zentimeter presse ich meine Füße hinein, taue die Stiefel Stück für Stück mit der Körperwärme auf. Endlich sind sie wieder geschmeidig und meine Füße dank dicker Filzinnenschuhe warm.

Als wir uns am zweiten Reisetag der Siedlung Telida nähern, brennt die Sonne auf uns nieder.

Seit unserem Aufbruch sind wir den Telida Hills gefolgt. Die Taiga, das *land of little sticks*, ist irgendwann in dichte Wälder übergegangen. Unser Trail war schmal, gewunden, knickte mal nach rechts und dann wieder nach links ab, führte halsbrecherisch in vereiste Bachbetten hinab und ebenso steil auf der anderen Seite wieder hoch. Mehrfach mussten wir stoppen, um mit Handsägen umgestürzte Baumstämme zu zerteilen, die den Trail blockierten.

Telida liegt oberhalb eines als Swift Fork bezeichneten Arms des Kuskokwim River. Ein steiler Pfad führt vom Fluss in den Ort.

Oben steht Steve Eluska. Ob er dort schon lange auf uns wartet? Mit breitem Lächeln heißt er uns willkommen.

Steve ist 1,50 Meter groß, gedrungen, hat einen massigen Schädel und einen leichten Buckel; auffällig sind die verschmitzten Augen in einem freundlichen Gesicht, in dem buschige Augenbrauen und ein ungebändigter, in alle Richtungen sprießender Bart über wulstigen Lippen dominieren. Es ist das Gesicht eines Athabasca-Indianers aus dem Landesinnern. Steve ist mir auf Anhieb sympathisch.

Still schaut er zu, wie wir die Hunde versorgen. Er spricht sehr wenig, und wenn er doch das Wort ergreift, überlegt er lange, sucht umständlich nach den Formulierungen und bringt sie bedächtig und langsam heraus. Ist man das Reden in diesem gottverlassenen Ort nicht mehr gewöhnt?

Wir haben gerade unsere Hunde ausgeschirrt, als ich einen Motor-schlitten höre. 200 Meter entfernt hält er, eine gebeugte Gestalt kommt auf uns zu: Steves Vater, Deaphon Eluska. Seine Begrüßung ist herzlich, doch gänzlich ohne Worte. Schon geht der Alte zum Motorschlitten zurück und fährt davon. Von Deaphon höre ich während der nächsten Tage kein einziges Wort.

Vom Ufer des Flusses sind es nur ein paar Hundert Meter bis zu unserer Unterkunft, dem Haus des ehemaligen Lehrers. Ein Ort ohne Kinder braucht auch kein Lehrerhaus mehr. Irgendjemand hat sich die Wasserrohre unter den Nagel gerissen, und von der Decke hängt die Sperrholzverkleidung herab. Ansonsten ist es gemütlich, auch, weil Steve in dem eisernen Ofen schon ein mächtiges Feuer angezündet hat.

Wir tragen unsere Gepäckstücke ins Haus und setzen uns an den kleinen wackeligen Tisch. In der Wärme des Zimmers scheint Steve auf-zutauen, er spricht jetzt flüssiger, wenngleich seine Sätze umständlich mäandern, sich in Details verlieren. Aber was er zu erzählen hat, ist äußerst spannend.

22

Die letzten Indianer von Telida

»Vor langer, langer Zeit zogen zwei Familien vom oberen Kuskokwim River zum Jagen in die Berge der Alaska Range. Die Frauen schlugen das Camp am Fuße des Denali auf, während die Männer loszogen, um Karibus zu erlegen. Niemand weiß, woher die anderen Jäger kamen und was ihre Beweggründe waren, aber die Fremden töteten die Männer vom Kuskokwim. Die Frauen im Camp wurden unruhig. Sie warteten noch ein paar Tage, dann ahnten sie, dass ein Unglück geschehen sein musste und flüchteten. Sie hatten Angst, man könnte sie als Sklavinnen entführen. Der Winter ging zu Ende, die ersten Erdhörnchen krabbelten aus ihren Bauten, aber die Frauen hatten keine Waffen oder Werkzeuge, um sie zu erlegen. Da entdeckten sie einen Adlerhorst, unter dem Federn lagen. Sorgfältig entfernten sie die Härchen von den großen Kielen, die sie zu Schlingen bogen. Mit ihnen konnten sie die Erdhörnchen fangen und hatten nun reichlich zu essen. Gestärkt zogen sie weiter und erreichten bald das Flussbett des *todzolno*, des heute als Swift Fork beziehungsweise als McKenzie Fork bezeichneten Arm des Kuskokwim River. Ihre Mahlzeiten konnten sie bald schon üppig mit Beeren anreichern. Und jetzt fingen sie Fische, sogar mehr, als sie essen konnten.

Was übrig war, trockneten sie, denn der Winter stand vor der Tür. Es wurde Zeit, ein *nin'yekayih*, ein Haus im Boden zu graben. Die Frauen hoben ein metertiefes Loch aus, bauten darüber ein halbrundes Gerüst und bedeckten es mit Birkenrinde, Gras und Erde. Nur ein kleines Loch im Dach ihres Erdhauses ließen sie offen, damit der Rauch des Feuers entweichen konnte.

Niemanden hatten sie während der vergangenen Monate gesehen. Plötzlich aber hörten sie eine Stimme, die fragte: ›Wer seid ihr?‹ Draußen stand ein Bruder, der den ganzen Sommer lang geduldig nach ihnen gesucht hatte.

Seit jenen Tagen leben Menschen an diesem Fleck, den sie Telida nannten.«

Dies, so sagte Steve Eluska, sei die überlieferte Geschichte seines Heimatortes.

Vielleicht wird dieses Land bald wieder so still wie damals sein, als jene Frauen hier ankamen. Es ist absehbar, dass Steve Eluska bald der einzige Bewohner der Siedlung sein wird. Allein zwischen einem Dutzend Blockhäusern, die von besseren Zeiten zeugen ...

Steve zeigt uns mit dem Motorschlitten das kleine *settlement*. Das größte und farbigste Gebäude hier ist die Schule. 1979 büffelten dort noch zwölf Schüler. Steve selbst war Ende der 50er-Jahre noch ins Wrangell Institute im fernen Südost-Alaska zur Schule geschickt worden. Getrennt von den Eltern, mit denen er nur *Athabascan* gesprochen hatte, lebte er in einer fremden Welt, die nur die Sprache der Weißen zuließ, Englisch.

»Anfang der 1960er-Jahre machte Häuptling Carl Seseui Druck«, erinnert sich Steve. »Er wollte partout eine Schule für Telida.«

Vermutlich hätte die noch ewig auf sich warten lassen, wäre der Staat nicht 1972 durch das so genannte Molly-Hootch-Urteil gerichtlich dazu verpflichtet worden, auch kleine Siedlungen mit einer eigenen Schule auszustatten.

1976 war es so weit, aber nach 20 Jahren Unterricht wurde die Telida School 1996 geschlossen. Seither sind die großen Antennen und Satellitenschüsseln davor funktionslos.

»Ab zehn Kindern würde die Schule wieder geöffnet.«

Dass es dazu kommt, glaubt Steve nicht. Es gibt keine Kinder in Telida. Auch seine Schwester und deren Mann zogen mit ihren sechs Kindern nach Anchorage. Keines von ihnen beherrscht noch die Sprache des Athabasca-Volkes.

Addiere ich alles, was ich von Steve erfahre, verstehe ich sogar, dass sie hier nicht leben wollen.

Die Postanschrift der Eluskas lautet »Lake Minchumina«, schon der Gang zum Postamt ist eine kleine Weltreise. Vor zwei Tagen war Tom Green, ihr Freund aus der »Nachbarschaft«, mit seinem Flugzeug hier, nur um ein paar Briefe vom Postamt in Minchumina vorbeizubringen. Der nächste Arzt hat seine Praxis in McGrath: im Winter 300 Kilometer hin und zurück mit dem Motorschlitten, im Sommer, auf dem schwerfällig mäandernden Kuskokwim, ein Vielfaches mit dem Boot. Das nächste Krankenhaus befindet sich in Anchorage.

Steve stoppt den Motorschlitten. Wir steigen ab und gehen zu einem großen, noch immer voll eingerichteten Blockhaus, wo Steve Werkzeuge, Angel- und Jagdutensilien lagert. Die Türen sind nicht verschlossen.

»Aber wir müssen aufpassen, dass man uns nicht beklaut. Eine Landebahn wie die unsrige hat Vor-, aber auch Nachteile. Im Sommer landen manchmal Maschinen, deren Piloten sich einbilden, dies wäre eine Geisterstadt ...« Er schüttelt den Kopf. »Und dann stöbern sie rum und suchen Antiquitäten, wie sie das nennen. Im vergangenen Herbst war hier so einer, der erst weiterflog, als ich mit meinem Karabiner in die Luft feuerte.«

Ich folge Steve die hölzerne Eingangstreppe hoch. An der Wand hängen zwei ungegerbte Wolfspelze, die er für 200 Dollar das Stück verkaufen will.

»Guck mal, zu dem hier habe ich eine ganz besondere Beziehung.« Er hebt den Pelz hoch. »Dieser Wolf hat im vergangenen Winter einen meiner Labradorhunde getötet und war gerade dabei, ihn zu fressen, als ich dazu kam ... Du siehst, das ist ihm nicht gut bekommen.«

200 Meter vom Haus der Eluskas entfernt steht das kleine Blockhauskirchlein mit dem russisch-orthodoxen Kreuz auf dem Turm. Kein Pfad führt dorthin, denn niemand geht mehr zur Kirche. Mit dem Motorschlitten bricht Steve einen Trail durch den knietiefen Schnee.

»Ich weiß nicht mehr, in welchem Jahr wir hier den letzten Gottesdienst abgehalten haben.« Er schaltet den Motor aus. »Aber ich weiß aus den Erzählungen der Alten, dass die Kirche Anfang des 20. Jahrhunderts von Onkel Carl Seseui gebaut wurde.«

Die Grabkreuze unter dem Schnee ahne ich mehr, als dass ich sie sehe. Ob eines zum Grab jenes Mannes gehört, über dessen Schicksal Steve jetzt berichtet?

»Vor vielen Jahren lebten ein Mann und eine Frau mit ihrem Baby außerhalb von Telida in einer Hütte. Das Jagdglück hatte den Mann verlassen, die Familie litt Hunger. Eines Tages, nachdem er wieder mal nur leere Fallen vorgefunden hatte, entdeckte er auf einem See ein Loch im Eis. Das muss das Luftloch eines Otters sein, vermutete er, hockte sich hin und wartete geduldig darauf, dass der Otter auftauchte. Der Mann hatte nur ein großes Messer dabei, aber er war ein erfahrener Jäger und war sich sicher, damit den Otter erlegen zu können. Die Stunden vergingen, es wurde dämmrig, ihm wurde kalt. Da tauchte plötzlich der Otter auf, und der Mann stach zu. Er lud sich das erlegte Tier auf die Schultern und stapfte in Richtung Hütte. Doch die Kräfte verließen ihn. Also schnitt er dem Otter den Schwanz ab und vergrub den Rest. Der Schwanz sollte als erste Mahlzeit für seine Familie reichen. Er ging weiter in die Nacht hinein, fast der Ohnmacht nahe. Seine Frau machte sich schon große Sorgen. Sie trat vor die Hütte und vernahm in der Ferne sein schwaches Rufen. Konnte sie es verantworten, ihr Kind allein zurückzulassen, um in der Dunkelheit nach ihrem Mann zu suchen? Nein, sie wollte warten. Im ersten Morgenlicht würde sie sich auf den Weg machen. Als sie ihren Mann fand, war er erfroren. Sie stellte fest, dass er unter den Achseln noch warm war. Lange konnte er noch nicht tot sein. Da entdeckte sie den Otterschwanz. Sie verfolgte die Spur ihres Mannes zurück und fand den unter Schnee vergrabenen Rest des Tieres. Mutter und Kind überlebten.«

Wir fahren mit dem Motorschlitten zurück zum Blockhaus der Eluskas, hinter dem sich der *airstrip* erstreckt. Die Landebahn mit einem Caterpillar freizuhalten, damit Flugzeuge landen können, ist Steves einziger vom Staat bezahlter Job. Aus dem rußgeschwärzten Blockhaus gleich nebenan dringt das sonore Tuckern eines mächtigen Dieselgenerators. Vor nicht langer Zeit sei er noch offiziell Dorfältester der Siedlung Telida gewesen, lässt Steve Eluska uns wissen. Dieser stille, immer schmunzelnde Mann wird dabei leidenschaftlich.

»Damals flossen staatliche Gelder in den Ort. Jetzt sind diese Quellen versiegt, zumindest für Telida.«

Die harten Dollars landen jetzt in den Geldsäcken des Tanana Council, einer Regionalorganisation der Athabasca-Indianer. Seitdem zahlen die Eluskas den Sprit für den Generator aus eigener Tasche. Gut 26 Liter Diesel frisst die Maschine pro Tag, das sind rund 800 Liter im Monat oder fast 10.000 Liter pro Jahr.

»Solarenergie wäre doch die optimale Lösung für euch«, regt Carol an und rechnet vor, dass sich eine Solaranlage in zwei Jahren amortisiert hätte. Doch davon will Steve Eluska nichts wissen.

Ich versorge gerade unsere Hunde, als Carol mich überrascht:»In wenigen Minuten wird der Iditarod-Sieger in Nome erwartet. Komm schnell ins Haus!«

Die *Anchorage Daily News* überschreibt die Sportseite ihrer Sonntagsausgabe vom 14. März *»Nipping at his Heels«*, sie zwacken ihn an den Fersen. Gemeint sind die Konkurrenten auf den Fersen des führenden Norwegers Kjetil Backen. Charlie Boulding, John Baker und Mitch Seavey rücken dem Skandinavier immer dichter auf den Pelz. Die Medien präsentieren eine Statistik nach der anderen. Backen sei zwischen Nulato und Kaltag am Yukon zehn Kilometer pro Stunde gefahren, Charlie Boulding sei um zwei und Mitch Seavey um dreieinhalb Stundenkilometer schneller gewesen. Aber noch führt Backen.

Der baumlose Ort Unalakleet ist für viele Rennteams eine Zäsur, denn hier beginnt die Fahrt entlang dem Beringmeer. Noch weiß Kjetil Backen nicht, dass dieser Ort für ihn eine noch dramatischere Zäsur bringen wird. Plötzlich, gut einen Kilometer vor dem Checkpoint, fällt sein Leithund Takk tot um.

Backen, Tränen in den Augen, setzt das Rennen fort, die Rennleitung erkennt keinerlei Anzeichen, dass der Tod dieses Spitzenleithundes dem *musher* anzulasten ist.

Aber Charlie Boulding übernimmt die Führung. Und wer ist Mitch Seavey, der auf einmal auch Charlie Boulding die Hölle heiß macht?

Den Namen Seavey kennt man seit dem ersten Iditarod von 1973, als Vater Dan den dritten Platz belegte. Für seinen Sohn Mitch ist dieses das elfte Rennen. Mitchs Ergebnisse waren bislang so, dass sich ein Lehrer höchstens zu der nüchternen Bemerkung »ganz ordentliche Leistung« hätte hinreißen lassen. Wirklich Spektakuläres war nie dabei. Mitch war meistens irgendwo um Platz 20 herum gelandet, einmal erreichte er sogar nur den 42. Platz. 1998 allerdings war er die Nummer vier.

Diesmal aber verblüfft er. Kenner der Szene werfen schon seit Tagen ein wachsames Auge auf den jungen Mitch Seavey.

Snowball muss heute Abend den Gästen weichen. Steve Eluska sagt, die großen Labradorhunde draußen würden uns eher ungeschoren davon kommen lassen als Winzling Snowball, der Fremden allzu gern in die Wade beißt. Also sitzt Snowball in einer Reisebox, wie man sie für Hundetransporte im Flugzeug verwendet. Und da der Kleine nicht mal den Anblick von Fremden erträgt, hat Heldina Eluska die Hundekiste mit Handtüchern zugehängt. In der gegenüberliegenden Ecke des Blockhauses gurrt eine Taube.

Der mächtige Eisenofen der Marke *Blaze King* verbreitet trockene, heiße Luft oberhalb der 30-Grad-Marke. Ich reiße mir den Parka vom Leib. Direkt am Ofen steht ein Ventilator, der die Warmluft in das 60 Quadratmeter große Blockhaus quirlt. Das besteht aus einem Hauptraum, an dessen Wänden Farbfotos mit Bildern der Enkelkinder hängen. Zwei Türen führen zu kleinen Schlafzimmern.

Heldina Eluska geht auf die 80 zu, eine kleine, rundliche Indianerin, die still auf der Couch sitzt und bunte Perlen auf ein Lederstück stickt. Sie begrüßt mich freundlich. Dann sagt sie etwas zu Steve, der übersetzt, ich solle mir hinten am Kochherd vom Elchragout nehmen. Vater Deaphon sitzt in T-Shirt und Jogginghose am Nebentisch und legt still eine Patience.

Mit »Schneesturm in der Arktis« ist am besten beschrieben, was man im Fernseher der Eluskas sieht: Weiße Flocken huschen über einen grieselig grauen Hintergrund, vor dem ich jetzt – meine Augen haben sich offenbar schon angepasst – ein paar Umrisse erkenne.

Ein Blick auf mein Uhrenzifferblatt verrät: 16. März, 22.20. Ich erkenne, dass am Schlitten des designierten Iditarod-Champs eine Kamera montiert ist, die dem Zuschauer den Blick aufs nächtliche Nome aus der Perspektive eines Schlittenhundes liefert. Hunderte Zuschauer aus aller Welt sind extra für diesen Moment ans Beringmeer gereist.

Punkt 22.22 Uhr verkündet der Ansager das Ergebnis: »Mitch Seavey aus Seward/Alaska gewinnt das 32. Iditarod!« Mit einer Rennzeit von neun Tagen, zwölf Stunden und 20 Minuten hat Mitch nicht nur Platz eins, sondern auch 69.000 Dollar und einen Dodge Truck eingefahren. Jeff King wird Zweiter, Kjetil Backen Dritter, Charlie Boulding Sechster, gefolgt von Altmeister Rick Swenson. Martin Buser konnte seine gute Anfangsposition nicht behaupten und muss sich mit dem elften Platz begnügen.

Während Mitch Seavey im Blitzlichtgewitter der Fotografen von seiner Frau umarmt wird, arbeitet sich Bernhard Schuchert von Platz 54 weiter nach vorn.

Gebannt starrt Steve Eluska auf den tragbaren Fernseher, über dessen Bildschirm in unverminderter Stärke der Schneesturm fegt. »Ich verfolge das Iditarod-Geschehen schon seit dem ersten Rennen«, sagt er nicht ohne Stolz.

»Moment mal!« Carol beugt sich vor und dreht am Lautstärkeregler des Fernsehers.

Es war ein schöner, sonniger Tag. Mit meinen Hunden bin ich durch unberührte Natur gereist. Jetzt genießen wir die herzliche Gastfreundschaft der Athabasca-Indianer.

Ich lehne mich vor, um die Silhouette einer in den Kurznachrichten eingeblendeten Frau genauer zu erkennen. Das Grauen bekommt ein Gesicht: Wir erfahren, dass heute eine 42-jährige Mutter namens Cynthia Lord in Anchorage ihre drei Söhne Christopher, Michael und Joseph im Alter zwischen 16 und 19 Jahren heimtückisch durch Schüsse ermordet hat.

Hellrot brennt am Morgen der Himmel, gegen den sich das russisch-orthodoxe Kreuz der kleinen Blockhauskirche von Telida wie ein Scherenschnitt abhebt. Im Verlauf des Tages zieht der Himmel zu, und es beginnt leicht zu schneien. Drei Tage später bin ich wieder in meinem Blockhaus und rufe Bernhard Schuchert an, denn ich will ihm ein paar Fragen stellen.

»Bernhard, du bist als 50. Teilnehmer von 87 gestarteten Teams in Nome durchs Ziel gegangen. Ein respektables Ergebnis für einen *rookie*. Hast du dir das Rennen so vorgestellt?«

»Die Trails waren besser als erwartet. Und mit dem Wetter hatten wir auch Glück. Die diesjährigen Bedingungen waren fast ideal.«

»Welches war der schönste Moment für dich?«

»Die Ankunft in Unalakleet am Beringmeer. Da ahnte ich, dass ich es bis zum Ziel schaffen würde.«

»Gab es einen Moment, an dem du am liebsten alles hingeschmissen hättest?«

»Zu Beginn, etwa bis McGrath, hatte ich einen Durchhänger. Ich hatte mich mehr um meine Hunde als um mich gekümmert, zu wenig getrunken und nicht genug gegessen. Nachdem Carola mir in McGrath den Kopf gewaschen hat, ging's besser.«

»Und was ergab der Kassensturz nach dem Abenteuer?«

»Gesamtkosten 33.000 Euro, also Flug- und Transportkosten, Hundefutter unterwegs und mein Essen plus Unterkünfte sowie natürlich die Renngebühren.«

»Und was sind die Träume, Visionen und Wünsche, jetzt, nach dem Rennen?«

Er lacht. »Carola und ich hoffen, in drei Jahren zusammen am Iditarod teilzunehmen. Bis Ruby am Yukon möchten wir auf jeden Fall gemeinsam fahren. Danach bleiben mir immer noch 800 Kilometer für den Wettkampf!«

Auch während der nächsten Tage schneit es wieder leicht am Lake Minchumina. Ich drücke mir selbst die Daumen, dass das Wetter besser wird, denn seit dem ersten Pläneschmieden mit Carol im Lassen National Park träume ich von der Schlittentour zum Denali als *dem* Highlight dieses Alaska-Winters. In zwei Tagen soll es losgehen.

23

Expedition zum König der Berge

Freundliche Nationalpark-Ranger mit runden Hüten und grauen Hemden werfen im Sommer wachsame Blicke auf die Straße durch den Denali National Park. Doch schon nach 25 Kilometern, gleich hinter dem Savage River, kommt das Aus für die Fahrt im eigenen Auto. Ab hier geht es nur noch mit dem Pendelbus weiter, denn der Denali National Park steht auf der Liste alaskanischer Naturschätze an erster Stelle. Im August lässt der Besucherstrom nach. Mitte September meldet sich die innere Stimme des Bären und erinnert ihn daran, dass es Zeit wird fürs Winterquartier. Die Tundren sind jetzt in betörendes Rotbraun getaucht, durch die gemächlich wohlgenährte Elche mit weit ausladenden Geweihen ziehen. Ab Oktober ist es wieder so ruhig wie im Mai. Erneut ist die Parkstraße verschneit und unpassierbar. Nicht nur die Menschen sind jetzt fort. Das Zwitschern der Vögel ist verklungen. Längst haben die Küstenseeschwalben sich auf die Heimreise nach Südamerika gemacht, manche fliegen 35.000 Kilometer bis in die Antarktis. Die Steinschmätzer verbringen den Winter in Afrika, Kleine Raubmöven ziehen in den Südpazifik. Unter den 159 hier registrierten Vogelarten zählen die Moor-Schneehühner und Grauhäher zu denen, die im Denali National Park überwintern. Auch Hermeline und Schneehasen bleiben. Ihr Fell färbt sich als Schutz blendendweiß, ebenso wie die Federn der Schneehühner. Erdhörnchen und Murmeltiere legen sich zum Winterschlaf aufs Ohr.

Ab November bedeckt Schnee das Land. In Höhlen zurückgezogen, träumen Grizzlys von den blaubeerreichen Tundren des Herbstes. Während der nächsten sieben Monate werden sie ein ausgedehntes Nickerchen machen und dabei von der Speckschicht des vergangenen Sommers zehren.

»Deswegen«, so sagt mir Tonya, »habe ich mich entschieden, hier im Denali-Land zu leben. Wenn ich im Februar und März mit Gästen und Schlittenhunden durch den Nationalpark ziehe, sind wir die einzigen Besucher. Ich empfinde es als Privileg, hier zu sein.«

Von der Denali West Lodge zum Gipfel des Berges ist es nicht weiter als von dort nach Talkeetna, dem Ort, der für Tausende Touristen jährlich Startpunkt für Denali-Rundflüge ist. Selbst das Besucherzentrum am Eingang des Nationalparks ist weiter vom berühmten Gipfel entfernt als die Denali West Lodge.

»Unsere Lodge ist der ideale Ausgangspunkt«, sagt Tonya nicht ohne Stolz darauf, das *permit* der Parkverwaltung zu haben, mehrtägige Schlittenhundeexkursionen an den Fuß des 6193 Meter hohen Denali auszurichten.

Juliana und ich waren schon mehrfach im Nationalpark, zuerst Ende der 70er-Jahre, als man nach dem Ende der Hauptsaison den Park noch mit dem eigenen Auto durchqueren durfte. Wir hatten am Wonder Lake übernachtet, die Spiegelung des Berges auf der glatten Oberfläche des Sees genossen und sogar Forellen gefangen, die wir im Neuschnee kühlten.

Seit jenen Tagen sind die *motor homes* auf dem Parkplatz vor dem Besucherzentrum größer, luxuriöser und zahlreicher geworden. Die Landschaft hier bietet sich geradezu an, auf bestens ausgebauten Straßen wie durch die Bilder eines Panoramafilms zu fahren. Doch solche »Abenteuer« reduzieren sich nicht selten auf ein paar hübsche Fotos vom *view point*. Begegnungen mit den Tieren der Wildnis, hautnahe Erfahrungen kommen zu kurz.

Alaska wird von kaum mehr als einem Dutzend Highways durchzogen. Und die sind auf der Karte »unten rechts«, im Süden, fast alle ausgerichtet auf Anchorage, über das unser alter Freund Johnny Miller aus Fairbanks einmal sagte: »Anchorage liegt eine Flugstunde von Alaska entfernt!« Womit er auf die Andersartigkeit dieser größten Stadt Alaskas anspielte, die so gar nichts mit dem Leben im fernen Kotzebue oder Barrow zu tun hat.

Es schwingt immer ein Quäntchen Konkurrenzdenken zwischen den Menschen im *interior* und jenen *down south* mit, wenn es um die Frage geht, wo die »richtigen« Alaskaner zu Hause sind.

Wenn ich im Kanu oder Kajak über die stillen Flüsse des Nordens paddle, erscheint mir Anchorage ähnlich fremd und weit weg zu sein wie New York City oder Los Angeles. Viele in dieser Wirtschafts- und Verwaltungsmetropole kommen nur des schnellen Dollars wegen. Oft nur auf Zeit. Die Tundren, die einsamen Flüsse, das Leben der Atha-basca-Indianer und Trapper, die in ihren Blockhütten am Rande der creeks ein bescheidenes Dasein fristen, bleiben ihnen genauso ver-schlossen wie dem Asphalt-Cowboy in New York.

Das Herz Alaskas spürt man in der Erfahrung von Stille, Harmonie und Ursprünglichkeit in der Natur, es schlägt bei den Begegnungen mit Menschen wie Miles Martin, Carol und Norman Vaughan.

Mir war es immer wichtig, Alaska auf unterschiedliche Weise zu erschließen: zu Fuß, im Kajak, mit kleinen Buschflugzeugen, im Cam-per und natürlich mit Schlittenhunden. Ich empfinde wie Tonya: Mit Huskys zum höchsten Bergs Nordamerikas zu reisen ist ein Privileg.

In zehn Tagen wird sie die Tour mit Lodge-Gästen unternehmen. Wir müssen uns also sputen, denn nach den Schneefällen der letzten Wochen sind noch diverse Vorbereitungen zu treffen. Abschnittsweise ist der Trail neu zu spuren, zwei bereits errichtete Camps müssen über-prüft und auf den letzten Kilometern der Pfad völlig neu angelegt wer-den. Wir wollen ihn mit Schneeschuhen treten.

»Warum nicht mit Motorschlitten?«, habe ich Tonya gefragt. »Vor Hunderennen nimmt man zum Spuren moderne Technik zur Hilfe.«

Sie schüttelt den Kopf: »Nicht hier. Ab der Nationalparkgrenze sind Motoren tabu!«

Denali heißt »*The High One*«: der Große, der Mächtige. So sahen ihn schon die Indianer. An klaren Tagen sieht man den Denali aus 200 Kilo-meter Entfernung. Für unsere Expedition habe ich 30 Diafilme bereit-gelegt. Steve Greens Digitalfotos von einer früheren Bergtour haben mich heiß gemacht. Wie ein Monument hebt das markante Massiv sich darauf vor dem Tiefblau des Winterhimmels ab.

Am Morgen unseres Aufbruchs lastet soßiges Grau über dem Land. Wenn das so bleibt, kann ich meine Fotos vergessen! Das Grau scheint noch grauer geworden zu sein, als unsere drei Hundeteams bald darauf über den Lake Minchumina ziehen. Keine Spur vom Berg. Später, tröste ich mich und verzichte aufs Knipsen.

Die Hunde zeigen sich begeistert. Sie genießen es, endlich mal in anderer Gesellschaft zu reisen. Eine fast menschliche Regung, doch das Timing ist nicht optimal und der Ort unpassend ...

Alan Meyer, Tonyas Helfer in der Lodge, hat inzwischen die Führung übernommen und ist bereits an der Stelle, wo der vom Denali kommende Foraker River sich unter dem Eis in den Lake Minchumina ergießt. Pech für Alan, dass der Wind hier die Oberfläche vom Schnee freigepeitscht hat.

Für den unbeteiligten Betrachter hat ein über blankes Eis ziehendes Hundeteam hohen Unterhaltungswert: Alans Hunde rutschen, machen Grätschen, purzeln über- und durcheinander. Armer Alan. Ihm ist sichtlich warm. Jetzt kämpft auch er darum, irgendwie auf den Beinen zu bleiben, während seine Hunde sich endgültig in ihren Zugleinen verheddern. Tonya, hinter Alan, versucht das Gewusel zu umgehen. Da beschließen ihre Leithunde, Alans Huskys zu begrüßen und drehen schwungvoll dorthin ab. Womit das Chaos perfekt und der Knoten aus Hundeleibern geradezu kunstvoll geschlungen ist. Ich verfolge das Ganze aus sicherer Entfernung. Und vergesse, auf den Auslöser zu drücken. Schade, trotz des grauen Himmels wäre es mein Foto des Tages geworden!

Vielleicht ist es besser so, denn bei Temperaturen zwischen minus zehn und minus 40 Grad kann die Fotojagd leicht zur Quälerei werden – vor allem, wenn es gilt, sich auf dem unebenen Trail am Schlittengriff festzuhalten und dabei den Schlittensack mit der Kameratasche zu öffnen. Immer wenn ich mir die Überhandschuhe ausziehe, klatscht mir irgendein Zweig gegen den Schädel. Als wollte die Natur jeden bestrafen, der sich nicht voll auf den Trail konzentriert, und Fotografen ganz besonders. Trotzdem schaffe ich es meistens, die Kameratasche mit einem Ruck hervorzuzerren, den Reißverschluss zu öffnen und bei voller Fahrt, während der Schlitten nach links und rechts ausbricht, eine meiner Leicas herauszuziehen. Und zwar ohne dass mir eins meiner wertvollen Objektive über Bord geht. Und dann die Berührung der eiskalten Kamera! Selbst mit Handschuhen kostet es Überwindung. Aber da mit Handschuhen die Wahrscheinlichkeit größer ist, dass einem die Kamera aus der Hand rutscht: Weg damit. Die Folge sind *frost bites*. Damit solche schmerzhaften Erfrierungen sich in Grenzen halten, sind meine Hände dick mit Vaseline eingecremt. Haben Sie schon mal versucht, ein Objektiv oder den Film zu wechseln, wenn die Finger vor erstarrtem Fett wie eine Speckschwarte glänzen ...?!

Seit ein paar Jahren bin ich Brillenträger – bei klirrender Kälte ein wirkliches Handicap. Wann immer ich ein Haus betrete oder verlasse, sehe ich die Welt durch beschlagene Gläser als verschwommene weiße Masse. Ich habe zu Hause Kontaktlinsen ausprobiert. Doch die Augen brannten, ich sah schlechter als ohne Linsen und kehrte reumütig zur Brille zurück.

Das ist meine Situation, als ich Alan über den Ostarm des Lake Minchumina folge und feststelle, dass sich mein Atem durch den um den Kopf geschlungenen Schal einen Weg nach oben gebahnt hat und meine Brillengläser komplett vereist sind.

Ich höre das lang gezogene Heulen von Huskys, als wir ihr am Seeufer liegendes großes Blockhaus passieren. Hier leben Miki und Julie Collins, die *trap line twins* vom Lake Minchumina. Als Leser des *Fairbanks Daily News-Miner*, der größten Tageszeitung Zentralalaskas, begegnet man ihnen früher oder später als Autorinnen, und ihre Bücher über Schlittenhunde und das Leben in der Wildnis Zentralalaskas finden landesweit Beachtung. Abgesehen von den Tantiemen für ihre Publikationen leben die Zwillinge vom Land. Sie halten Hühner und Truthähne, stellen Fallen, verkaufen ihre Pelze oder verarbeiten sie zu Pelzmützen und Handschuhen. Sie sind nicht verheiratet und haben keine Kinder, aber sie haben einander, ihre Hunde und zwei langmähnige Isländer-Ponys.

Gern hätte ich Julie und Miki gesprochen. Doch Tonya hat angedeutet, dass die beiden ihre Zurückgezogenheit nur ungern für ein Interview unterbrechen würden. Schade, denn ihre ungewöhnliche Lebensgeschichte wäre bestimmt interessant gewesen.

Lake Minchumina bleibt hinter uns, wir folgen jetzt dem Foraker River, als Tonya mir ein Zeichen gibt. Ich binde meinen Schlitten an einen Baum und folge ihr. »Vorsicht!«

Unvermittelt stehe ich vor einem geisterhaft aus dem Schnee ragenden Elchkopf mit zwei mächtigen Schaufeln. Der Körper scheint zu fehlen. Gespenstisch.

»Das waren Wölfe!«, sagt Tonya. »Sie haben den Elch in diesem Winter gerissen.«

In der Hoffnung, die Wölfe würden noch einmal zur Beute zurückkehren, haben die *trap line twins* Schlingen ausgelegt. Doch Wölfe sind clever. Nach dem Beutezug ließ sich keiner mehr blicken.

Ein gewisser Slim Carlson betrieb hier bis zur Mitte des vergangenen Jahrhunderts seine *trap line*. Später erwarben Miki und Julies Eltern den Besitz, dann ging er auf die beiden jungen Frauen über.

»Slim schlug seine Fallensteller-Trails schnurgerade durch die Wildnis, wie mit einem Lineal«, erinnert sich Tonya. »Schlittenhunde setzte er nicht ein, die waren ihm wohl zu teuer. Er kontrollierte seine Fallen zu Fuß auf Schneeschuhen. Eine Knochenarbeit! Für die 16 Kilometer vom Lake Minchumina bis zu seiner Hütte am Carlson Lake benötigte er einen ganzen Tag.«

Nach der Carlson Lake Cabin folgen wir dem Hot Slough. »Verrückter Name«, gibt Tonya zu. »Aber nicht selten bricht dieser Bach gegen Ende des Winters ein Stück weit auf. Dann quillt tatsächlich warmes Wasser an die Oberfläche, und alles wird zu einem dicken Eisbrei. Als *musher* bleibt dir dann die Wahl: dich vorsichtig durch den *overflow* durchtasten oder drei Tage warten, bis der Brei gefroren ist.«

Das bleibt uns erspart. Schnee fällt in leichten Flocken, die kaum mehr sind als ein flüchtiger, silberner Hauch. Einen Moment lang lichtet sich das Grau und gibt den Blick auf Berge frei. Bei Einbruch der Dunkelheit erreichen wir Sweet Lake, unser Tagesziel. Hier haben Tonya und Steve Green schon vor Wochen ein Zelt mit Ofen aufgebaut.

Als Captain George Vancouver im Jahre 1794 die heute als Cook Inlet bezeichnete, tief ins Land reichende Meeresbucht erforschte, sah er einen mehr als 200 Kilometer entfernten Berg, den er in seinen Tagebüchern als *distant stupendous mountain* bezeichnete. Bei dieser Anmerkung über ihr Erstaunen beließen es die Briten. Die nächsten 73 Jahre hielt der russische Zar seinen Daumen auf Alaska. Auch dessen Admiral Ferdinand von Wrangell wurde auf den Berg aufmerksam, den er 1839 auf einer Alaska-Karte als »Tenada« bezeichnete.

Mount Denali ist eindrucksvoll. Fast senkrecht ragt er fünfeinhalbtausend Meter in die Höhe. Der Südgipfel ist mit 6193 Metern die höchste Erhebung Nordamerikas. Minus 70 Grad maß man oben, Sturmböen von bis zu 250 Stundenkilometer jagen über die Eisfelder, die ihn zu Dreivierteln bedecken: Ruth Glacier, Kahiltna Glacier, Muldrow Glacier oder Foraker Glacier, dessen Schmelzwasser Lake Minchumina speisen.

Der Naturfreund und Jäger Charles Sheldon durchstreifte diese Landschaften zu Beginn des 20. Jahrhunderts. Er ahnte die Folgen der sich abzeichnenden Veränderungen, denn schon durchkämmten Goldsucher, Landvermesser und Forscher das Land. Sheldon setzte sich für den Schutz dieses Landes ein.

Schutz vor wem?

Jahrtausendelang hatten Athabasca-Indianer die Hochlandtundren durchstreift, ohne auch nur eine Fußspur zu hinterlassen. Aber die, die jetzt kamen, waren anders. Charles Sheldon spürte, dass er diese Gebirgswildnis vor seiner eigenen Gesellschaft schützen musste.

1897 hatte die *New York Sun* die begeisterten Briefe eines gewissen William Dickey veröffentlicht, der sich in Alaska als Goldgräber versuchte. Die Nation blickte aufs Alaska Territory. Denali bekam den offiziellen Namen Mount McKinley. Seit 1905 wühlten Glücksritter unweit dem Wonder Lake im Glacier Creek nach Gold. Allein tausend Goldgräber lebten in jener Siedlung, die den Namen Kantishna trug. 1917 wurde unter Präsident Wilson der Mount McKinley National Park gegründet, und Harry Karstens, der Führer von Charles Sheldon, wurde zum ersten Parksuperintendenten bestellt. 1980 vergrößerte man das Tierschutzgebiet und nannte es Denali National Park.

»Mit etwas Glück werden wir den Denali morgen früh von dort sehen.« Mein Blick folgt Tonyas Hand, die auf einen kleinen Hügel weist, auf dessen Kuppe wir ein Hundefutter- und Ausrüstungsdepot angelegt haben.

Während sie im Hundefutterbehälter rührt, schlage ich mit einem Beil kleine Brocken aus dem Eis des Sweet Lake. Im Sommer ist sein Wasser braun, im Winter aber, wenn sich die Sedimente abgesetzt haben, ist es glasklar. Schwungvoll werfe ich eine Hand voll kristallklarer Eischips in den Kochtopf, wo das Feuer sie zu Teewasser zerlaufen lässt.

Unsere Hunde sind versorgt und liegen zusammengerollt in Mulden, die sie sich in den Schnee geschart haben. Alle ruhen, bis auf

Shigeo, der herzzerreißende Klagelaute ausstößt. Liebeskummer. Das Objekt seiner Sehnsucht, eine läufige Hündin, ist abseits angebunden. Der Schnee knirscht unter meinen Füßen, als ich zum Zelt gehe. Beim Öffnen des Reißverschlusses quillt mir warme Luft entgegen. Meine Brille beschlägt. Ich nehme sie ab, erkenne, dass Alan kleine Holzscheite in den Ofen schiebt – das Herzstück unseres sechseckigen Zeltes. Der kleine tragbare Ofen ist 30 Zentimeter lang, 40 Zentimeter hoch und 20 Zentimeter breit, es passen also nur kleinere Holzscheite hinein. Einer von uns wird sich in der Nacht zwei- oder dreimal aus seinem Schlafsack schälen, um den Ofen zu füttern.

Tonya erhitzt auf einem Kocher vorgekochtes Abendessen: Elchfleisch mit Nudeln. An einem Haken, weit genug von der Zeltwand entfernt, faucht eine Coleman-Benzinlampe. In anderthalb Meter Höhe verlaufen entlang der Zeltwände Leinen, auf denen wir unsere nassen Socken, Handschuhe und Biberfellmützen zum Trocknen aufhängen. Die Luft ist schwer und feucht. Doch während die Außentemperatur bei minus 28 Grad liegt, ist es hier drinnen warm.

»Eigentlich könnte jeder von uns eine Geschichte erzählen ... Was haltet ihr davon?«, fragt Tonya nach dem Essen.

Es geht auf Mitternacht zu. Das Versorgen von 25 Hunden hat viel Zeit gekostet. Unsere Wangen sind rot, doch niemand ist wirklich müde. Tonyas Vorschlag kommt wie gerufen.

»Okay, wenn du anfängst ...« Alan gießt heißes Wasser in unsere Thermosbecher, die ich zuvor mit Kakao gefüllt habe.

»Ich werde euch Denalis Geschichte erzählen.« Tonya lehnt sich zurück und schließt die Augen. »Schon die Erstbesteigung war ein zähes und kontroverses Unterfangen«, holt sie aus. »James Wickershams Spuren ziehen sich durch die gesamte Pioniergeschichte Alaskas. Es ist die Fährte eines rastlosen, energischen Mannes. 1901 wird er als Richter für Alaska bestellt, ein Jahr später verlegt er seinen Amtssitz von Eagle am Yukon in das gerade aufblühende Fairbanks, und bereits 1903 initiiert er eine Expedition zum ›König der nordamerikanischen Berge, Mount McKinley‹. Die Anfahrt erfolgt per Boot, den Tanana River aufwärts, dann weiter auf dem Kantishna River bis nahe Lake Minchumina. Das letzte Stück bewältigen er und seine Männer zu Fuß. Aber am Ende stoppt eine steile Bergwand ihr weiteres Vorankommen. Späteren Berg-steigergenerationen wird die Wickersham Wall ein fester Begriff sein. Parallel machte sich im selben Jahr eine weitere Gruppe auf, um den Berg zu besteigen. Leiter dieser Expedition war ein gewisser Frederick Cook. Aber er beging Fehler. Sein erster: Er reiste über Land vom heu-tigen Anchorage an. Neun Wochen Anmarsch durch dichtes Unterholz mit Millionen *mosquitoes*! Für die eigentliche Besteigung blieb danach kaum noch Zeit. Cook kam nur bis auf 3700 Meter und kehrte um.

Und dennoch ist das Ganze für Frederick Cook ein persönlicher Erfolg. Trotz des mageren Expeditionsergebnisses feiert man ihn in New York als bedeutenden Forscher. Das stachelt seinen Ergeiz an. 1906 ist er mit einer neuen Expedition am Berg. Doch wieder läuft es dumm. Nach zwei Monaten hat er noch immer keine geeignete Route zum Gip-fel gefunden. Während das Gros der Expeditionsteilnehmer bereits packt und sich auf den langen Rückmarsch vorbereitet, kündigt Cook einen letzten Versuch an. Als Begleiter wählt er nicht etwa die erfahre-nen Bergsteiger seines Teams, den Physikprofessor Herschel Parker und den Outdoor-Experten Belmore Browne, sondern Expeditionshelfer Ed Barrill. Kurze Zeit später erfährt die Welt in großen Schlagzeilen von Dr. Cooks Erfolgen. Er habe Mount McKinley auf einer Nordroute bestiegen. Cook legt als Beweis ein Foto vor. Für Parker und Browne sind das Hirngespinste. Es sei unmöglich, den unerforschten Gipfel in so kurzer Zeit zu erklimmen. Doch Gegenbeweise haben sie nicht, und Frederick Cook lässt sich landauf, landab als erfolgreicher Forscher feiern. Drei Jahre später aber überspannt er den Bogen. Am 1. Septem-ber 1909 gibt er bekannt, als erster Mensch den Nordpol erreicht zu haben. Polarforscher Robert Peary entlarvt ihn. New Yorks Wissen-schaftlerzirkel lassen ihr Ehrenmitglied Cook wie eine heiße Kartoffel fallen. Der Explorer's Club und die Geographical Society stellen sogar Mittel bereit, um der dubiosen Denali-Erstbesteigung auf den Grund zu gehen. 1910 brechen die ehemaligen Expeditionsteilnehmer Parker und Browne ins Herz der Alaska Range auf, das Gipfelfoto Frederick Cooks im Gepäck. Werden sie den Berg finden, der als Mount McKin-ley herhalten musste?

Ja! Browne und Parker entzaubern Cook endgültig, sein ›Gipfel‹ ist ein unbedeutender Felsvorsprung in zweieinhalbtausend Meter Höhe.«

Tonya greift nach ihrem Kakaobecher.

»Die Zeit war reif für den Gipfelsturm. 1910 versuchte es die Sourdough-Expedition. Allerdings bestiegen die Männer den mit 5934 Metern geringfügig niedrigeren Nordgipfel.«

»Wer waren diese *sourdoughs?*«, fragt Alan.

»Allesamt Goldgräber aus Kantishna. Die Idee sei in einer Kneipe entstanden, heißt es, als ein paar Männer über die Glaubwürdigkeit Cooks diskutierten. Im Dezember 1909 verließ die siebenköpfige Sourdough-Party Fairbanks. Wohlgemerkt Goldgräber, keine Bergsteiger. Ihre Ausrüstung entsprach nicht dem Standard jener Tage, war aber zweckmäßig. Zudem gingen sie den Berg systematisch an.«

»Warum wählten sie denn den niedrigeren Nordgipfel?«, möchte ich wissen.

»Damit die Kumpels in Kantishna ihren Erfolg mit Ferngläsern verfolgen konnten. Und sie schleppten einen viereinhalb Meter langen Fahnenmast und eine acht Quadratmeter große US-Flagge zum Gipfel. Am 3. April 1910 pflanzen die *sourdoughs* Pete Anderson und Billy Taylor auf dem North Peak tatsächlich ihre Flagge in den Boden.«

Tonya sieht hoch.

»Von allen Denali-Gipfelbesteigungen war dies wohl die ungewöhnlichste und zünftigste. Allerdings war das Medienecho bescheiden. Vielleicht traute man den Aussagen dieser Greenhorns nicht so recht, nach Cooks Märchen war man skeptisch. Erst drei Jahre später bestätigten Hudson Stuck und sein Team die Existenz eines Fahnenmastes auf dem North Peak.«

»Wer war Hudson Stuck?«

Alan, der sich in seine beiden ineinander gesteckten Schlafsäcke gekuschelt hat, steckt die Nasenspitze vor.

»Hudson Stuck war der Erzdiakon des Yukon, so seine offizielle Bezeichnung. Er war Missionar und eine der bemerkenswertesten Persönlichkeiten jener Tage. Am 7. Juni 1913 erreichte er zusammen mit Walter Harper, Harry Karstens und einem Robert Tatum den South Peak und damit den höchsten Gipfel Nordamerikas. Das Quartett schrieb Bergsteigergeschichte.«

24

Mit Schlittenhunden am Denali

Als ich schlaftrunken aus dem Zelt stolpere, versorgt Tonya bereits die Hunde. Alan, noch in den Schlafsäcken, paukt russische Vokabeln für seine bevorstehende Baikal-Tour.

In der Nacht hat es ununterbrochen geschneit. Es müssen federleichte, winzige Flöckchen gewesen sein, denn die Schicht auf dem Schlittensack ist hauchdünn. Da Tonyas Schlittengriff gestern an einem Baum zerbrochen ist, verzögert sich unser Aufbruch. Nach der Reparatur mit viel Bindfaden und *duct tape*, extra starkem Klebeband für alle Lebenslagen, schneit es noch immer.

Und noch immer liegen 30 Filme unangetastet in meiner Fototasche. Unverändert grau sind Himmel, Luft und die Stämme, die aus dem Schnee ragen. Ich bin sauer. Wenn das so bleibt, muss ich meine Filme ungebraucht zurückschleppen.

Wie es hier wohl im Sommer ist? Wenn aus dem Moos Millionen *mosquitoes* aufsteigen, wenn die lilafarbenen Blüten der Glockenblumen sich im Wind wiegen und Bienen von der gelben Arnika zum blauen Enzian und den wilden Geranien summen.

Eine Vorstellung, zu der bei 20 Grad minus viel Fantasie gehört.

65 Meilen sind es von der Lodge bis zum Camp II. 100 Kilometer in zwei Tagen bringen die Hunde nicht mal annähernd an ihre Leistungsgrenze. Aber dennoch stampfe ich, wenn es bergauf geht, wie ein Tretrollerfahrer mit einem Fuß auf den Boden, um sie zu entlasten. An einer von Miki und Julie Collins gebauten Blockhütte stoppen wir. Die Tür steht einladend offen.

»Sonst würde sich möglicherweise ein neugieriger Bär gewaltsam Zugang verschaffen, und das gäbe Kleinholz«, erklärt Tonya. »So aber kann er im Frühjahr ungehindert reinspazieren, herumschnüffeln und, da hier nichts für ihn herumliegt, unverrichteter Dinge weiterziehen.«

Offensichtlich hat doch irgendetwas sein Interesse erregt. Eine von den Krallen eines Grizzly zerfetzte Plastikplane hängt traurig vor der Eingangstür herab.

In der Hütte befinden sich eine Liege, ein grob gezimmerter Tisch, Tassen und Gläser, zwei Teller, ein Ofen, zahlreiche Illustrierte und eine Rolle Papier. Sonst nichts. Draußen baumeln an einem zwischen zwei Bäumen gespannten Seil kleine Säcke mit Hundefutter. Die Ansprüche an der *trap line* reduzieren sich aufs Wesentliche.

Als wir Slippery Creek erreichen, warnt Tonya Alan und mich. »Die Eisschicht auf dem Bach ist brüchig und voller Löcher.« Vorsichtig tasten sich meine Hunde über eine *ice bridge* zum anderen Ufer. Neben uns gurgelt eisiges Wasser. Ist ja nur einen halben Meter tief, sage ich mir. Aber was, wenn der Schlitten abrutscht und in die Fluten stürzt? Die Hunde würden schon irgendwie ans Ufer gelangen, sich kräftig schütteln, wie begossene Pudel dastehen, aber sie würden überleben! Und was ist mit uns, den Menschen?

Gestern Abend haben Alan und ich über die »Krone der Schöpfung« gewitzelt. Die saß im Zelt, musste sich am Ofen wärmen, schüttelte dicke Daunenschlafsäcke auf und brauchte jede Menge Feuerholz. Unsere Huskys lagen derweil zusammengerollt im eisigen Schnee und schliefen längst tief und fest.

»Gingen wir jetzt zu den Hunden, würden sie freudig aufspringen, sich strecken und mit den Schwänzen wedeln«, sagte ich zu Alan.

»Und selbst wenn wir keine Streicheleinheiten zu verteilen hätten, würden sie sich ganz ohne Groll einfach wieder im Schnee zusammenrollen, tief schnaufen und die Augen schließen.«

Alan drehte sich in seinen *forty below*-Schlafsäcken um: »Sag selbst, wer ist hier die Krone der Schöpfung?«

Die Schneeverhältnisse haben sich verändert. Die Schneedecke nahe dem Denali war dick. Als ich versehentlich neben den Trail trat, versank ich bis zur Hüfte darin. Die winzigen Flocken, die zuvor schwerelos durch die Luft gegaukelt kamen, schlugen jetzt als feuchte Batzen auf. Die Zweige der kümmerlichen Fichten bogen sich unter dieser Schneelast.

Nach acht Stunden Fahrt erreichen wir Camp II. Eine halbe Stunde später sind die Kabel ausgespannt, an die ich die Hunde anbinde. Während Tonya Schnee taut, stapfe ich auf Schneeschuhen los, um Brennholz zu suchen. Hier im Denali National Park wollen wir noch behutsamer mit der Natur umgehen als ohnehin.

Einen Herzschlag lang blinzelt der Mond durch die Wolkendecke. Da ertönt Tonyas erlösender Ruf:»*Dinner is ready!*«Ich gehe ins Zelt, lasse mich auf die Matratze plumpsen, trinke gierig heißen Tee und esse. Der Lichtkegel meiner Stirnlampe fällt auf das Zifferblatt meiner Uhr: Seit 17 Stunden sind wir auf den Beinen.

Da höre ich, wie Tonya fragt:»Und wer erzählt heute Abend eine Geschichte?«

Veteran Norman Vaughan feiert bald seinen 100. Geburtstag, Oliver Cameron, Carols väterlicher Freund, lebt – obwohl schon weit über 80 – auf sich allein gestellt in tiefer Wildnis am Denali. Andere bemerkenswerte Alaskaner werde ich hoffentlich auf einer Kajaktour im Sommer treffen: Fran und Mike Turner in ihrer Blockhütte am Kantishna River zum Beispiel. Sie alle haben sich freiwillig dem Blockhausdasein mit all seinen Härten und Entbehrungen verschrieben, haben sich bewusst gegen ein Leben mit Fernseher und Mikrowelle entschieden. Alle sind topfit, keiner leidet unter Schlafproblemen, kaum jemand hat Zipperlein.»Wenn man die Tage mit Holzhacken, Wasserschleppen, Backen und Reparaturen verbringt, hat man zu so etwas keine Zeit«, sagt Carol immer.

Iditarod-Ikone Joe Redington war 62 Jahre, als er mit Schlittenhunden auf den 6193 Meter hohen South Peak, den höchsten Gipfel des Denali, *mushte.*

»Dieter, erzähl uns doch die Geschichte von Joe!«, bittet Tonya, als hätte sie meine Gedanken erraten.

Ein Blick auf die Uhr. Ein Uhr morgens. Eigentlich müsste ich müde sein, bin es aber nicht.

»Komm erzähl schon!«, bettelt Alan,»ich gieße dir auch gerne noch Kakao nach.«

»Die Geschichte beginnt mit einem eingewanderten Schweizer namens Ray Genet, einem kräftigen Burschen mit dunklem Vollbart und dem Spitznamen ›Pirat‹. Er gehörte zu dem Bergsteiger-Team, das 1967 den Denali erstmals im Winter bezwang. Eine Sensation! Damals hatte der Berg seine Geheimnisse weit gehend preisgegeben. Seit der Erstbesteigung von 1913 waren schon mehr als 200 Menschen auf dem Gipfel gewesen. Nach dem spektakulären Winteraufstieg machte Ray

Genet seine Leidenschaft zum Geschäft und führte zahlende Besucher auf den Denali. Er hatte ein unglaubliches Charisma und wurde zu einer richtigen Legende: Ein Kerl wie ein Baum und bärenstark! Seine Kunden liebten ihn. ›Pirat‹ stand wohl 50-mal auf dem Denali-Gipfel. Zwei Jahre nach jenem ersten Winteraufstieg trafen sich Ray und Joe Redington. Als die beiden sich zum Abschied die Hand gaben, war besiegelt, gemeinsam mit Schlittenhunden auf den Gipfel des Denali zu *mushen*. Warum mit Huskys? War das nicht eine Herausforderung des Schicksals? Viele sahen das so. Aber Genet baute zu dem Zeitpunkt sein Bergsteigerunternehmen aus und brauchte spektakuläre Werbung, und für Joe Redingtons Hundezucht galt ähnliches. Wenn wir mit Alaskan Huskys auf dem Gipfel stehen, wird es im Zeitungsblätterwald rauschen, hoffte Joe. Aber es sollte noch Jahre dauern, bis die beiden tatsächlich zusammenkamen.

Es war Joe, der irgendwann die Initiative ergriff und in den Medien bekannt gab, er werde im Frühjahr 1979, bald nach dem Iditarod-Rennen, mit seinen Huskys den Denali-Gipfel erklimmen. ›Oh, es gab jede Menge Leute, die mich für verrückt hielten‹, erzählte er mir und hatte dabei das ihm eigene spitzbübische Lächeln im Gesicht. Aber so war Joe Redington nun mal: ein Mann mit Visionen! Zum Glück gibt es noch andere Menschen, die aus demselben Holz geschnitzt sind wie er. Die 24-jährige Susan Butcher zum Beispiel. Sie wollte ihn begleiten, ebenso Ray Genet und der befreundete Fotograf Rob Stapleton. Drei von Susans Hunden sollten dabei sein, vier aus Joes Zucht. Ein bis unter die Decke voll gepfropftes Flugzeug brachte die Gruppe mitsamt den Hunden zum *base camp*. 400 Kilo wog allein das Hundefutter.

Es folgte ein Abenteuer im Grenzbereich.

Am 28. Mai 1979 war es ungewöhnlich windstill. Die Sonne brannte aus blauem Himmel. Ein Bilderbuchtag für ein Bilderbuchereignis, denn Susan Butcher, Joe Redington, Rob Stapleton und Ray Genet standen mit vier ihrer sieben Hunden auf dem höchsten Gipfel Nordamerikas.

›Wie haben die Hunde das verkraftet?‹, fragte ich Joe.

›Bestens! Ihr Blick schien zu fragen: Wann geht's endlich weiter?‹

Susan Butcher erklomm den Denali später noch einmal. Auch Rob Stapleton schaffte es ein zweites Mal. Er wollte den Witzbolden, die behaupteten, der Pirat habe ihn huckepack auf den Gipfel geschleppt, ein für alle Mal den Wind aus den Segeln nehmen. Ray Genets Lebensuhr tickte nach diesem Abenteuer nur noch kurze Zeit. Im selben Jahr 1979 starb er beim Abstieg vom Gipfel des Mount Everest. Er liegt noch immer dort.«

»Der Berg ist frei!« Tonyas begeisterter Ruf reißt mich am nächsten Morgen aus dem Schlaf.

Ich hatte auf den Vollmond gebaut. Nicht selten schlägt danach das Wetter um. Aber von Alan hatte ich für diese Prophezeiung nur ein müdes Lächeln geerntet. Eins zu null für mich!

Als ich mit dem schweren Parka unter dem Arm aus dem Zelt komme, blendet mich die Sonne. Raureif bedeckt unser gelbes Zelt, das im Morgenlicht golden schimmert. Es ist kalt.

»*Twenty-five below*«, also minus 32 Grad Celsius, sagt Tonya.

Schleunigst ziehe ich mir den Parka über und schlage die wärmende Kapuze hoch. Der Schnee kracht unter den Schuhen. Als Alan einen Moment später rauskommt, quillt die warme Luft wie ein Rauchpilz aus dem Zelt.

Wann immer ich daheim in Deutschland meine Alaska-Liebe auf den Lippen trage und vom Winter schwärme, schüttelt sich der eine oder die andere: »Diese Kälte, brrr! Nein danke!« Trotzdem werde ich nicht müde, für diese Kälte zu werben. Eine Bilderbuchkälte, so empfinde ich an diesem Morgen, eine Droge für die Sinne. Sie fährt belebend in meine Lungen, zwickt in meine Gesichtshaut. Ich spüre sie als frischen Hauch an meinen Nasenflügeln. Mein Atem steht als weiße Fahne vor mir. Dabei genieße ich die Wärme meines dicken Parkas, während meine schweren Stiefel im verharschten Schnee knirschen und mein Blick durch das eigentümliche Blau der Luft zu den Gipfeln der Alaska Range gleitet.

Ich schlendere an den äußeren Rand des Waldes, an dem unser Zelt steht. Ich will diesen Eindruck einfangen und festhalten. Aber kaum stehe ich vor dem Zelt, sind die Leicas mit einer millimeterdicken Frostschicht überzogen. Meine Ausrüstung kann ich erst einmal vergessen. Also versuche ich, das Bild im Kopf zu speichern.

Die Ebene vor mir ist vermutlich Teil des Flussbettes, dem wir gestern gefolgt sind, doch die Details verbirgt die unberührte Schneeschicht. Denali erhebt sich links. Die vom Wind in alle Himmelsrichtungen gefetzten Wolken machen ihn zum Struwwelkopf. Mount Foraker schmückt sich mit einem Saturnring, den bald schön die Höhenwinde zerreißen. Hier unten ist es so still. Die Sonne steht tief, ihre Strahlen streicheln den bläulich schimmernden Schnee. Als ich in das Tiefblau des Weltraums schaue, wünsche ich, diese Bilder und meine Empfindungen für immer bewahren zu können. Ich möchte das Bild in die Schatztruhe meiner Erinnerung stecken, als Kraftreserve für später, für müde, antriebslose Tage. Keine Kamera wäre dazu in der Lage.

Zwischen den Fichten leuchtet unser gelbes Zelt, aus dessen Schornstein wie in Zeitlupe senkrecht Rauch aufsteigt. In zwei Metern Höhe löst er sich in nichts auf. Aus dem unergründlichen Blau des Himmels darüber rieseln hunderttausend Smaragde. Ich stehe lange da und staune über so viel Schönheit. Als meine Kameras endlich eisfrei sind und mich die alte Jagdleidenschaft zur Motivsuche anstachelt, ist die Götterstimmung gewichen. Ernüchterndes Grau hat die Farbe geschluckt.

Gerade zieht sich der von Tonya und Steve Green bereits vor Wochen gelegte Trail zum Denali. Da entdecke ich Wolfspuren. Sollten Wölfe gerade jetzt in der Nähe sein? Rein rechnerisch gesehen stehen die Chancen, im Denali Park einen Wolf zu Gesicht zu bekommen, nicht schlecht. Etwa 100 Grauwölfe leben hier, zwischen 8000 und 10.000 in ganz Alaska. Sie leben in Rudeln von fünf bis acht Tieren, manchmal schließen sich auch bis zu 30 Wölfe zusammen. Die Reviere der Rudel umfassen zwischen 500 und 2000 Quadratkilometer. 60 bis 160 Kilometer legen Wölfe täglich auf der Jagd nach Beute zurück. Erdhörnchen werden ebensowenig verschmäht wie Biber oder Hasen. Elche, Karibu und Dallschafe rangieren allerdings auf dem Speiseplan ganz oben. Mit mehr als 2000 Elchen ist Denalis Vorratsschrank für Wölfe äußerst reich bestückt.

Ich unterhielt mich vor einiger Zeit mit Gordon Ohlson, dem Chef des 15-köpfigen Naturkundlerteams im Denali Park.

»Natürlich reißen sie auch schon mal ein gesundes Tier, aber in erster Linie trifft es Verletzte oder Kranke, die Jungen oder Alten. Das Nahrungsangebot bleibt für die Gesunden und Starken – so gesehen sind Wölfe eine Art Gesundheitspolizei.«

In den 1930er-Jahren war die Denali-Region für Wölfe ein Schlaraffenland. »Da lebten hier 20.000 Karibu«, wusste Gordon Ohlson. »Dann aber, in den Siebzigern, sank die Population auf 1000 Tiere ab. Heute sind es 1750.«

Ich war neugierig zu erfahren, wie viele Grizzlys es im Denali National Park gebe. Ohlson lächelte: »Karibu, Elch und Wolf zählen wir im Winter aus der Luft, wenn die Tiere sich deutlich gegen den weißen Grund abheben. Dann allerdings liegen Grizzlys auf der Bärenhaut.«

Menschen aus aller Welt reisen Tausende Kilometer, um die Tiere hier in freier Wildbahn zu beobachten. Auf der anderen Seite gibt es Initiativen wie die von McGrath, Wölfe entgegen jeder Waidgerechtigkeit aus der Luft abzuballern.

Während mir solche Gedanken durch den Kopf gehen, merke ich, dass meine Hunde sich abmühen, auf dem seit Wochen ungenutzten und eingeschneiten Trail voranzukommen. Hunde, beste Freunde des Menschen und engste Verwandte des Wolfes!

Und doch schaffte es der Mensch Mitteleuropas, den Verwandten seines besten Freundes auszurotten, weil er schon früh ein Konkurrent bei der Nahrungsbeschaffung war. Schließlich hatten beide dieselbe Geschmacksrichtung.

Später, als der Mensch sesshaft wurde, stahl der Wolf ihm seine Schafe und Rinder.

Es ist eine merkwürdig ambivalente Beziehung. Einerseits spielen Wölfe in den Kulturen der Menschheit eine wichtige Rolle – Wölfe säugten Romulus, den Begründer Roms, Wölfe waren Begleiter der Götter – andererseits sagte man ihnen immer wieder mit Keulen und Gift den Kampf an.

»Halt!« Tonya hat auf dem Trail gestoppt. »Hier beginnt die Arbeit!«

Wir binden mehrere Zugleinen aneinander und befestigen sie an meinem Schlitten.

»Wir nehmen nur ein Team, lassen aber die Huskys hintereinander und nicht wie sonst nebeneinander laufen«, schlägt Tonya vor.

Auf dem Trail, den wir jetzt mit unseren Schneeschuhen treten müssen, würden sie sonst rechts und links im tiefen Schnee versinken. Alan schnallt sich die Schneeschuhe unter und bricht den ersten Abschnitt. Tonya und ich folgen mit meinem Team.

Am späten Nachmittag erreichen wir den Fuß des Denali.

Als wir am Abend hungrig im Camp II einlaufen, begrüßen uns die zurückgebliebenen Hunde mit frenetischem Lärm. Nachdem sie und wir *musher* versorgt sind, sage ich zu Alan: »Heute bist du mit einer Geschichte dran!«

Der schiebt die von der Zeltdecke herabhängenden großen Biberfellhandschuhe und einen zum Lüften aufgehängten Schlafsack zur Seite und grinst in die Runde: »Was wollt ihr hören?«

Ich denke an die Wolfspuren: »Bist du jemals Wölfen begegnet?«

»Nein, aber Bären«

»Auch gut. Erzähl!«

»Es ist eigentlich die Geschichte meines Freundes Dick. Der Vorfall ereignete sich vor ein paar Jahren in den Rocky Mountains, unten in Montana. Dick war mit seiner Freundin Sue zwei Tage lang durch die Berge gewandert. Die letzten Tage hatte die Sonne geschienen, über Nacht aber war das Wetter umgeschlagen. Auf dem Rückweg, nicht mal einen halben Kilometer von ihrem Auto entfernt, peitschte ihnen nasskalter Wind in die Gesichter. Die beiden traten aus dem Schutz eines Waldstücks und erreichten eine große Lichtung mit ein paar verstreuten Büschen. Dick, der vor Sue ging, bemerkte das Braune hinter dem kleinen Hügel zuerst. Eine Bärin mit einem Jungen! Sie erblickte ihn im selben Moment und ging auch schon auf ihn los.«

Alan sieht Tonya an, dann mich.

»Beim Angriff eines Schwarzbären kann durchaus Widerstand angebracht sein, doch wenn ein Braunbär aufs Ganze geht, gibt's eigentlich nur eins: toter Mann spielen und hoffen, dass es glimpflich ausgeht. Bauch schützen, Hände in den Nacken, um die Verletzungen so gering wie möglich zu halten – ihr kennt ja die Empfehlungen. Dick warf sich auf den Boden, da war der Grizzly auch schon über ihm. Er spürte die

Zähne und hörte bei vollem Bewusstsein, wie seine Knochen knackten. Er sagte mir später, sein Leben sei in diesen Sekunden wie ein Film an ihm vorbeigezogen. Zwischendurch dachte er immer nur an Sue. Hatte ein anderer Bär sie angegriffen? Plötzlich, ohne ersichtlichen Grund, ließ die Braunbärin von ihm ab. Sue hatte sich auf einen Baum retten können. Doch da trifft ihr Blick den der Bärin. Was man unbedingt vermeiden muss. Die Bärin fühlt sich durch den Blickkontakt provoziert, rast auf den Baum zu und klettert am Stamm hoch. Grizzlys sind nicht so exzellente Kletterer wie Schwarzbären, doch ein paar Meter schaffen sie allemal. Der schwere Körper bringt den Baum zum Wippen. Sues Ast bricht, sie stürzt nach unten. Schon ist der Koloss über ihr. Als die Bärin das erste Mal angriff, hatte Sue den Rucksack abgeworfen. Das kann durchaus richtig sein. So mancher Bär hat sich dadurch ablenken lassen und vor Neugierde den Menschen vergessen. Diese Bärin nicht. Und jetzt hat Sue keinen Schutz mehr am Rücken, den sie dem Bären hinhalten kann. Sue spürt, dass die Braunbärin ihr in den Arm beißt, eine Riesenfaust schleudert sie zur Seite. Sie will schreien, doch es schnürt ihr die Kehle zu. Plötzlich knurrt die Bärin und lässt unvermittelt von ihr ab.

Das Tier läuft zu Dick zurück. Diesmal packt sie ihn am Kopf. Zum Glück kann auch ein großer Grizzly nicht mit seinem Rachen einen menschlichen Kopf umklammern und ihn wie eine Nuss zerknacken. Dick spürt zwar den Biss am Kopf, er spürt sein Blut laufen und hört, wie der Bär kaut. Doch dann plötzlich trollt sich die Bärin. Trotz schwerster Verletzungen können Sue und Dick sich noch bewegen, vermutlich auch dank ihrer Wetterkleidung, durch die die Bärenzähne nur schwer durchdrangen. Was haben sie nur falsch gemacht, martern sie sich das Hirn. Sie hatten sich laut unterhalten, die Bärin hätte sie also hören müssen. Hatte der Wind so ungünstig gestanden? Die beiden schaffen es bis zur Straße, wo das erste Auto hält und sie ins Krankenhaus bringt. Sue und Dick überleben. Später stellt die Polizei fest, dass 15 Meter vom Angriffspunkt entfernt ein Maultierhirschkadaver lag.

Beide sind erfahrene Wildniswanderer, aber hier lag eine gefährliche Mischung ungünstigster Umstände vor: Mensch und Grizzly erkannten sich nicht rechtzeitig und konnten nicht ausweichen. Und dann war da die Beute, die ein Bär immer vehement verteidigen wird.«

Alan nimmt einen Schluck heiße Schokolade. Ich hatte schon wiederholt von Jägern gehört, die ihre Beute, zum Beispiel einen schweren Elch, zunächst zurückließen, um Hilfe für den Abtransport zu holen. Und dann war da ein Bär, der das Tier als seine Beute ansah ... Tonya unterbricht meine Gedanken:»Dieter, du hast doch sicherlich auch schon abenteuerliche Begegnungen mit Bären gehabt?« Sie blickt mich auffordernd an.

»Um ehrlich zu sein: mehr als mir lieb ist.«

»Erzähl!«

»Es war auf einer unserer ersten großen Kanureisen. Wir waren im Süden Kanadas gestartet, unser Ziel war das Nordpolarmeer, dazwischen lagen gut 3000 Kilometer Paddelei. Diesen Abend vergesse ich nie. Tagsüber war es verdammt heiß gewesen, unvermittelt aber brach ein Gewitter los, und schon gingen die Wellen hoch. Für Paddler im kleinen Kanu gab's nur eins: anlegen und das Zelt aufbauen. Einen ebenen Platz fürs Zelt zu finden dauert gewöhnlich lange. Meist liegen halbvermoderte Baumstämme oder Äste in Dreier- oder Viererlagen übereinander.

Hier war es anders. Eine glatte Fläche! Zeit zum Nachdenken hatte ich nicht, sonst wäre ich bestimmt misstrauisch geworden. Der Sturm peitschte, Regen prasselte. Juliana entlud das Kanu, ich baute in Rekordzeit das Zelt auf. Sie huschte als Erste rein, während ich noch draußen stand, um mir den Regenmantel auszuziehen. Keine vier Meter von mir brach plötzlich irgendwas im Busch. Ein Bär! Ich begriff: Der wunderbare Lagerplatz war das Ende eines Bären-Trails. Und der Bär kam jetzt auf mich zu ...

Da erinnerte ich mich an das, was ich über Bärenbegegnungen gehört hatte, fasste mir ein Herz und schmetterte:»Kein schöner Land...« Als wir wieder in Deutschland waren, schrieb die *Bild*-Zeitung über uns einen Bericht mit der Überschrift:»In Alaska vertrieben wir Bären mit deutschen Volksliedern.«

25

Brief aus dem Blockhaus: Berg der Träume

Mein Blockhaus ist jetzt mein Zuhause. Ich weiß, es ist nur ein Zuhause auf Zeit. Meine Gedanken kreisen bereits um den Sommer, wenn ich wieder ausfliegen werde. Und so wie der Kranich weiß, wohin er zieht, so klar ist mir, dass ich mit meinem Kajak auf den Flüssen Alaskas unterwegs sein muss.

Muss?

Ja!

Während der vergangenen Jahre sind Juliana und ich überwiegend durch Australien, Neuseeland oder Afrika gereist. Reiseziele, die ebenfalls zu meinen Favoriten gehören. Aber der Norden Kanadas und Alaskas übt eine geradezu magische Anziehungskraft auf mich aus. Zeit für neue Flussabenteuer: Im Sommer wird das Faltboot für mich der Schlüssel zu dieser Wildnis sein.

Ich rücke dichter ans Fenster. Weiches Abendlicht fällt herein. Ein Holzscheit knistert im Ofen. Ich greife nach dem Blatt Papier auf dem kleinen Tisch vor mir, nehme den Kugelschreiber zur Hand und setze meinen gestern begonnenen Brief an Juliana fort.

Lake Minchumina
April

Du kannst dir vorstellen, wie mir zumute war, als auch am vierten Tag der Denali-Expedition die meisten meiner 30 Diafilme noch unbelichtet waren. Dieses verflixte Wetter ... Am Morgen unserer Umkehr aber geschah ein kleines Wunder, wenn auch eines mit einer gewissen Ladehemmung, denn zunächst war es so grau wie die Tage zuvor, und aus dem Grau fiel noch immer feiner grauer Schnee.

Alan hatte bereits gepackt und brach als Erster auf, in Richtung Camp I. ›Bis später!‹ Ich winkte ihm nach. Wir würden ihn bald einholen. Tonya putzte Camp II und richtete es für den Besuch ihrer Lodge-Gäste her. Ich legte unseren Hunden die Geschirre an und zog die Schlitten in Startposition. Natürlich hatte ich bemerkt, dass die Sonne durch die Wolken gebrochen war, die Arbeit hatte mich aber abgelenkt. Doch plötzlich fiel mein Blick auf die Bergkette: So klar und brillant hatte ich Denali nie zuvor gesehen. Es war fantastisch.

Tonya wurde wie ich im Sternzeichen Zwilling geboren, ist also leicht zu begeistern. »Alan wird den Weg auch ohne uns finden!«, sagte sie spontan. Ich wusste, was sie meinte. Ich stellte unsere Schlitten in die entgegengesetzte Richtung. Wir ›mushten‹ schleunigst zum Denali.

Gestern war dies eine andere Welt gewesen. Jetzt sah ich Gipfel, wohin ich schaute: Neben dem Denali erkannte ich Mount Foraker, Mount Brooks, Mount Silverthrone und Mount Mather.

Die Sonne schien schräg von vorn und blendete mich. Noch umhüllte dunstiges Gegenlicht die Felskette. Aber die Sonne würde wandern, und so ließ ich die Zeit für mich und meine Fotoleidenschaft arbeiten.

Ich bekam meine Bilder, zahlte allerdings einen Preis, denn bei minus 22 Grad fotografierte ich auf dem Schlitten ohne Handschuhe. Jetzt ist die Haut meiner Finger spröde und stellenweise sogar aufgesprungen.

Die Sonne brannte aus dem Blau des Himmels, und dann noch mal als Reflektion des Schnees. Ich wusste, ich würde einen Sonnenbrand bekommen, aber bis zum Camp I war es noch weit.

Wann immer ich über die Schulter nach hinten schaute, sah ich Denali aus einem anderen Winkel. Bei Sonnenuntergang stoppten wir, sicherten unsere Hundeteams und sahen, wie rotes Abendlicht sanft über das Massiv floss. Dann wurde es schnell dunkel. Fünf Stunden Schlittenfahrt lagen noch vor uns.

Um 21 Uhr schob sich die riesige Scheibe des Vollmondes wie ein geheimnisvolles Fabelwesen über die Gipfel der Alaska Range: golden und übergroß, wie ich ihn nur aus den Tropen in Erinnerung hatte, in Nächten mit Meeresspray oder Wüstenstaub über dem weiten Horizont.

»Nach Denali-Sicht und Vollmond fehlt jetzt eigentlich nur noch ein Nordlicht«, scherzte ich. Momente später gaukelte eine farbige

Aurora Borealis über den Himmel. Längst hatte ich meine Stirn-
lampe ausgeschaltet, der Schnee spiegelte das Licht des immer
höher kletternden Mondes. Auch Tonya verzichtete auf ihre
›headlamp‹. Wir mussten allerdings sehr wachsam sein, um uns
in dieser Geisterstimmung nicht durch vorstehende Äste vom
Schlitten fegen zu lassen.

Es war unwirklich, als bewegten wir uns durch einen mit bläu-
lich schimmerndem Schnee effektvoll inszenierten Film, in dem
unsere Hundeteams die Hauptrolle spielten. Nur das Kratzen der
Schlittenkufen war zu hören.

Plötzlich wurde der rosafarbene Himmelswind schwächer und
zog sich hinter eine Bergkuppe zurück. Nur die Sterne funkelten,
und der Mond goss sein bleiches Licht über die Erde. Die Nacht
war bitterkalt. Trotz des Gesichtsschutzes fühlte sich meine Na-
senspitze an wie ein Eisklumpen, ich zog die Kapuze weit nach
vorn. Ihr Pelzrand brach die eisige Luft, und nach und nach wurde
mir wärmer. Ein paar Wochen sind seitdem vergangen.

Wir hatten kürzlich Besuch. Mary Shields und ihre Freundin
Shirley Liss waren mit ihren Hundeteams tagelang von Nenana
hierher ›gemusht‹. Zwei Mittfünfzigerinnen allein auf dem aben-
teuerlichen Husky-Trail ...
»Jedes Jahr bin ich zum Ende des Winters ein bis zwei Wochen mit
meinen Hunden unterwegs«, verriet mir Mary Shields. Sie ist
bekannt in Alaska. »1965 kam ich als Betreuerin einer Jugend-
gruppe her«, erinnerte sie sich. Nach dem ersten Nordlandsom-
mer wusste sie, dass auf jeden Fall ein zweiter folgen musste, und
überwinterte hier.
»Damals traf ich Bob Schlentner«, erzählte sie mir, »einen exzel-
lenten ›musher‹, von dem ich viel über Hunde lernte.«
Um finanziell über die Runden zu kommen, arbeitete Mary
Shields anfangs als Kellnerin, im Winter aber sah man sie und
ihre Hunde auf den Trails.
1974, im zweiten Jahr des Iditarod-Rennens, machte sich auch
Mary auf den langen Weg nach Nome (mit Lolly Medley war noch
eine zweite Frau im Rennen).

Als sie mit sieben ihrer ursprünglich acht Hunde nach 28 Tagen in Nome einlief, hatte sie Geschichte geschrieben: die erste ›musherin‹, die die Iditarod-Ziellinie überfuhr. Eine Fangemeinde von 30 Frauen begrüßte sie mit einem Transparent und den Worten: ›You've come a long way, baby!‹

Vor ein paar Tagen bekam ich einen Anruf von Penny Green. Ob ich Lust hätte, ihrem Tom ein wenig zur Hand zu gehen, er baue gerade wieder ein Haus. Klar doch! Ich lieh mir Tonyas Motorschlitten und fuhr los.

Penny, lebendig wie immer, sprudelte gleich los: »Du kannst Tom zum Silberjubiläum gratulieren. Dies wird sein 25. Blockhaus!« »Stimmt! Mein erstes Blockhaus habe ich als Junge gebaut«, *sagte er strahlend.* »Dad hat es mir beigebracht. Ich liebte es, ihn bei der Jagd zu begleiten, denn dann schliefen wir in unserer Blockhütte. Blockhäuser sind Bestandteil dieses Landes und für mich eine tolle Erinnerung an meine Jugend. Auch deswegen baue ich sie gern.«

Ich half Tom, 48 Baumstämme mit dem Motorschlitten von seinem Haus über den vereisten See an ihren endgültigen Bestimmungsort zu schleppen, eine Anhöhe unweit der Stelle, wo der Muddy River in den Lake Minchumina mündet. Dies ist ein Stück Erde reich an Pioniergeschichte: Anfang des 20. Jahrhunderts verliefen hier transatlantische Schlittentrails.

Der letzte Eigentümer des Grundstücks vermachte das Gelände später der University of Alaska, die es an Toms Bauherrn, Mike Gho aus Fairbanks, verkaufte.

Dies wäre ein Fleckchen für uns!, dachte ich

Ich sehe dich schmunzeln. Vielleicht blickst du auch nachdenklich drein und denkst: Unverbesserlicher! Aber du hättest den Blick mit mir über den verschneiten Foraker River schweifen lassen sollen! In der Ferne erhob sich der Denali in seiner ganzen Pracht. Es war atemberaubend!

»Wo hast du die Baumstämme her?«, *fragte ich Tom. Stämme dieser Stärke und Länge gibt es hier eigentlich nicht.*

Tom erzählte mir die Geschichte eines der letzten verheerenden Buschfeuer hier. Es war auch Toms persönliche Geschichte. »Vor *zwei Jahren vernichtete die Feuersbrunst Teile meiner ›trap line‹ und zwei meiner Blockhütten. Es folgte eine harte Zeit. Normalerweise sind Marder und Biber unser Haupterwerb. Nach dem Brand waren die Marder tot oder geflohen, und wir mussten uns auf Biber konzentrieren.« Tom Green legte die Stirn in nachdenkliche Falten. »Zurück zum Blockhaus. Auch ein großer Bestand an Fichten fiel den Flammen zum Opfer – zum Glück nur die Zweige, Nadeln und Rinden. Die Stämme selbst wurden nicht weiter beschädigt. Das Holz ist ganz hervorragend, härter, als wenn ich es geschlagen und selbst getrocknet hätte. Ich fällte die Stämme und bewahrte sie als Baumaterial auf.«*

Mit etwas Fantasie kann ich mir das Blockhaus schon jetzt vorstellen. Viereinhalb mal fünf Meter wird der Innenraum messen, gerade mal so viel wie die Fläche eines kleinen Wohnzimmers irgendwo in Deutschland. Rund 22 Quadratmeter. Das ist Standard hier.

»Das Blockhaus wird ganzjährig bewohnbar sein«, sagte Tom Green und verriet mir, dass er Blockhäuser am liebsten allein und ohne Hilfe baue.

»Bevor das Eis taut, ziehe ich mein Kanu von zu Hause über den See zur Baustelle. Während des ›break-up‹ werde ich dann zwei, drei Wochen lang völlig ungestört sein. Niemand reist während dieser Zeit. Später paddele ich mit dem Kanu zurück, dann sollte ich ein gutes Stück vorangekommen sein.«

In Deutschland stritt man zur selben Zeit in den Medien über das Thema Arbeitsplatzsicherung, redete sich die Köpfe darüber heiß, was Arbeitswilligen zugemutet werden kann und mit wie viel Aufwand der Weg zum Arbeitsplatz verbunden sein darf ... Während ich Tom Green zuhörte, schüttle ich über das vertraute heimische Polittheater den Kopf.

Natürlich reichen 25 gebaute Blockhäuser nicht aus, um eine Familie über viele Jahrzehnte durchzubringen.

»Manchmal«, sagte mir Tom Green, »arbeite ich während des Sommers auch beim Straßenbau oder helfe am Flughafen, ich bediene auch große Arbeitsmaschinen, mache also beinahe jeden Job, der anfällt.«

Sechs Meter lange und 150 Kilo schwere Baumstämme zu wuchten ist Knochenarbeit – das hatte ich jetzt am eigenen Leib erfahren. Ich sah mir Tom an. Er ist alles andere als ein muskelbepackter Riese. »Wie lange macht das der Körper mit?«

»Das geht schon. Hab' zwar Ärger mit dem Rücken, aber nicht vom Blockhausbau!« *Er berichtete, wie sich vor einigen Wintern sein Motorschlitten in einem ›overflow‹ festgefahren hatte.* »Das Ding saß bombenfest, ich kam weder vorwärts noch rückwärts raus. Ich musste es mit all meiner Kraft hochreißen und habe mir dabei einen Rückennerv geklemmt. Konnte mich von einer Sekunde zur anderen nicht mehr bewegen. Die Temperatur lag bei minus 30 Grad, und ich war allein ... Da jagen dir 'ne Menge Gedanken durch den Kopf.« *Doch er hatte Glück im Unglück. Jack Hayden, damals noch Eigentümer der Denali West Lodge, befuhr an diesem Tag zufällig mit seinem Motorschlitten denselben Trail wie Tom und schaffte ihn nach Haus.*

Drei Monate beansprucht das Aussuchen und Fällen der Stämme, dann folgt der Transport zum Grundstück. Die restlichen zwei Monate gehen für den Rohbau drauf. Fünf Monate dauert es, bis einem Blockhaus das Dach aufgesetzt werden kann.

Ich hörte Tom Green mit glänzenden Augen zu. Der kleine Junge in mir träumte ...

»Jung ist man, wenn man mehr Träume hat als Erinnerungen«, *heißt es so schön.*

Lass mich weiterhin von unserem eigenen Blockhaus am Ufer eines Flusses träumen. Allerdings weiß ich noch nicht, durch welchen Erdteil er fließt ...

26

Tagebuchnotizen: Endlich der ›break-up‹

16. April, 1 Grad

Drei Trompeterschwäne streichen über mein Blockhaus hinweg, womit sich die Flugaktivitäten dieses Tages schon erledigt haben.

Fahre mit dem *four wheeler*, dem vierrädrigen Geländemotorrad, über den See zum *post office*, wo ich erfahre, dass das Postflugzeug wegen schlechten Wetters nicht gestartet ist.

17. April, -2 Grad

Postflugzeug auf Minchumina *airstrip* gelandet.

18. April, -2 Grad

Rotkehlchen in der Birke belauscht. Im *dog yard* streiten sich lautstark acht Raben.

Letzte Schlittenhundefahrt. Die Schneereste schmelzen unter den Kufen.

19. April, -2 Grad

Mal Schnee, mal Regen. Der Abwehrkampf des Winters gegen den Frühling scheint verloren. Schlitten gesäubert, Schlittensack repariert und alles bis zum nächsten Winter verstaut.

23. April, 3 Grad

Ausgelassene Frühlingstänze der aufgeplusterten Raufußhühner bringen die Huskys im Hundehof zum Rasen.

Gegen 22 Uhr verzaubert ein rotes Alpenglühen Denali und Mount Foraker.

24. April, 2 Grad

Das mit 301.000 Dollar dotierte *Nenana Ice Classic*, eine Wette im Ort Nenana, bei der es darum geht, den Zeitpunkt des *break-up* zu erraten, hat sechs neue Gewinner. Das Eis des Tanana River bricht, und als das hölzerne Dreibein um 14.16 Uhr in die Fluten sinkt, hat der Frühling auch hier begonnen.

25. April, -1 Grad

Die erste Mücke des Jahres gesichtet! Als letzte handfeste Erinnerung an den Winter verbleibt das Eis auf Lake Minchumina.

27. April, 1 Grad

Regen. Sicht höchstens 200 Meter. Solarbatterien der Lodge sind auf niedrigstem Pegel. Höre Rotkehlchen und Gelbe Grasmücken singen. Warte täglich auf Sonnenschein.

30. April, 5 Grad

Carol bricht auf, um ihre alte Mutter in New York State zu besuchen. Die ersten zehn Kilometer der langen Reise sind die abenteuerlichsten.

In ihrer E-Mail lese ich:»Unten am See angekommen, zog ich meine hüfthohen Gummistiefel an und watete sechs Meter durchs kalte Wasser zum Eis. Legte dort meinen Rucksack auf einen kleinen Plastikschlitten und wanderte mit ihm im Schlepp anderthalb Stunden über den See bis zum Flugplatz. Bei der Ankunft in Fairbanks lag die Temperatur bei 15 Grad, und in den Vorgärten grüßten erste Krokusse.«

25. Mai, 9 Grad

Winter ade! Das Eis des Lake Minchumina ist getaut.

10. Juni, 15 Grad

Täglich wird es grüner. Bald werden rote Erdbeeren leuchten, Blumen blühen und riesige Kohlköpfe wachsen.

20. Juni, 18 Grad

Trapper Miles Martin besucht mich demnächst in meinem Blockhaus.

27

Miles Martin – der ›mountain man‹ vom Kantishna River

Mir ist, als wäre ich Miles Martin schon vor 17 Jahren begegnet. Und in gewisser Weise stimmt das auch, obwohl ich ihn nie persönlich traf. Aber den Artikel über ihn im *Geo Spezial Alaska* hatte ich mehrfach gelesen, ja regelrecht verschlungen. Da zog sich ein Träumer die Geschichten eines anderen Träumers rein. Die Fotos hatten mich in seine Blockhütte geführt: Ich sah Miles beim Kneten von Brotteig, Miles bei der Lektüre eines Buches im Schein der Petroleumlampe, Miles beim Nähen einer Lederjacke, Miles, wie er einen Luchs aus der Fangschlinge löst. Als ich las, was Miles Martin dem Journalisten erzählt hatte, wurde ich nachdenklich. Es war die Geschichte von einem, der ausgezogen war, seine persönlichen Grenzen auszuloten.

Juliana und ich waren zu diesem Zeitpunkt bereits acht Jahre lang ohne Unterbrechung durch alle Kontinente gezogen. Dem extremen Abenteuer waren wir nie aus dem Weg gegangen, ganz im Gegenteil. »Aber so oft wie Miles haben wir uns nicht blutige Nasen geholt«, sagte ich zu Juliana.

In meine unverhohlene Bewunderung mischte sich mitunter Kopfschütteln darüber, dass sich jemand so bedenkenlos in Gefahr begibt. Aber hatte er das wirklich getan? Oder sind bestimmte Grenzerfahrungen wirklich nur möglich, wenn man Grenzen, auch die zu sich selbst, bereitwillig und konsequent überschreitet? Ich wurde aus Miles Martin nicht recht klug. Oder ging er mir nur deswegen nicht aus dem Kopf, weil ich davon träumte, genau das zu tun, was er tat?

Ein paar Jahre später: Juliana, Bettina und ich waren gerade in unser Haus in Manley Hot Springs am Tanana River eingezogen. Das *Geo*-Heft zu Alaska lag aufgeschlagen auf dem Tisch, Carol, die zu Besuch war und darin blätterte, hielt plötzlich inne, lachte laut und sagte: »So aufgeräumt war es in Miles' Blockhaus nie, als ich mit ihm zusammenlebte.«

Sie war also die Frau, über die Miles gesagt hatte: »Eines Tages versuchte ich, mit einer Frau und ihren beiden Kindern, die sie mitbrachte, zusammenzuleben. Aber irgendwann gingen wir wieder unsere eigenen Wege. Wir waren beide einfach zu unabhängig. Beide wollten Feuerholz hacken, keiner wollte kochen!«

Seitdem konnte ich es kaum abwarten, Miles kennen zu lernen.

Er ist mittelgroß, leicht untersetzt und trägt das weiß-rotkarierte Flanellhemd einer *bushrat*, wie man die Männer in den Wäldern gern nennt. Zwei muntere Augen funkeln mich freundlich und wachsam an. »Wenn man meiner Mutter glaubt, wurde ich 1951 geboren, in meinem Pass steht 1952. Such dir was aus ... Ich war fünf Jahre alt, als mir jemand die Geschichte von Peter und dem Wolf vorlas. Damals wurde mir klar, dass ich später so leben wollte wie er. Aber alle, denen ich das erzählte, lachten nur.

Mein Vater war Dekan eines College. Wir waren *upper class*. Meine Eltern erlaubten mir nicht, mit Holzgewehren und Spielzeugpistolen zu spielen so wie andere Jungs meines Alters. Sie waren Vegetarier. Und eines Tages sagte ihr fünfjähriger Steppke: ›Ich werde Trapper.‹

Das muss damals in Ohio oder Michigan gewesen sein, vielleicht war es auch in Maine oder New York. Geboren wurde ich jedenfalls auf Hawaii. Durch die Karriere meines Vaters kamen wir viel rum. Wir lebten auch in Kalifornien und Pennsylvania.

Mit 15 verließ ich mein Elternhaus und ging zur Navy. Mit 19 kam ich da raus. Jetzt gab's nur eins für mich: Weg nach Kanada!

Warum ausgerechnet Kanada?, fragst du. Ich bildete mir ein, Kanada zerstöre seine Wildnis langsamer als die USA, weil sie dort nicht so wohlhabend sind wie wir.

4000 Dollar hatte ich damals als Anfangskapital in der Tasche. Zu Beginn der 70er-Jahre war das 'ne Menge Geld. Oh, ich hatte große Pläne! Ich zahlte in Kanada ein einfaches Häuschen an, kaufte mir ein Kanu, eine Kamera und alles, von dem ich glaubte, dass ein Profifotograf es benötigte. Das wollte ich von nun an sein. Nebenher arbeitete ich in einer öffentlichen Bibliothek. Allerdings war ich kein kanadischer *resident*. Die Behörden kamen dahinter, dass ich ohne Aufenthaltserlaubnis arbeitete. Man verwies mich des Landes, weil ich lächerliche 200 Dollar als Bibliotheksgehilfe verdient hatte! Fast mein gesamtes Startkapital ging auf diese Weise den Bach runter.

Aus der Rückschau erscheint es eigenartig, dass Alaska meine zweite Wahl war. Ich wusste damals wenig über dieses Land. Als Ausgewiesener durfte ich nicht mit dem Auto auf dem Alaska Highway nach Norden fahren, denn der führt bekanntlich durch Kanada. Ich ging also zum Schalter einer Fluglinie: ›Ein Ticket nach Alaska.‹

›Wohin genau?‹, wollte die Frau wissen.

›Was gibt's denn zur Auswahl?‹

›Die meisten fliegen nach Anchorage‹, sagte sie.

›Und wo fliegen die anderen hin?‹

›Fairbanks‹, sagte sie lächelnd.

Und dort landete ich dann auch.

Ich wollte ein *mountain man* sein, ein Pionier wie die Männer von der *Mayflower*, ein Kerl wie der *frontiersman* Davy Crockett, Held der legendären Schlacht um Fort Alamo/Texas. Zu denen zu gehören, die dieses Land zu dem gemacht haben, was es ist – das war mein höchster, mein edelster Traum.

Aber ich lernte schnell. Ich erkannte, dass viele meiner Helden ganz normale Burschen gewesen waren und es gar nicht so leicht hatten. Einige nahmen sich Indianerfrauen und wurden deswegen gemieden. Man ging auf die andere Seite des Bürgersteigs, wenn ›der da‹ mit seiner Squaw kam. Heute mögen wir das romantisieren, damals mussten viele meiner Idole ein Schattendasein fristen. Mir ging es ähnlich. Zu Hause gehörte ich zur Oberschicht. Und wenn ich einem Polizisten begegnete, war er ein Freund der Familie, der sich danach erkundigte, ob er mir helfen könne.

In Alaska kam ich mit ein paar Dollar in der Tasche an, war arm und langhaarig. Hier fragte kein Polizist, ob er etwas für mich tun könne, sondern man drückte mich wie einen Verbrecher gegen die Wand und schnauzte mich an, wer ich eigentlich sei. ›Dazu habt ihr kein Recht‹, sagte ich. Und er brüllte: ›Halt's Maul, sonst breche ich dir die Rippen!‹ Ich hatte ohne es zu merken die Schicht gewechselt, durchlief eine soziale Metamorphose. Ich war so grün, wie man grüner nicht sein kann. Ein waschechtes Greenhorn, auch wenn ich mich selbst nicht so sah.

Es gab nichts, vor dem ich weggelaufen wäre. Ich lief zu irgendetwas hin. Ich hatte mein Ziel nur noch nicht klar definiert.

Ich denke, ich wollte mich selbst finden. Und die Gesellschaft gab mir nicht, was ich auf meinem Weg zu dem noch nebulösen Ziel benötigte. Aber ich hatte einen Kopf, der klar denken, und zwei Hände, die ordentlich anpacken konnten. In einer Stadt wäre ich damals kreuzunglücklich gewesen, draußen in der Wildnis konnte ich mich testen, meine Selbstsicherheit festigen, eine stärkere und vermutlich bessere Persönlichkeit werden.

Als junger Bursche war ich unsicher. In der Schule bekam ich schlechte Zensuren, aber jeder verlangte von mir Höchstleistungen. Du musst wohl eine schlechte Person sein, vermutlich bist du blöd, schlussfolgerte ich.

In der Wildnis nahm ich es sogar mit Bären auf, und glaub mir, ich war nicht ängstlich. Jede Gefahr, die ich meisterte, stärkte mich für die nächste Herausforderung.

Aber so weit war ich noch nicht, als ich 1972 nach Alaska kam.

Ich lachte über andere, die ich für Greenhorns hielt. Ich war mir sicher, die Qualifikation für die Wildnis zu haben, schließlich hatte ich jeden Naturfilm von Walt Disney gesehen.

Einem Buschpiloten sagte ich: ›Flieg mich in die Natur!‹ Vorkehrungen für den Rückflug traf ich nicht. Nach einem Jahr würde ich zu Fuß in die Zivilisation zurückmarschieren. Aber der Pilot bekam offenbar kalte Füße. Befürchtete wohl, dass man ihn zur Rechenschaft ziehen würde, wenn er einen Grünschnabel irgendwo in den Bergen aussetzte. Wir waren uns sympathisch und trafen eine Übereinkunft: Ich würde den ganzen Sommer in seinem *fish camp* am Yukon Lachse für ihn fangen, er würde nach und nach kostenlos alles, was ich brauchte, in die Wildnis fliegen. So wusch eine Hand die andere.

Nach dem ersten Sommer blieb ich auch den Winter dort. Allein.

Rückschauend weiß ich, dass ich zwei elementare Fehleinschätzungen beging: Ich wusste kaum etwas über den Tod und wenig über Feuerwaffen. Darauf, dass ich Tiere töten musste, um mich zu verteidigen, hatten mich die romantischen Disney-Filme nicht vorbereitet. Und aus Angst davor, als Trapper die Balance der Natur zu stören, ging ich zunächst so zaghaft ans Fallenstellen ran, dass ich gar nichts fing.

Ich glaube, dass ich Tiere heute besser verstehe als Menschen und auch eine bessere, harmonischere Beziehung zu ihnen habe. Ich nehme nur so viel, dass das Gleichgewicht der Natur gewahrt bleibt, und fühle mich als Umweltschützer, auch wenn es aus dem Mund eines Trappers vielleicht widersprüchlich klingt. Ich bin ein Tierfreund und will nicht, dass Wölfe, Marder und Luchse aus unseren Wäldern verschwinden. Wenn ich keine Tierspuren mehr in meinem Bereich wahrnahm oder das Gefühl hatte, dass die Population sich zurückentwickelte, dann hörte ich auf und zog mich für längere Zeit zurück. Aber all das musste ich natürlich erst noch lernen, damals als grüner Junge, Anfang der 70er-Jahre, am Yukon.

Meine Probleme begannen im zweiten Jahr. Die ortsansässigen Indianer fanden es gar nicht gut, dass ich in ihrem Gebiet lebte. Ich denke, dass das handfeste rassistische Hintergründe hatte. Sie waren *natives*, ich war weiß. Ich lebte, wie sie lebten, war ihnen aber wohl mit meiner Lebensart im Weg. Kurzum – sie stahlen mir immer wieder meine Vorräte und meine Ausrüstung, um mich zu vertreiben oder vielleicht sogar umzubringen.

Ich hatte kein Licht mehr und fast nichts mehr zu essen. Mit einer Schere in der Hand kroch ich über den Boden meiner Hütte und versuchte, Mäuse zu erstechen. Plötzlich zuckte ich hoch und sah Licht in einer Ecke. Auf einem Lehnstuhl in meiner *cabin* sah ich den lieben Gott sitzen.

›Was willst du?‹, fragte ich ärgerlich.

›Dich fragen, ob du dir etwas wünschst, denn heute ist Weihnachten.‹

›Wen schert's schon?‹, sagte ich, ›bin doch sowieso allein.‹ Ich sah an mir herunter, sah meine verdreckte Kleidung, sah die verfilzten Haare, sah mich mit der Schere in der Hand, um eine Maus abzustechen, um überhaupt überleben zu können.

›Hast du denn keinen Wunsch?‹, fragte er noch mal.

›Ich komme schon allein durch den Winter‹, beharrte ich.

Er lachte auf: ›Möchtest du vielleicht eine Mausefalle haben?‹ Im selben Moment hörte ich ein Zischen, und eine Mausefalle flog auf mich zu.

In dieser Zeit hatte ich starke Halluzinationen, manchmal hatte ich Angst, verrückt zu werden. Aber diesmal fand ich am nächsten Morgen tatsächlich eine Mausefalle. Ich schwöre dir, vorher hat keine dort gelegen. Jetzt konnte ich Mäuse essen und überlebte.

Als der Winter sich dem Ende näherte, marschierte ich los. Ich war entkräftet, es war bitterkalt, schätzungsweise 30 oder 40 Grad minus. Zu Essen hatte ich nichts. Fünf Tage ging ich aufrecht. Zum Schluss kroch ich auf allen Vieren den zugefrorenen Yukon entlang. Aber ich kam durch.

Associated press wurde auf mich aufmerksam. Es gab Schlagzeilen und Artikel, die in ganz Amerika erschienen. Seit damals habe ich den Spitznamen Wild Miles.

Die Leser bewunderten mich als einen, der nicht aufgab. Die Natur hatte mich nicht zur Kapitulation gezwungen. Wir beide, sie und ich, hatten uns arrangiert.

Jetzt brauchte ich nur ein anständiges Essen und eine Menge neuer Vorräte. Nach der Mahlzeit beschloss ich zurückzugehen.

Meine Eltern haben mich nicht ein einziges Mal in Alaska besucht. Ich war für sie noch immer das schwarze Schaf der Familie, der Versager, über den man nicht spricht. Sie schämten sich wohl meinetwegen.

Mag sein, dass sich das später geändert hat, aber niemand hätte das mir gegenüber mit einem Sterbenswörtchen zugegeben.

Jahre später hörte ich, dass mein Vater – es war nach meinem zweiten Winter am Yukon River – in seinem Haus beim Morgenkaffee die *New York Times* aufschlug. Ich war auf einer Doppelseite abgebildet, mit einem mächtigen Elchschinken. Ein Bild von mir, dem missratenen Sohn, und er hatte keine Ahnung von der ganzen Geschichte. Er las über Wild Miles, der sich vom Yukon bis in die Zivilisation durchgeschlagen und überlebt hatte. Über ihn, den College-Dekan mit all seinen wissenschaftlichen Qualifikationen, hatte die *New York Times* noch nie berichtet. Er war verwirrt. Wen konnte es interessieren, was sein Taugenichts von einem Sohn in der alaskanischen Wildnis trieb?

Mein Vater ist vor ein paar Jahren gestorben. Ich weiß nicht, ob er mir je vergeben hat. Bekannte von ihm sagten mir, dass er doch stolz auf mich gewesen sei ... und vielleicht auch ein wenig neidisch.

Als junger Mann soll er davon geträumt haben, mit einer Yacht um die Welt zu segeln. Aber er ging den für ihn einfacheren, gesellschaftlich erfolgreichen Weg und fand nie heraus, ob er seine Weltumsegelung hätte machen können. Ich hingegen folgte meinem Traum – gegen seinen Widerstand – und lernte mich und meine Grenzen kennen.

Und ich lernte noch viel mehr.

Als ich hier ankam, hatte ich keine Ahnung, was der Unterschied zwischen *mittens* und *gloves* ist, geschweige denn welchen Unterschied es macht, ob man bei Kälte nun Fausthandschuhe oder Fingerhandschuhe trägt. Ich wusste nicht, dass man frisches, grünes Holz auch verbrennen kann, hatte noch nie einen Holzofen bedient oder auch nur eine Petroleumlampe befüllt. Zu Beginn war mein Verhältnis zu Feuerwaffen verkrampft und sehr kompliziert. In meinem ersten Jahr am Yukon River kaufte ich mir die neu herausgekommene 3.57 Magnum, einen Revolver. Die Kugel einer 3.57 könne den Motorblock eines Autos wie ein Stück Butter durchbohren, hörte ich. Diese Waffe habe man der Polizei anfangs nicht geben wollen, weil man damit gleich mehrere Menschen auf einmal erschießen könne. Solch ein Ding kaufte ich mir für Notfälle, falls mir ein Bär dumm kommen sollte.

Allerdings hatte ich unterschwellig Angst, dieses Monstrum abzufeuern, und übte deswegen nicht einmal damit. Eines Tages vernahm ich mächtigen Lärm in meinem Räucherhaus, wo die köstlichen Lachse hingen, die ich für meinen Piloten zubereitet hatte.

Es war bestimmt ein Bär. Aber der Lachs gehört dir nicht, dachte ich bei mir, griff nach dem Revolver, schlich mich raus, zog den Abzugshahn und spannte. Ich wollte möglichst dicht an ihn ran und ihn notfalls mit einem Schuss aus meiner Superkanone erledigen.

Plötzlich erschien der Bär in der Tür des Räucherhauses ... das war dichter, als mir lieb war. Der Bär entdeckte mich.

Mit dieser Waffe in der Hand muss ich Furcht erregend ausgesehen haben. Dachte ich.

Was aber macht der Bär? Er reißt den Rachen auf, als würde er gähnen, und trottet gemächlich wieder zurück in die Hütte. Das kann nicht wahr sein. Ich hatte immer wieder gelesen, der Mensch sei der Erzfeind des Bären, und dieser hier ignorierte mich einfach. Schlimmer noch, er ignorierte meine brandneue 3.57 Magnum.

Erneut hörte ich den Bären drinnen zwischen den rotgoldenen Lachsen rumoren. Ich schlich mich auf etwa sieben Meter an ihn heran, zielte, drückte ab und vernahm eine ohrenbetäubende Detonation. Seine Eingeweide müssen über die Wände und die Decke verteilt sein, dachte ich. Aber der Bär saß nur da und glotzte mich irritiert an. Ich zielte erneut und versuchte, auf ihn zu schießen. Nichts! Verflixt! Die Wucht der Detonation musste meine Waffe beschädigt haben. Wenn der Bär jetzt auf dich springt, ist das dein Ende. Schweiß brach mir aus den Poren. Zur Not kann ich die Waffe auch als Wurfgeschoss einsetzen. Doch der Bär stapft gemächlich aus dem Räucherhaus und verschwindet in aller Seelenruhe im Wald.

Hinterher stellte ich fest, dass ich vor Aufregung vergessen hatte, den Hahn des Revolvers erneut zu spannen.

Ich berichtete meinem Piloten von meiner ersten Bärenbegegnung. ›Wenn ich das nächste Mal vorbeikomme, bringe ich dir einen Wachhund mit‹, sagte er.

Ich bekam also einen *puppy*, einen lieben kleinen Hund. Mein Leben wäre ohne ihn allerdings friedlicher verlaufen. Er war ein quirliger Kerl, der in meinem *smoke house* zwischen den geräucherten Lachsen mehr als einmal für Chaos sorgte.

Eines Nachts hörte ich, wie im Räucherhaus Pfähle umstürzten. Nicht schon wieder dieser Hund!, dachte ich. Ich hatte inzwischen viel über Lachse gelernt und war stolz darauf, all die Kniffe und Geheimnisse des Räucherns zu beherrschen. Und jetzt dieser Köter zwischen meinen Delikatessen! Ich raus. Es war stockfinster, ich konnte nicht mal die Hand vor Augen sehen. Da, eine Bewegung. Verflixter Köter, dir werd ich's zeigen. Ich gab ihm einen Tritt in den Hintern. Raus aus meinem Räucherhaus!

Er rührte sich nicht. Das war aber merkwürdig Ich entzündete ein Streichholz. Ein Schwarzbär! Ich hatte einem Schwarzbären in den Hintern getreten! Der raste jetzt wie von Furien gehetzt auf Nimmerwiedersehen davon ...

Bevor ich meine erste Blockhütte baute, hatte ich ein Dutzend Bücher darüber verschlungen. Nach meiner Ankunft habe ich diese Bücher mit ihrer ganzen grauen Theorie allerdings nie mehr aufgeschlagen. Alles was geschah, geschah folgerichtig und logisch. Du fällst deinen ersten Stamm, schon weißt du, was als Nächstes zu tun ist. Du schlägst die Zweige ab, und so geht es weiter. Der Ablauf wiederholt sich beim zweiten, dritten und vierten Stamm. Trotzdem machte ich Anfängerfehler.

Die Zeit war knapp, und der Winter stand vor der Tür. Zeit, um die Stämme ausreichend zu trocknen und ablagern zu lassen, blieb mir nicht. Auch die Baumrinde ließ ich dran. Während des Winters aber trockneten und schrumpften die Stämme, die Rinde fiel ab, und das Moos, das ich als Dichtung in die Ritzen gestopft hatte, bröckelte raus. Es war so bitterkalt in der Hütte, dass ich nicht dagegen anheizen konnte. Ich knüllte Hemden, Socken und Handtücher in die Ritzen. Irgendwie überlebte ich auch diesen Winter.

Nenne mich einen Romantiker, einen Träumer, aber ich stellte mir vor, dass auch Abraham Lincoln in einer Blockhütte im Schein einer Petroleumlampe gelebt hatte. Und er war immerhin Präsident geworden. Was gut genug für ihn war, war allemal gut genug für mich, sagte ich mir.

Während meiner ersten drei Jahre in Alaska errichtete ich zwei Blockhütten. Aber war das nicht verrückt, die schönste Zeit des Jahres, den Sommer, nur damit zu verbringen, Vorbereitungen für den Winter zu treffen?

Ich beschloss, mir ein Hausboot zuzulegen. Dann hätte ich eine schwimmende Hütte, ich könnte vom Wasser aus als Fallensteller arbeiten und müsste mich nicht den kurzen Sommer lang abrackern, nur um für den langen Winter gerüstet zu sein.

Ich baute ein Hausboot, flach genug, um auch im Spätsommer bei Niedrigwasser auf den Flüssen Zentralalaskas unterwegs sein zu können, und groß genug, um darauf leben. Ich bin anspruchslos. Außerdem war ich ja allein.

Manchmal werde ich gefragt, ob ich mich nicht einsam fühle. Vielleicht frage ich mich das manchmal selbst ... Aber ich war mein Lebtag allein und glaube nicht, dass es in der Wildnis einsamer ist als in einer Stadt. Im Gegenteil! Manchmal fühle ich mich verlassener unter Menschen. Vielleicht, weil ich dann sehe, was sie haben und ich nicht. Wenn ich in der Stadt Zeit habe herumzuschauen, wenn ich ein paar hübsche Beine vorbeibummeln sehe, wenn Frauen und Männer Hand in Hand gehen, empfinde ich schon mal, dass ich allein bin. Vor allem zu Weihnachten oder zu Thanksgiving.

In der Wildnis kommt dieses Gefühl nicht auf. Dort bin ich vollauf damit beschäftigt, meinen Träumen handfeste Gestalt zu geben.

Während meiner Zeit im Hausboot reiste ich viel über die Flüsse im Inneren. Eines Tages kam mir zu Ohren, dass am Kantishna River

Siedlungsland für *homesteader* freigegeben werde. Anfang der 80er fand ich dort einen wunderbaren Fleck, erbrachte alle nötigen Unterlagen und ließ mir dann viel Zeit, meine Blockhütte zu bauen. Es sollte eine eingeschossige Hütte sein. So zumindest sah mein Plan es vor ...

Damals lebte ich vorübergehend in Manley Hot Springs, wo ich mich gerade mit anderen Bewohnern zusammentat, um Lebensmittel kostengünstig als Großbestellung in Auftrag zu geben. Carol sammelte die Bestellungen und entdeckte eines Tages meine Order.

›Wer in aller Welt bestellt 80 Pfund Trockenerbsen?‹ Sie lachte.

›Das ist Miles Martin, der sich als Greenhorn am Yukon fast zu Tode gehungert hat. Seitdem hat er diesen Tick mit dem Essen‹, lautete die prompte Antwort.

Sie wollte diesen Burschen unbedingt kennen lernen. Wir trafen uns und fanden heraus, dass wir viele Gemeinsamkeiten und ähnliche Träume hatten. Am Ende zogen wir zusammen in mein Blockhaus. Natürlich kamen auch Carols Töchter Tonya und Paula mit.

›Mountain man‹ Miles Martin liest einen Bericht über sich selbst

Ich betrat Neuland. Mehr als ein Jahrzehnt hatte ich völlig allein gelebt, ein wenig fürchtete ich mich vor der neuen Aufgabe. Aber es war einfacher, als ich dachte, Familienvater zu sein. Ich genoss es. Als ich Carol traf, war meine *cabin* noch am Entstehen. Gut so, denn vier Menschen brauchen natürlich mehr Platz als einer. Carol und ich bauten eine zweite Etage. Tonya war damals zehn Jahre alt, und es hieß, ihr erstes Wort sei nicht *mom* oder *dad* gewesen, sondern *dog!* Die Liebe zur Natur verband mich mit Tonya. Ich brachte ihr bei, wie man fischt, Fallen stellt und Bäume fällt. Und irgendwann baute sie sich ihr kleines Fort.

Ich machte schon seit einer Weile traditionellen Schmuck, aus Bären- und Wolfsklauen oder aus prähistorischem Elfenbein, das ich am Ufer des Yukon River finde. Als Trapper war ich erfolgreich und dehnte meine *trap line* auf 320 Kilometer aus. Ich war viel unterwegs, auch um den Trail offen zu halten. Reich war ich nicht, aber es langte, um einigermaßen über die Runden zu kommen.

Bis vier oder fünf Uhr nachmittags ging ich meiner Tätigkeit als Trapper nach, dann zündete ich die Petroleumlampe an und fertigte meine Schmuckstücke. Inspiration für meine Motive hole ich mir noch heute von der *trap line* – zum Beispiel ein Hund, der hungrig in seinen Fressnapf schaut.

Aber es gab auch Jahre, in denen ich einen gut bezahlten Sommerjob brauchte. Für die Eisenbahngesellschaft legte ich Schwellen zwischen Anchorage und Fairbanks oder bekämpfte als *fire fighter* Waldbrände. Seit Jahren schlage ich im Sommer für einen Landvermesser mit der Motorsäge Schneisen durch die Wälder. Ein knochenharter Job!«

Miles unterbricht seine Geschichte. Ich schiebe ihm einen Riegel deutscher Nussschokolade zu, die ich für besondere Gäste aufgehoben hatte. Dies ist ein Tag, um sie großzügig anzubieten. Tagelang könnte ich Miles zuhören.

Ist er nach all den Jahren noch immer Wild Miles?

Ich erinnere mich an einen anderen Miles Martin, dem ich 1995 begegnete und las:»Einer gegen den Rest der Welt«.

Rund ein Jahrzehnt nach dem Erscheinen des Artikels sitzt mir ein freundlicher, belesener und aufgeschlossener Mann gegenüber und keineswegs ein durch Windmühlenkämpfe mit dem Rest der Welt verbitterter Don Quichotte. Oder irre ich mich?

»Würdest du es wieder tun, Miles?«

»Ja! Mit dem Wissen und der Erfahrung von heute würde ich ein paar Kleinigkeiten anders machen als mit 19, aber es war mein Traum, und ich lebte diesen Traum. Das ist das Wichtigste. Heute bin ich sozusagen die Summe all meiner Erlebnisse und Erfahrungen. Ich bin froh mit dem, was ich erreicht habe, und stehe zufrieden da, wo ich angekommen bin.«

»Du hast dich mir gegenüber mal mit einem alten Elchbullen verglichen. Wie fügt der sich in das Bild ein?«

»Als ich jünger war, reizte ich einfach alles aus, ich musste mir und anderen wohl etwas beweisen. Ich wollte in der Wildnis weiter vorankommen als andere. Wollte, dass meine Hunde schneller sind als die der übrigen Trapper. Als Fallensteller wollte ich mehr Pelze einbringen als die anderen. Meine *trap line* musste unbedingt die längste sein. Das alles ist vermutlich Teil irgendeines männlichen Wettkampfs, wie der Kampf der jungen Elchbullen untereinander. Wenn ihre mächtigen Geweihe aufeinander knallen ... dieses Kräftemessen, das ihnen zeigt, wie weit sie gehen können. Nachdem ich alles ausprobiert und erreicht habe, zieht der alte Elch gemessenen Schrittes und unangefochten über die Tundra. Es kommt die Erkenntnis, dass es Wichtigeres gibt, als König der Berge zu sein. Ich war ein *mountain man*, aber ich sehe noch viele andere Schönheiten und Herausforderungen im Leben.«

28

Norman Vaughan – zum 100. Geburtstag in die Antarktis

Der Weißkopfseeadler am Südostufer des Sees ist aus dem fischreichen Südost-Alaska zurückgekehrt und hat sein altes Nest im Wipfel einer großen Fichte bezogen. Ein Falke lebt ganz in der Nähe. Gelegentlich streiten Möwen, aber ansonsten ist es ruhig am Ufer des Lake Minchumina. Nur selten schlägt das Wasser heftig ans Ufer, zumeist rollt es in kurzen schwappenden Wellen aus.

Das Land, in dem Miles Martin 30 Jahre lang Fallen stellte, ist heute so still wie Anfang der 70er-Jahre. »Vielleicht sogar noch stiller«, sagt Carol. Denn viele der abenteuerlustigen jungen Menschen, die der Staat damals mit Land zum *homesteading* in die Wildnis lockte, haben die Wälder zwischen Denali und Yukon River wieder verlassen.

Vielleicht kapitulierten sie vor der Einsamkeit, vielleicht entstand mit zunehmendem Alter das Bedürfnis, doch wieder unter Menschen zu sein. Bei vielen war die Ausbildung der Kinder ein Grund, von ihrer romantischen Blockhütte am Fluss in eine Siedlung zu ziehen.

Ende Mai bedeckt zartes Grün Alaska, drei Wochen später erinnert nichts mehr an den Zauber des Winters, als Eisnebel jeden Laut dämpfte.

Es wäre interessant zu wissen, was die Schlittenhunde von der durch die Natur verordneten Zwangspause halten. Gelangweilt liegen sie auf ihren Hüttendächern und lassen keine Gelegenheit aus, die Monotonie zwischen den Wintern auf ihre Weise zu unterbrechen. Die Ankunft der ersten Sommergäste nehmen sie schwanzwedelnd zum Anlass, nach Herzenslust zu heulen und freudig zu bellen.

Doug, Unternehmensberater aus Kansas City, verbringt mit seiner Frau, drei Kindern und einem befreundeten Ehepaar eine Woche Urlaub in der Denali West Lodge.

»Ich habe von einem Mann gehört, der irgendwann beschloss, aus dem Berufsstress auszusteigen und ab sofort mit nur 100 Besitztümern auszukommen. Immer, wenn er etwas Neues kaufen muss oder geschenkt bekommt, verschenkt er ein Stück«, erzählt Doug eines Abends am Lagerfeuer. »Brauchen wir wirklich alles, was uns die Gesellschaft und die Werbung aufzwingen wollen?« Der Mann gibt sich die Antwort selbst: »Nein!«

Wir sitzen am Seeufer, es geht auf Mitternacht zu. Es ist nicht mehr hell und noch nicht dunkel. Nachbar Steven Green, der uns an diesem Abend Gesellschaft leistet, steht auf und schiebt einen dicken Holzscheit ins Lagerfeuer. Ein paar Funken fliegen. Roter Feuerschein huscht über die Gesichter. Doug nimmt einen Schluck Scotch *on the rocks* und schaut zufrieden in die Flammen.

Das einfache Leben scheint besonders jene zu reizen, die versuchen, sich von Zwängen, auch denen des Konsums, frei zu machen. Ich nehme mich da selbst nicht aus.

In der Wildnis ist materieller Überschuss kein Thema, im Gegenteil. Und die Sache mit den 100 Besitztümern regelt sich hier schon fast von selbst.

Tonya zum Beispiel organisiert gerade einen Charter, um die während der nächsten Monate nötigen Vorräte von Anchorage hierher zu bekommen. Alles war schon vorbereitet. Wir erwarteten die Frachtmaschine auf Minchumina Airport tagtäglich, als Buschbrände ausbrachen und dichter Rauch sich über Zentralalaska legte. Flüge wurden gestrichen, Charter auf die lange Bank geschoben. Die Gegend um Fairbanks war vom Feuer besonders betroffen. Von dort breitete sich der weiße Rauch wie eine undurchdringliche Glocke über ganz Zentral-Alaska aus. Der noch vor wenigen Tagen tiefblaue Himmel ist jetzt schwefelgelb. Die käsebleiche Sonne hat ihre liebe Not, durch ihn hindurch zu blinzeln.

Alan Meyer erwischte einen der letzten Flüge nach Fairbanks. In zwei Wochen bereits wird er seine hier eingepaukten Russischkenntnisse am Baikalsee erproben. Wenn ein netter Kerl wie er geht, bleibt eine Lücke. Ich werde vermissen, wie er den Akzent des kalifornischen Gouverneurs Arnold Schwarzenegger nachäfft, wenn der dafür wirbt, dass endlich ein nicht in den USA geborener Muskelmann Präsident werden kann.

In der Lodge gibt es dafür ein weiteres neues Gesicht. Cora Lee wird während der Sommermonate die Gäste als Köchin verwöhnen. Ihr verdanke ich die Ahnung, wie vielseitig und köstlich die amerikanische Küche war, bevor Fast Food und Supermarktseinerlei die von den Pionieren eingebrachte Vielfalt weit gehend platt machten.

Dann und wann bekomme ich E-Mails von Carol, die zwischen ihrer Mutter im Osten der USA und Paula, ihrer jüngsten Tochter in Reno, pendelt. Kein Wunder, dass Amerikaner in anderen Dimensionen denken: Eben noch war sie in Alaska, dann in New York, flugs fuhr sie mit dem Zug querbeet von Ost nach West und ist schon in den Wüsten Nevadas, von wo sie bald nach Alaska zurückfliegt, um in wenigen Tagen mit ihren Freunden Linda und Steve am Yukon auf Lachsfang zu gehen. Mir könnte schwindelig werden, lebte ich nicht gelegentlich selbst auf der Überholspur: Schon in zwei Wochen werden Carol und ich 700 Kilometer mit meinem Faltboot durch die Mitte Alaskas paddeln.

Nach dem Gespräch mit George Menard über seine ungewollten Abenteuer in der Antarktis hat mich die Idee nicht losgelassen, Norman Vaughan zu besuchen. Kann ich einen 99-Jährigen so ohne weiteres interviewen? Andererseits will Norman in gut einem Jahr in Schnee und Eis auf einem Berg in der Antarktis stehen, er muss also fit sein.

Während ich noch abwäge, ob ich zum Telefonhörer greifen sollte, erinnere ich mich an eine Begegnung vor sieben Jahren: Es war in einem Flugzeug, das mich vom australischen Brisbane zur Pazifikinsel Norfolk Island brachte. Mich interessierten dort weniger die weltberühmten Tannen als vielmehr die Tatsache, dass hier Fletcher Christian und die anderen Meuterer der *Bounty* ihre letzte Zuflucht gefunden hatten. Neben mir saß ein älterer Herr, der sich während des ganzen Fluges angeregt mit seinem Kreuzworträtsel beschäftigte. Kurz vor der Landung bat er mich, seine Tasche aus dem Gepäckfach zu heben. Er dankte und sagte:»Mit 97 ist man nicht mehr ganz so gelenkig wie früher.« Als er ging, schüttelte er mir die Hand mit dem Schwung eines jungen Mannes.

Ich gehe rüber zur Lodge und rufe Norman Vaughan an. Wir verabreden uns in Anchorage. Es gibt zwei Möglichkeiten, von Minchumina nach Anchorage zu kommen: per Postflug nach McGrath und von dort mit einer PenAir-Maschine nach Anchorage. Oder ich könnte nach Fairbanks fliegen, mir einen Mietwagen nehmen und 600 Kilometer durch Zentralalaska fahren. Diese Variante gefällt mir eindeutig besser.

Anchorage-Fans mögen mir verzeihen, wenn ich bekenne, dass ihrer Stadt nicht meine stärkste Zuneigung gilt, denn ich bin ein Freund der stillen Landschaften. Dieses *ranking* betrifft natürlich nicht die Lage: Am Cook Inlet vor dem Hintergrund der Chugach Mountains platziert, ist es darin dem in Wälder eingebetteten Fairbanks haushoch überlegen. Aber gleichzeitig muss ich zugeben: Ich empfinde Anchorage als Fremdkörper in einer der gewaltigsten Landschaften der Welt.

Die Entwicklung seit 1914, als Anchorage nur eine kleine Zeltsiedlung an einem Ankerplatz für Schiffe war, ist atemberaubend. Seit knapp 100 Jahren frisst die Stadt sich landhungrig mit regelmäßig breiter werdenden Highways, immer neuen Vororten und Einkaufszentren in die Natur hinein.

Das im Vergleich zu Zentralalaska milde Klima zieht viele Menschen an, die mit dem »richtigen« Alaska wenig am Hut haben. Womit klar ist, wo für mich das »richtige« Alaska liegt ...

An Sommerwochenenden erlebe ich regelmäßig zwischen Anchorage und Seward Staus und stockenden Verkehr. Während der Jagdsaison, wenn die Elchjäger mit ihren Schießprügeln ausschwärmen, ist meine bei Wanderungen bevorzugte Anorakfarbe leuchtendes Orange. Und wenn die Lachse den Kenai River aufwärts ziehen, sehe ich Hunderte Petrijünger im Schulterschluss beim Angeln.

Wem das alles nichts ausmacht, der lebt in Anchorage in dem herrlichen Bewusstsein, von Vulkanen, Gletschern und Bergen umringt zu sein. In einer Stadt, wo schon mal Elche durch die Straßen ziehen und gelegentlich Bären ungebeten in Wohnhäusern nach dem Rechten schauen. Wo man von der City Orca-Wale sichten und Adler beobachten kann. Wo im Stadtgebiet Wasserflugzeuge landen und im März Schlittenhunde die Hauptstraße entlanghecheln. Eigentlich ist Anchorage doch eine tolle Stadt!

Hier habe ich mich mit Norman Vaughan im Restaurant des *Captain Cook Hotels* verabredet.

»Die Weichen stellten sich, als ich Admiral Byrd sagte, ich sei genau der Richtige, um seine Hunde durch die Antarktis zu führen.«

Norman Vaughans Augen funkeln hellwach.

»Ich stamme aus Boston und besuchte zu jener Zeit die Harvard Universität. Sechstes Semester. Ich bin mit Hunden aufgewachsen, mit Haushunden, Promenadenmischungen. Für mich waren sie alle Schlittenhunde, ich band sie im Winter hintereinander und machte aus ihnen ein Team. Besonders einen liebte ich. Ich hatte ihn von meinem Taschengeld gekauft. Er war fast blind, aber er war ein Hund! Und er konnte noch laufen. Die Liebe zu Hunden hat mich ein ganzes Leben begleitet. Eines Tages hörte ich im Radio, dass Richard Byrd eine Antarktisexpedition plane, bei der auch Hunde dabei sein sollten. Mein Herz schlug höher. Ich wollte sein *dog handler* sein! Zu dumm nur, dass niemand aus meinem Umfeld Byrd kannte, niemand, der mich hätte empfehlen können. Also nahm ich die Dinge selbst in die Hand.«

Ein eisgrauer Bart rahmt Norman Vaughans kantiges Gesicht mit den markanten Zügen. Das ist nicht das Gesicht eines 99-jährigen Greises. Dem Körper sieht man das Alter schon eher an. Norman braucht eine Gehhilfe. Ein Foto von 1928 zeigt ihn als kraftstrotzenden, sportlichen 25-Jährigen.

Natürlich habe ich mich auf dieses Gespräch mit Norman Vaughan vorbereitet und weiß, das Byrd zu jener Zeit eine Berühmtheit war. 1888 als Sohn einer einflussreichen Farmerfamilie in Virginia geboren, wurde er beim Militär zum Offizier ausgebildet und später Pilot. 1918 wurde er zum Kommandeur der US-Air Force in Kanada ernannt. Doch in seiner Brust schlug zeitlebens das Herz eines Abenteurers.

Am 9. Mai 1926 überfliegen er und sein Kopilot als erste Menschen den Nordpol. Ein Jahr später meistert er den 42-stündigen Non-Stop-Flug von Long Island/New York nach Frankreich.

»1928 klopfte ich bei Byrd an. ›Sind sie angemeldet?‹, fragte die Hausangestellte. Das war ich nicht. Also machten wir einen Termin aus. Byrds Antarktisexpedition sollte mit seinen eigenen Mitteln finanziert werden, also ohne staatliches Geld. ›Ich arbeite für Sie ohne Bezahlung‹, sagte ich bei unserem ersten Treffen. Ich ging sogar noch weiter und bot ihm an, auch für Verpflegung und Kleidung selbst aufzukommen. Er nahm an. Das Geld verdiente ich mir als Kellner und Tellerwäscher in einem Restaurant. Das Essen bekam ich gratis. Ich war dazu erzogen worden, nichts zu verschwenden. Und hier sah ich, wie Gäste ganze

Steaks und halbe Hähnchen in die Küche zurückwandern ließen. Von diesen Resten lebte ich und sparte so weiteres Geld. Schon bald erreichten mich Hunde aus allen Ecken der USA, mit denen hilfsbereite Menschen Byrds Expedition unterstützen wollten. 97 Hunde waren es am Schluss. Viel zu viele für nur einen *handler*. In Harvard hatte ich zwei Freunde, Goodale und Crocket, die auch aufs Abenteuer scharf waren. Ich schlug die beiden als weitere Helfer für die Hunde vor. Es klappte. Wir drei schmissen das Harvard-Studium. Ich nahm es nie wieder auf.

Im Dezember 1928 legte unser Schiff einen Zwischenstopp in Neuseeland ein. Von dort ging es weiter in die Antarktis. Als es dort wieder ablegte, blieben 42 Männer, die Hunde und ein in viele Teile zerlegtes Flugzeug zurück. Unser *base camp* hieß ›Little America‹. Wir waren die ersten Amerikaner in der Antarktis, und es war Byrds Ziel, Land für die USA in Besitz zu nehmen. Es war der Job von uns *dog handlers*, mit den Hundeschlitten Spuren in den Schnee zu ziehen, als Markierungen, an denen sich der Commander orientieren und denen er mit dem Flugzeug folgen konnte.«

Antarktispionier
Norman Vaughan

Ein Zeitzeuge des frühen 20. Jahrhunderts, denke ich, während ich diesen uralten, hellwachen Mann mit dem Willen und der positiven Ausstrahlung eines Jünglings beobachte. Norman hat inzwischen ein Wiener Schnitzel gegessen und mit der Kellnerin geschäkert. Jetzt plaudert er über eine Zeit, in der die meisten der hier im Hotel Anwesenden noch nicht auf der Welt waren.

Zwischen dem 28. und 29. November 1929 wollte Commander Byrd den Südpol überfliegen, ein für damalige Verhältnisse organisatorisch wie logistisch äußerst ehrgeiziger Plan, denn die Strecke von »Little America« über den Pol und zurück betrug 2500 Kilometer.

Norman Vaughan, Goodale und Crocket befanden sich mit ihren Hunden auf dem Trail, als Byrd mit seinem Kopiloten Bernt Balchen, dem Funker Harold June und dem Fotografen Ashley McKinley zu seinem legendären Flug startete.

»Wir sahen, wie die dreimotorige Maschine direkt über uns hinwegflog. Da fiel etwas aus dem Flugzeug raus. Wir *mushten* hin und fanden in der Box von der Größe eines Schuhkartons selbst gebackene Brownies und Grüße von unseren Familien. Nachdem wir 1930 in die USA zurückgekehrt waren, ernannte der Kongress Commander Byrd auf Grund seiner Verdienste zum Admiral.«

Ob er nach zwei Jahren Antarktis nicht reif für die Insel gewesen sei, zum Beispiel für Hawaii, frage ich Norman Vaughan. Der fröhliche Greis lacht nur. 1933 startete Byrd seine zweite Antarktisexpedition, bei der er weitere Gebiete für Amerika in Besitz nahm. Während des Winters 1934 lebte er allein auf sich gestellt fünf Monate in einer kleinen Wetterstation 200 Kilometer südlich von »Little America«. Zwischen 1939 und 1941 zog es Byrd erneut in die Antarktis, dieses Mal als von Präsident Roosevelt bestellter und mit Regierungsgeldern ausgestatteter Expeditionsleiter.

»Ich war für diese Expedition vorgesehen, doch irgendwie klappte es dann doch nicht«, erinnert sich Norman Vaughan. Er selbst war jetzt Soldat, und wieder drehte sich sein Leben um Schlittenhunde.

»Während des Zweiten Weltkriegs gerieten acht US-Flugzeuge über Grönland in ein Unwetter. Sie verbrauchten weit mehr Sprit, als berechnet war, und mussten auf dem Eis notlanden. Es war Glück im Unglück. Alle Mann blieben am Leben, keins der Flugzeuge wurde zerstört. Aber sie waren Gefangene der Arktis. Wir sahen nur eine Möglichkeit, sie da rauszuholen: mit Schlittenhunden und Schlitten, die wir aus Flugzeugen mit Fallschirmen abwarfen. Es klappte alles wie am Schnürchen. Jeder Hund bekam seinen eigenen Fallschirm und sprang ab. Wir holten die Jungs raus.

Hunderte P38-Maschinen waren während des Krieges gebaut worden, die übrig gebliebenen verschrottete man nach und nach. Viele Jahre später erinnerte ich mich mit ein paar Leuten an jene Flugzeuge, die noch immer auf dem Grönlandeis standen. Ein Sponsor in Kentucky war bereit, in den verrückten Plan zu investieren, die P38 zu bergen. Die Maschinen wurden auch gefunden, aber sie lagen 80 Meter tief im Schnee. Neuschnee, der sich in den vergangenen Jahrzehnten auf ihnen abgelagert hatte. Wir gruben tief, zwei unserer Männer legten ein Flugzeug frei und nahmen es auseinander. Dann folgte eine aufwändige und lange Reise zurück nach Amerika, wo das Flugzeug wieder zusammengesetzt wurde. Unser Sponsor aus Kentucky hatte 'ne Menge Geld lockergemacht. Dafür wollte er die Maschine natürlich auch in der Luft sehen. Er engagierte einen Testpiloten und zahlte den sagenhaften Versicherungsbeitrag von 25.000 Dollar. Ich wollte mir den ›Jungfernflug‹ natürlich nicht entgehen lassen und reiste nach Kentucky. Als die Maschine sich nach jahrelangem Dornröschenschlaf tatsächlich in die Lüfte erhob, bekam ich eine Gänsehaut.«

Nach zwölf Jahren im Dienst der Air Force nahm Norman Vaughan seinen Abschied im Range eines Obersten. Aber man spricht von ihm noch immer als Colonel Vaughan.

»Aus alter Gewohnheit«, sagt er. »Ich hätte damals noch acht Jahre im Dienst bleiben sollen, denn nach 20 Dienstjahren wäre mir eine Pension sicher gewesen. Aber ich brannte auf neue Abenteuer.«

Gesagt, getan. Zwischen 1975 und 1992 fuhr er 13-mal das Iditarod, das letzte 86-jährig.

Und was geschah mit Admiral Byrd? 1947 wurde er verantwortlicher Offizier von *operation high jump*, der bis dahin größten amerikanischen Antarktisexpedition mit 4000 Männern, 13 Schiffen und zahlreichen Flugzeugen. Noch einmal ging Byrd von 1955 bis 1956 zurück ins Eis der Antarktis. Und noch einmal hisste er die *stars and stripes* in »Little America«. Ein Jahr später starb er in Boston.

Mit einem Mann voller Träume und Zukunftspläne über den Tod zu reden verbietet sich von selbst.

»Ich bin froh, dass ich jetzt wieder besser gehen kann«, sagt er. »Sobald ich richtig gut zu Fuß bin, lege ich mir ein Team Sibirischer Huskys zu, ich liebe diese Rasse.«

Aber erst einmal will sich Norman darauf konzentrieren, demnächst »seinen« Berg zu besteigen. Auch nach Crocket und Goodale wurden Berge benannt. Doch die beiden leben schon längst nicht mehr. »Mount Vaughan ist rund 3400 Meter hoch. Auf der einen Seite ist steiler Fels, da ist nichts zu machen. Ich werde die Seite mit dem Gletscher wählen, um rechtzeitig an meinem 100. Geburtstag auf dem Gipfel zu stehen.« Augenzwinkernd fügt er hinzu: »Falls meine Beine Probleme bereiten sollten, werden mich Freunde auf einem Schlitten hochziehen. Ich sage dir eins, Dieter: Wenn im Leben mal etwas nicht gelingt, dann sag dir, dass es bloß dieses Mal nicht geklappt hat. Schlaf eine Nacht drüber, und versuch es am nächsten Tag noch einmal. Meistens versagt nicht der Körper, sondern das Scheitern passiert im Kopf.« Das markante Gesicht dieses junggebliebenen Greises lächelt und er fasst zusammen: »*Dream big and dare to fail!*«

Nach dem Seward Highway auf der Kenai Peninsula ist der Parks Highway zwischen Anchorage und Fairbanks die wohl meistbefahrene Durchgangsstraße Alaskas. Das heißt im Frühsommer: ein entgegenkommendes Auto in fünf Minuten. Fein, das lässt mir Muße, über Norman Vaughan und andere bemerkenswerte Personen nachzudenken, deren Wege sich mit den meinen gekreuzt hatten.

Zum Beispiel über jenen Australier, den ich im tropischen Queensland traf. Die Ärzte hatten ihn fürs Berufsleben aufgegeben. Er aber hatte all seinen Mut zusammengenommen, sich eine Schubkarre gekauft, sämtliche Habseligkeiten darin verstaut und schob das Ding nun 20.000 Kilometer rund um den roten Kontinent.

Im Spätsommer, nach dieser Begegnung mit Norman, sollten Juliana und ich bei Wind und hohen Wellen über einen 20 Kilometer breiten Arm des Beringmeeres paddeln. Es war nicht ungefährlich, erinnere ich mich heute. Wir erkannten unser Ziel schon sehr lange, doch wir kamen und kamen ihm nicht näher. Wir paddelten ohne Unterbrechung 13 lange Stunden, um lächerliche 20 Kilometer zu überbrücken. Eine uns unbekannte Meeresströmung hatte uns fast auf der Stelle festgehalten. Juliana verriet mir später, dass sie diese immense Kraftanstrengung wohl auch deswegen so gut gemeistert hatte, weil sie zwischendurch an Norman dachte. Ich hatte ihr von dieser großartigen Begegnung berichtet. Ohne dass er es wissen konnte, hatte er die Messlatte für uns hochgehängt.

Später, nach diesem Gespräch mit Norman Vaughan, gab es in meinem Leben durchaus Momente, in denen ich die Nase voll hatte, lustlos war, mich fragte: Schaffst du das? Dann dachte ich an Normans positive Einstellung, an sein optimistisches Lebensmotto. Ich lächelte, und alles ging mir leichter von der Hand.

Anfang Juli bin ich wieder in meinem Blockhaus. Carol ist nach Alaska zurückgekehrt und müsste jetzt im *fish camp* von Linda und Steve sein. In zehn Tagen wird sie mich auf einem langen Paddelabenteuer durch die Mitte Alaskas begleiten. Die Vorbereitungen sind fast abgeschlossen. Das Boot, ein brandneues, hochwertiges Pouch-Faltboot, habe ich aus Deutschland mitgebracht.

Expeditionen in die Wildnis können ohne ausgetüftelte Organisation nicht gelingen. Wie komme ich an den Startpunkt des Flussabenteuers und wie vom Endpunkt zurück? Ein Faltboot kann man problemlos in einer Post- oder Chartermaschine mitnehmen. Ein herkömmliches Kanu oder Kajak wäre in so einer kleinen Cessna oder Piper nicht unterzubringen, und viele Paddelmöglichkeiten in entlegener Wildnis würden mir verschlossen bleiben. Bei einem früheren Alleingang auf dem Yukon River hatte ich mich aus demselben Grund für ein Faltboot entschieden und damit beste Erfahrungen gemacht.

29

Unter Bibern und Elchen – mit dem Faltboot durch die Mitte Alaskas

Erhobenen Hauptes gleitet der Biber durchs Wasser. Nur wo seine Nasenspitze sich durch die glatte Flussoberfläche bohrt, bilden sich kleine Wellen, die v-förmig nach beiden Seiten hin auslaufen. Die Strahlen der Abendsonne brechen sich in den flinken Wasserrippeln, die je nach Winkel golden, grün oder schwarz schimmern. Wir haben die Paddel aus dem Wasser gezogen, um den Schwimmer nicht zu erschrecken. Lautlos schwebt das Faltboot auf dem Fluss. Plötzlich knallt etwas, es spritzt Wasser, wir hören ein Plumpsen, als wenn jemand vom Dreimeterbrett mit dem Hintern zuerst ins Schwimmbecken springt. Und schon ist der Biber abgetaucht.

»Nummer acht.« Carol sieht konzentriert auf den Wasserring, aber der Biber bleibt verschwunden.

»Ein Biber pro Flusskilometer.« Ich nehme das Paddel wieder zur Hand. Das sind erfreuliche Aussichten, denn noch haben wir 40 Kilometer vor uns.

Vom Lake Minchumina kommend, sind wir zuvor am fast fertigen Blockhaus von Mike Gho in den Muddy River eingebogen. »Im Spätsommer ist es bezugsfertig«, klingen mir Tom Greens Worte im Ohr. Alles verläuft nach Plan. Auch bei uns.

Ein Bekannter hat Carol gestern mit einem Flugzeug »mal eben« vom *fish camp* am Yukon River hierher geflogen und gleichzeitig als Wintervorrat ein paar Hundert Pfund Lachs mitgebracht. Das Paddelteam war komplett, fast alles war gepackt, das Faltboot, ein schmuckes grün-schwarzes Pouch-Expeditionsboot, war zusammengebaut. Als es startklar vor dem Blockhaus lag, ging es mir wie dem Jungen, der Heiligabend trotz dichtem Schneetreiben unbedingt sein neues Fahrrad ausprobieren möchte. Ich wollte los ...

Ich habe keine vernünftige Erklärung dafür, dass Flüsse mich derart faszinieren. Vielleicht weil auf dem Wasser die Reise selbst zum eigentlichen Erlebnis, das Unterwegssein zum Ziel wird. Eine Flussreise ist ein ständiges Zwiegespräch mit der Natur – ob auf einem Bach in der Lüneburger Heide oder auf einem Strom in der Mitte Alaskas. Ich kann Wochen und Monate auf Flüssen unterwegs sein, ohne mich zu langweilen. An jedem Uferstück entdecke ich Neues: tausendfach hauchdünn ineinander verschlungenes Wurzelgeflecht, Vogelnester, die an Steilküsten kleben, alte Blockhäuser, an deren Fundamenten der Fluss nagt, unterspülte Bäume, die wie trunken über dem Fluss schwanken. Beim nächsten Hochwasser werden sie sich zu dem anderen Treibgut gesellen und gen Meer treiben.

Mit jeder Biegung erschließt sich das Land neu, besonders auf den umständlich mäandernden Flüssen Zentralalaskas. Sie lassen keine Gelegenheit ungenutzt, aus dem geraden Verlauf auszubrechen, knicken im rechten Winkel ab oder fließen dorthin zurück, woher sie gerade kamen, sie bilden Schleifen und Kehren. Aber für den Fluss wie für mich ist der Weg das Ziel der Reise, und deswegen stört uns diese Umständlichkeit nicht.

Flüsse symbolisieren Freiheit, ein Leben ohne Ampeln und Zäune, egal, wo man tatsächlich gerade ist. Mag es auch manchmal nur die Illusion der Freiheit sein. Als ich mit Juliana eines Frühsommers unweit von Hannover auf der Leine paddelte – nicht mal 20 Kilometer war das Ballungszentrum entfernt –, begegnete uns kein Mensch. Da war kein Dorf, kein Auto. Weidenbäume und ein steiles Flussufer begrenzten unseren Horizont. Ein ungewohnt riesiger Sonnenball vergoldete den Abend. Scharfkantig kontrastierte er mit dem Blau des Himmels. Dann versackte er rund und glutrot dort, wo ich die verkehrsreiche Bundesstraße 6 vermutete. Aber die gab es für uns nicht. In den Büschen und Bäumen zwitscherten Vögel, Störche pickten im Schlamm nach Fröschen. Plötzlich zogen Schwäne über uns hinweg, verschmolzen ein paar Sekunden lang mit der sinkenden Sonne, landeten aber doch sicher auf dem kleinen Fluss dicht vor uns. Kamen wir ihnen zu nahe, stiegen sie erneut auf, flogen ein Stück und ließen sich wieder nieder. Dieses Spielchen wiederholte sich. Als es ihnen irgendwann zu dumm wurde, erhoben sie sich flügelschlagend, drehten ab und lösten sich als kleine Punkte im verblassenden Rot des Himmels auf.

Carol und ich werden dem Muddy River folgen, aus ihm wird der Kantishna, der in den Tanana River fließt und sich wiederum mit dem Yukon River vereint. Eine 700 Kilometer lange Reise ist das, etwa so weit wie von Hamburg nach München. Ich weiß, dass ich mit zehn Tagen knapp kalkuliert habe. Carol hat Bedenken. Aber da es schwierig war, viele Interessen unter einen Hut zu kriegen, ist nur dieser Zeitplan möglich. Ich hoffe, dass wir in zehn Tagen unser Ziel, das Dörfchen Tanana am Yukon River, erreichen werden. Drei Tage später wird Juliana in Fairbanks ankommen. Wir werden uns die *World Eskimo Indian Olympics* anschauen und anschließend mit Buschflugzeugen nach Norden fliegen, von wo wir mit dem Faltboot über menschenleere Flüsse zum Beringmeer paddeln. Wenn alles nach Plan verläuft, werde ich 2000 Kilometer im Faltboot unterwegs sein.

Es gibt Flüsse und Flussabschnitte, die sich besonders großer Beliebtheit bei Paddlern erfreuen. Zum Beispiel der Yukon-River-Abschnitt zwischen Whitehorse und Dawson City. Aber über den ist schon alles gesagt worden.

Ich betrete lieber Neuland. Abgesehen von einigen Trappern, die mit Motorbooten zwischen ihren Blockhäusern und dem Ort Nenana pendeln, erwarte ich hier keine Menschenseele. Seit Wild Miles vor gut 30 Jahren hierher aufbrach, hat diese Wildnis sich nicht verändert. Ich will seinen Spuren folgen und werde zwangsläufig auch denen Carols begegnen. Was einer der Gründe ist, weshalb sie bei diesem Abenteuer gern dabei ist.

Hier, am Beginn des Muddy River, ist solch ein Platz zur Spurensuche. Vor gut einem Menschenleben hatte ein Mann namens Reginald White hier sein *roadhouse*. White, ein stämmiger Bursche von eins neunzig mit breiten Schultern und vollem dunklem Bart, muss ein toller Draufgänger gewesen sein, sonst wäre er kaum auf die verrückte Idee gekommen, hier im Jahr 1929 *in the middle of nowhere* ein Wildnishotel zu errichten. Parallel dazu betrieb er eine Nerzfarm. Er hätte sein Glück vielleicht besser als Goldgräber versuchen sollen, jedenfalls war er schon fünf Jahre später pleite.

Wir haben gestoppt, das Faltboot sicher vertäut und erkunden die Fragmente jener Etappe seines Lebens. Vorsicht, das Dach des von Bäumen umwucherten Blockhauses ist teilweise eingestürzt. In ein tiefes

Loch im Permafrost-Boden, das früher als »Kühlschrank« diente, stolpere ich fast hinein. Bretter liegen herum, rostige Nägel ragen heraus, Nägel, die 1929 ins Holz geschlagen wurden.

Während Reginald White hier Fuß fasste, veränderte sich draußen die Welt. Bankiers stürzten sich am Schwarzen Freitag aus den Fenstern ihrer Banken an der Wall Street. Richard Byrd überflog den Südpol, Thomas Mann erhielt den Nobelpreis. All das geschah, während Reginald White die Nägel in sein Blockhaus schlug. Was wohl aus ihm wurde? Keiner kann es mir sagen.

Der Rauch der Buschfeuer über Zentral-Alaska hat sich seit ein paar Tagen verzogen, und die Maschinen der *bush airlines* ziehen jetzt wieder durch einen azurblauen Himmel. Wir fragen uns, ob sich vielleicht nur der Wind gedreht hat. Denn laut Medienberichten brennen die großen Feuer immer noch. Schon seit Wochen herrscht eine außergewöhnlich trockene Hitze mit Temperaturen von über 25 Grad.

Wer über den Sommer in Alaska berichtet, kommt an den *mosquitoes* nicht vorbei. Allein für diese Tour habe ich drei Flaschen Muscol, eine hochwirksame »Mückenkeule« eingesteckt. Irgendwo in meinem Gepäck ist auch ein Moskitonetz, das ich mir, wenn es ganz schlimm kommt, über den Kopf ziehen kann. Während ich die Plagegeister tapfer ignoriere, gibt Carol den Kampf gleich zu Beginn auf und zieht sich ihr Kopfnetz über.

Manchmal sieht es aus, als würden tausend Wassertropfen auf den Fluss fallen, was natürlich Unsinn ist, denn der Himmel ist blau und wolkenlos. Bei genauem Hinschauen entdecke ich unzählige Insekten, die geräuschlos auf und über dem Wasser tanzen. Gelegentlich schmatzt es, wenn ein Fisch nach den Mücken schnappt.

Muddy River bedeutet »schlammiger Fluss«. In der Tat ist sein Wasser graubraun, merkwürdig, denn Lake Minchumina ist sehr klar, und Regen hat es ebensowenig gegeben wie Wasserturbulenzen, die den Fluss aufgemischt hätten.

»Etwa dort wo der Muddy aus dem See fließt, wälzt sich der turbulente Foraker River in ihn rein, das Gletscherwasser schlängelt sich wie eine Art Bypass an dem See vorbei«, vermutet Carol.

Dreck reinigt bekanntlich den Magen, und so gewinne ich dem trüben Wasser positive Seiten ab. Im Übrigen habe ich natürlich Micropur-Wasserdesinfektionstabletten dabei. Es ist erstaunlich, wie schnell wir uns an den Rhythmus des Paddelns gewöhnt haben. Pitsch, pitsch, pitsch. Wo das Paddel die stille Wasseroberfläche zerteilt, bleibt ein Ring zurück, wird größer und immer größer, bis er endlich zerfließt. Gegen 23 Uhr legen wir am Ufer an, um dort zu essen. Danach paddeln wir in die heraufziehende Nacht. Aber was heißt hier schon Nacht? Die Mittsommernacht ist zwar schon seit Wochen vorbei, trotzdem bleibt es bis zwei Uhr morgens hell. Erst danach legt sich ein eigentümliches Zwielicht über das Land, das wenig später vom ersten Morgenrot verdrängt wird.

Juliana nennt mich einen Nachtmenschen. Ich lasse das als Erklärung für meine Vorliebe stehen, nachts auf Flüssen zu reisen. »Tagsüber würden wir nicht annähernd so viele Biber sehen«, schwärmt Carol zudem. Die Nager sind nachtaktive Tiere. Biber Nummer 30 begegnet uns noch vor Mitternacht. Manche Tiere schieben mit ihren mächtigen Zähnen frische Weidenzweige wie eine Bugwelle vor sich her. Plötzlich, vielleicht zehn oder auch nur drei Meter von uns entfernt, eine Regel dafür haben sie mir bis heute nicht verraten, peitschen sie blitzschnell mit dem breiten Schwanz auf die Oberfläche. Plumps! Wasser spritzt. Im Sekundenbruchteil sind die Biber abgetaucht.

Ich mag es, in breiten Flussbetten auf Sand- oder Kiesbänken zu übernachten. Dort geht ein frischer Wind, der die Mücken in Schach hält, und für Bären, obgleich glänzende Schwimmer, gibt es kaum etwas zu holen. Und doch sind wir vorsichtig. Noch immer sind wir am Fuß der Alaska Range, wo neben Schwarzbären auch gefährliche Grizzlys leben. Wir werden deshalb ein paar Regeln konsequent beherzigen.

Grundregel Nummer eins: Nichts Essbares im oder am Zelt lagern, ja nicht mal Zahnpasta oder den Lippenpflegestift. Lebensmittel deponieren wir mindestens 100 Meter vom Zelt entfernt. Um Bären nicht durch Düfte anzulocken, werden wir nicht dort schlafen, wo wir gekocht haben.

Eine Waffe haben wir nicht, da wir Komplikationen bei späteren Flügen befürchteten, nur zwei Sprühflaschen *bear spray*, eine Cayennepfeffer-Mischung, die man angreifenden Bären ins Gesicht sprüht. Diese Methode wird von den Nationalparks empfohlen.

Ich kenne Flüsse, die Geschichten erzählen, die glucksen und schmatzen, die über Steine rauschen oder über am Ufer verkeilte Baumstämme zischeln. Flüsse, in denen Wasserblasen mit einem »Plopp« zerspringen, die wütend nach Regenfällen lautstark hohe Wellen schlagen. Doch der Muddy ist still. Seine Strömung ist unscheinbar. Da war nichts, was meinen Schlaf gestört hätte.

Als ich nach sechs Stunden aus dem Zelt krieche, blendet mich die Sonne. Leichter Rauch kräuselt sich über einem winzigen Feuer. »Ein Kranich hat mich geweckt«, erklärt Carol. »Deshalb bin ich schon auf den Beinen. Ich habe Wasser aufgekocht. Kaffeepulver steht da hinten«, ruft sie mir zu.

Wir sind schon jetzt ein eingespieltes Team. Nicht mal eine halbe Stunde sind wir wieder auf dem Fluss, als ich das Dröhnen eines landenden *floatplane* über uns höre. Dann Stille.

Als Carol gestern mit ihrer *mukluk message* unsere bevorstehende Ankunft bei Mike und Fran Turner ankündigte, saßen auch Jessie Gatewood, Miki und Julie Collins, Charlie Boulding, Greg Barringer, Tom und Penny Green und viele andere *bushrats* an ihren Radiogeräten und lauschten, welche Nachrichten und welcher Tratsch wohl heute über die Wellen von *KIAM-Radio* ginge. Und so wussten alle im *interior*, dass Carol und ich von Lake Minchumina nach Tanana paddeln wollten. In einer Kleinstadt Mitteleuropas lebt sich's anonymer als hier auf 50.000 Quadratkilometern.

Carols Nachricht an Fran und Mike war kurz: »Dieter und ich paddeln im Faltboot auf dem Kantishna River zu euch. In drei Tagen sollten wir ankommen. Gruß Carol.«

Als Tonya davon hörte, lachte sie und sagte: »Den Aufwand hättest du dir sparen können. Adam White bringt die Turners heute Abend mit seinem Flugzeug zum Potluck zu uns.«

Pilot Adam White hat in der Denali West Lodge gemütlich gefrühstückt, Mike und Fran Turner wollten von ihm in seiner Einmotorigen vom Typ Maule zu ihrer Trapperhütte am Kantishna River geflogen werden. Plötzlich sahen sie uns von oben und beschlossen spontan zu landen. Die Strecke, für die wir – die Nacht eingeschlossen – 15 Stunden benötigten, hatte er in 15 Minuten geschafft.

Carol hat die drei lange nicht gesehen, und so gibt es viel zu erzählen. Zum Beispiel über die Hochzeit von Mikes Sohn Nate vor einigen Wochen. Die Gäste des Brautpaares waren aus beinahe allen Teilen Zentralalaskas zu ihnen an den Kantishna gereist, die meisten mit Motorbooten, aber auch ein Dutzend Wasserflugzeuge hatte am Flussufer geparkt.

Rund 160 Kilometer sind es bis zu den Turners. Nach meiner Planung sollten wir morgen Abend ankommen. Als ich mit Mike darüber spreche, legt er sein Gesicht in noch tiefere Falten als sonst. »Der Muddy ist ein Fluss mit schwacher Strömung«, gibt er zu bedenken.

»Der Flug dauert nur 20 Minuten«, lacht Adam White.

Wer zuletzt lacht, lacht am besten. Trotz seines auf dem Flugzeug angebrachten Kürzels *STOL* für »*Short Takeoff and Landing*« hat Adams Wasserflugzeug auf der kurzen Flussgeraden Startprobleme. Zunächst sieht alles bestens aus. Mit dröhnender Maschine, das Wasser aufpeitschend, zieht er an uns vorbei. Doch als der Motor am lautesten kreischt, als ich denke, dass Adam das Flugzeug gleich abhebt, gibt es eine kanonenschlagartige Fehlzündung, und er muss den Startversuch abbrechen. Das wiederholt sich eine Dreiviertelstunde lang. Endlich hören wir erleichtert, dass die Maschine abhebt.

Es ist wieder still, bis auf das leise Pitschen unserer Paddel.

Eine Reise im Paddelboot lässt viel Zeit und Muße, um die Seele baumeln zu lassen. Zeit für Gespräche, die im schnellen, aber lauten Flugzeug nur schreiend möglich wären.

Diese Flussreise ist für mich eine Zäsur. Mein gemütliches Blockhaus, in dem ich so viele großartige Menschen getroffen habe, liegt hinter mir. Ein Kapitel ist abgeschlossen. Ich lasse noch einmal die Gesichter vorbei ziehen, die ich dort sah: den lustigen Alan, der jetzt in Sibirien ist, und Glückspilz George Menard, der den Absturz in der Antarktis überlebt hat. Da waren die Stunden mit Miles, die Gespräche mit Tonya und Carol. Bilder eines lebendigen Winters. Und ich sehe auch mein

Chaos beim Packen mit Bergen von Ausrüstungsgegenständen: Stirnlampen, Jacken, Hosen, Parka, Beutel mit Hundefutter, die tausend Kleinigkeiten, ohne die ein großes Abenteuer nicht möglich ist. Beim ersten Beladen meines Faltbootes bekam ich feuchte Hände. Tagelang tüftelte ich, bis alles passte. Hinten habe ich am Ende einen großen Seesack auf die Bootshaut geschnallt, vorn liegen zwei wasserdichte Beutel. Meine anfängliche Skepsis, dass das Pouch-Faltboot dadurch kopflastig und instabil würde, bestätigt sich nicht. Im Gegenteil.

Ich schmunzele, als ich daran denke, dass ich während der nächsten zehn Tage mit Carol buchstäblich im selben Boot sitzen werde. Das wird spannend sein, denn trotz der vielen Gespräche bin ich noch immer dabei, sie kennen zu lernen. Sie betont immer wieder, ihr *subsistence*-Dasein bewusst zu leben und ihre Erfahrungen gern mit anderen zu teilen. Überhaupt ist das Wort »to share«, teilen, häufig aus ihrem Mund zu hören. »Im Grunde sind es doch die Verbindungen mit den Menschen, welche dem Leben seinen Wert geben«, schrieb Wilhelm von Humboldt. So betrachtet, ist mein Leben in Alaska reich.

Ich sage ihr das, und wir beide kichern wie Teenager, als sie feststellt, dass wir trotz dieses Reichtums jedes Mal beim Anlanden bis zu den Waden im schwarzen Uferschlamm versinken. »Aber alles ist relativ, auch die Sache mit dem Reichtum.« Nachdenklich fährt sie fort: »Wie viele andere Alaskaner hatte ich Zeit meines Lebens keine Reichtümer, keine soziale Absicherung, keine Krankenversicherung ... und fühlte mich doch reicher als eine Königin.«

»Wurdest du so erzogen?«

»Meine Eltern waren sehr sparsam und lebten einfach. Geld bedeutete ihnen nicht viel. Wir hatten nie ein neues Auto, Vater kaufte immer nur alte Mercedes-Diesel für ein paar Hundert Dollar, Kisten, die sonst keiner mehr haben wollte, aber er konnte ja die deutschen Anleitungen lesen und reparierte die Autos selbst. Ich sehe noch, wie er unter den Fahrzeugen lag, ich kniete daneben und leuchtete ihm mit der Taschenlampe. Später, als er schon alt war, erfuhr ich, dass er als sehr gut verdienender Elektroingenieur an Computer- und Elektronikentwicklungen für das Apollo-Raumfahrtprogramm mitgewirkt hatte.«

Nach einem Bericht vom *National Geographic Magazine* mit der Überschrift »Alaska spürt die Hitze« stieg die Durchschnittstemperatur von Barrow in 30 Jahren um 2,31 Grad. Die Sommerwärme taut bereits Dauerfrostböden, und laut Modellberechnungen könnten die durch CO_2 ausgelösten Erwärmungen zu einer Verdoppelung der Waldbrände führen.

»Waldbrände gehören hier zum Sommer, aber einen Sommer wie diesen habe ich noch nicht erlebt«, sagt Carol. Und mir geht es genauso. Spielt das Klima verrückt? Der Juli müsste eigentlich einer der niederschlagsreichsten Monate sein ... Als Umweltfreund registriere ich die Folgen der vom Menschen verursachten globalen Erwärmung mit Besorgnis. Als Paddler auf dem Muddy genieße ich die trockene Hitze. Während die Sonnenstrahlen meinen täglich brauner werdenden Oberkörper streicheln, gießt Carol sich kaltes Flusswasser über Kopf und Hemd und knurrt: »*Too hot!*«

Gegen 20 Uhr kehrt das Leben zurück. Der erste Biber macht auf sich aufmerksam, indem er mit dem Schwanz aufs Wasser trommelt. Insgesamt zähle ich elf Biber, die uns dicht an sich herankommen lassen. Eisvögel stürzen kopfüber in den Fluss und huschen mit silbernen Fischen im Schnabel davon. Hundert Meter vor uns geht ein Trompeterschwan nieder.

»Ist es nicht ein Privileg, hier unterwegs zu sein?«, flüstert Carol, obwohl flüstern nicht notwendig wäre. Natürlich weiß der Trompeterschwan, dass wir da sind, aber offenbar sind wir für ihn keine wirkliche Bedrohung.

Wachsam dreht der Trompeterschwan den Kopf mit dem schwarzen Schnabel in alle Richtungen. Aber diese angeborene Aufmerksamkeit half nichts gegen die Flinten der amerikanischen Pioniere. Die nämlich mochten ihn am liebsten gebraten und schätzten seine Daunen. Das Ende vom Lied war, dass der Trompeterschwan – obwohl früher in ganz Nordamerika verbreitet – Anfang des 20. Jahrhunderts fast ausgerottet war. Zum Glück setzte man ihn auf die Liste der vom Aussterben bedrohten Tiere und schuf Schutzgebiete.

Ein Biber schickt sich an, den Fluss von rechts nach links zu überqueren. Eigentlich müsste ihm klar sein, dass er auf Kollisionskurs zum Schwan geht. Der Abstand zwischen ihnen wird immer kleiner: fünf

Meter, drei Meter ... da, ein lautes Plumpsen, und der Biber taucht ab. Der Trompeterschwan, unbeeindruckt, treibt majestätisch flussabwärts, als ginge ihn das alles gar nichts an.

Ich lehne mich zurück. 22 Uhr, immer noch scheint die Sonne. Tief stehend und sanft, ohne die Brennkraft des Tages, blinzelt sie durch die Fichten, Silberpappeln und Birken.

Plötzlich nehme ich eine Bewegung am Ufer wahr.

»Eine Elchkuh mit zwei Kälbern!« Während der Nachwuchs beim Anblick unseres Bootes zu gefrieren scheint, frisst die Alte seelenruhig weiter. Dann stakst sie mit ihren überlangen Beinen und dem plumpen Körper die Uferkante hoch, rupft noch ein paar Blätter von den Büschen und verschwindet im Gestrüpp. Eilig folgen die Jungen.

Die Sonne sinkt. Rot ergießt sich über den Horizont, fließt wie schwerer, dunkler kalifornischer Ruby Cabernet über den Fluss. Wein oder Bier haben wir nicht dabei. Die Sonnenuntergänge allein machen trunken. Anders als im tiefen Süden, wo ein ungeduldiger Sonnenball hastig unter den Horizont huscht, bewahrt die Sonne des Nordens einen kühlen Kopf. Gemächlich sinkt sie. Ruht sich auf dem Horizont ein wenig aus, um dann ihre Reise zur anderen Seite der Erde fortzusetzen. Mal sehe ich die halbrunde Sonnenscheibe am linken Ufer, dann vorn, mal hinter uns. Erst da wird mir so richtig klar, wie verschwenderisch der Muddy River mit diesem Land und unserer Zeit umgeht.

30

Tagebuchnotizen: Am Kantishna River

14. Juli, dritter Tag auf dem Fluss

So großzügig der mäandernde Fluss über unsere Zeit verfügt, so argwöhnisch beäuge ich unseren etwas aus den Fugen geratenen Zeitplan. Aber am Morgen beginnt alles ganz ruhig. Auch heute. Nach sechs Stunden Schlaf sind wir um acht Uhr aufgestanden. Wir genießen die Stunden am Lagerfeuer und sind erst um 13 Uhr auf dem Wasser. Zeitplan hin, Zeitplan her, dank heller Nordlandnächte haben wir alle Zeit der Welt!

Alle 200 Meter knickt der Fluss spitzwinklig ab, bildet Wirbel, die ich umsteuere. Zwei Stunden später kehrt der Muddy zur Geradlinigkeit zurück. Wir paddeln jetzt nach Süden.

Mittagstemperatur 28 Grad. Habe großen Durst.

15 Uhr: Zusammenfluss mit dem McKinley River erreicht. Ab hier heißt der Fluss Kantishna River.

Das Gefälle des McKinley ist atemberaubend und sein Volumen nicht ungefährlich. Auf einer Breite von einem halben Kilometer wälzen sich graue Wassermassen heran, ich habe den Eindruck, auf Talfahrt zu sein. Um das Faltboot in den Turbulenzen zu stabilisieren, rammen wir die Paddel ins Wasser. Mit Argusaugen umschiffe ich treibende Baumstämme und tückisch im Wasser lauernde Felsen.

17 Uhr: Auf einer Sandbank zum Lunch angelegt und mit Omas altem Kochtopf, den sie mir vor Jahren schenkte, Wasser für Tee aus dem Kantishna geschöpft. Nach fünf Minuten hat sich auf dem Boden eine zwei Millimeter dicke Sandschicht abgesetzt.

»Lieber den Gletscherstaub der Alaska Range im Tee als den sauren Regen der Ostküste in der Suppenterrine«, kommentiert Carol. Am meisten verblüfft mich, dass mit diesem anthrazitfarbenen Wasser gekochter Reis hinterher nur hellgrau ist.

Im Sand um uns herum blüht Kriechendes Feuerkraut. Von irgendwoher schiebt sich feiner Rauch über das Land. Am Himmel türmen sich Gewitterwolken, Donner grollt. Um 23 Uhr funzelt uns eine blassrosa Sonnenscheibe unseren Weg durch den dicker werdenden Qualm.

Mitternacht. Wegen des Rauchs ist es düster.

Küstenseeschwalben segeln über uns, eine Möwe meckert. Carol wird nervös, da sie unser Tagesziel, die Zufahrt zum John Hansen Lake, nicht findet. Ich spüre, dass ihr viel daran liegt, die Nacht dort zu verbringen. Warum?

»Der See muss links liegen.« Sie tippt mit dem Finger auf meine Flusskarte. Ein schmaler, teilweise zugewachsener *creek* führt vom Kantishna River dorthin.

Doch der Kantishna ist breit, mit Inseln gespickt, ein Fluss, der seinen Lauf über die Jahre immer wieder verändert hat. Neue Sandbänke sind entstanden und wieder verschwunden. Es ist verhext, der *creek* ist nicht zu finden. Beim Versuch, dem linken Ufer zu folgen, geraten wir auf eine Sandbank. Wir steigen aus und versinken bis zu den Knien.

Ein Uhr morgens.

Die graue Kontur des Ufers und das Grau der Inseln verschmelzen mit dem Grau des Flusses. Wir diskutieren, welchem der vielen Kantishna-Arme wir jetzt folgen sollen und entscheiden uns für den falschen. Carol ist enttäuscht.

1.30 Uhr: Sobald unsere Sinne wieder frisch sind, werde ich Carol fragen, was ihr dieser See bedeutet.

Zwei Uhr morgens: Wir haben den Rubikon der Nacht überschritten. Ein Hauch Morgenröte fließt wie belebender Atem in das Grau über den Wäldern.

»Den John Hansen Lake haben wir verpasst«, stellt Carol nüchtern fest. »Weiter zu suchen ist sinnlos.«

2.15 Uhr: Wir legen an einer Erdbank an. Beim Aussteigen versinke ich knietief im schwarzen Schlamm. In Rekordzeit steht das Zelt, Carol verstaut die Lebensmittel bärensicher. Als ich unser Zelt von innen schließe, fällt mein Blick aufs Uhrenzifferblatt: drei Uhr nachts!

Sind elf Stunden gepaddelt. Ich habe das Gefühl, dass meine Armmuskeln bis zum Allerwertesten reichen.

31

Leben wie die Könige – die Fallensteller am großen Fluss

»Was hat es mit dem John Hansen Lake für eine Bewandtnis?« Carol sieht mich durch den Rauch unseres kleinen Lagerfeuers an. Auf ein romantisch hoch loderndes Feuer haben wir wegen der Waldbrandgefahr verzichtet. »Lass mich etwas ausholen. Der Däne John Hansen kam 1920 nach Alaska, um dem Militärdienst zu entgehen. Er grub hier nach Gold und baute ein Blockhaus. Neben seiner Tätigkeit als Trapper züchtete er Füchse. Nur hatte John Hansen ein Problem ... ein Alkoholproblem. Eines Abends fütterte er sturzbetrunken seine Füchse, rutschte dabei auf einer selbstgezimmerten Brücke ab, fiel ins Wasser und starb.« Carol lehnt sich ein wenig zurück.

»1983, im Jahr, als die eigentliche Geschichte beginnt, gehörte die John Hansen Cabin zwei bekannten alaskanischen *bush guides* namens Julie und Harold Waugh. Damals lebte ich noch mit Miles zusammen in unserem Blockhaus am Kantishna River. Miles erfuhr, dass die Bundesregierung Land am Dead Fish Lake zum *homesteading* frei gegeben hatte. Die Bedingung für solches *federal land* war, sich ein Areal von zwei Hektar abzustecken, eine Hütte zu bauen und drei Jahre lang mindestens fünf Monate jährlich dort zu leben. Für Miles, der in der Navy gewesen war, mussten es nur insgesamt fünf Monate sein. Dieses Schnäppchen wollte er sich nicht entgehen lassen. Julie Waugh überließ uns als Basiscamp die John Hansen Cabin. Ich würde dort leben, während Miles die Hütte baute und die vorgeschriebenen fünf Monate auf dem Land verbrachte. Meine beiden Mädchen zogen für diese Zeit zu ihrem Vater nach Fairbanks.

Es war eine kleine Expedition, die im September 1983 von unserer *40-mile-cabin* am Kantishna aufbrach. Auf dem Dach von Miles' Hausboot stand ein großer Hundeschlitten; Sperrholz und andere Materialien für die neue *cabin* transportierten wir in einem Begleitboot; und oben drauf unsere aufgeregten Hunde ... Alles für einen Winter und den Frühling war dabei, auch Lebensmittel und Hausrat.

John Hansens Blockhaus begeisterte mich. In dieser alten *cabin* zu wohnen erschien mir wie eine Reise in die Vergangenheit. In all den Jahren war kein Bär eingedrungen, und sie war gut in Schuss. Wenn ich durch die kleinen Fenster schaute, blickte ich auf einen *creek*. Der See befand sich auf der Rückseite des Hauses. Dies war nun mein Reich. Miles bereitete eifrig alles für den Winter vor und fing Fische als Futter für die Hunde. Aber wir hatten noch kein Fleisch für uns, und die Jagdsaison ging zu Ende. Eines Tages stiegen wir ins Kanu und paddelten zum gegenüberliegenden Seeufer, wo wir einen Elch beobachtet hatten. Miles erlegte ihn. Es war eine gewaltige Arbeit, den schweren Brocken aus dem gefrorenen Schlamm und Schilf zu bergen. Das Zerlegen dauerte bis zum Morgen. Wir luden ein Viertel des Fleisches ins Boot und machten uns auf den Heimweg. Während der Nacht hatte sich auf dem See Eis gebildet, zwar dünn, aber doch eine geschlossene Decke. Meter für Meter brachen wir uns mit dem schwer beladenen Kanu unseren Weg, bis wir endlich die John Hansen Cabin erreichten. Das war der Winterauftakt. Uns war klar, dass wir mit dem Boot nicht mehr zu unserem Elch zurückkommen würden. Natürlich hatten wir Angst, dass ein Bär ihn finden könnte. Zum Glück passierte das nicht. Dreimal *mushten* wir später mit Schlittenhunden über den See, um die restlichen 150 Kilo Fleisch zu holen!«

Unser kleines Feuer ist niedergebrannt. Ich habe meinen Morgenkaffee genossen, Carol nippt noch an ihrem Früchtetee.

»Wirklich schade«, sage ich, »dass wir vergangene Nacht den Zufluss zum Hansen Lake verpasst haben.« Mit dem Wissen um Carols Geschichte würde ich den See und die Blockhütte jetzt mit ganz anderen Augen sehen.

Sie nickt. »Lass uns eines Tages zurückkommen, um diesen *creek* zu suchen. *Crazy* genug wären wir ja beide«, sagt sie und lacht.

Jetzt ist Packen angesagt. Um 13.30 Uhr legen wir ab.

Unser schmaler Muddy River ist ein großer Fluss geworden, der Kantishna. An manchen Stellen wälzt er sich einen halben Kilometer breit durchs Land.

Carols Erzählung geht mir nicht aus dem Kopf. Es ist interessant, in ihren Schilderungen eine Bestätigung des Bildes zu finden, das Miles selbst von sich gezeichnet hat: ein rastloser Draufgänger, der zur Zeit des John-Hansen-Abenteuers 30 Jahre alt war.

»Wie geht deine Geschichte weiter?«

»Miles brannte darauf, zu seiner *homestead* am Dead Fish Lake zu kommen. Er belud den Schlitten mit Bauholz und brach auf. Ich begleitete ihn ein Stück und sah plötzlich seinen schweren Schlitten durchs Eis brechen und im Wasser versinken. Das war an dieser Stelle zwar nur anderthalb Meter tief, aber wir hatten minus 22 Grad! Ich griff ein Seil, warf mich der Länge nach aufs Eis und fischte erst ihn und dann die Hunde heraus.

Ein paar Tage später erreichte Miles den Dead Fish Lake, baute eine kleine Hütte und lebte dort fünf Monate lang wie ein Eremit.

Ich war währenddessen völlig allein in der John Hansen Cabin. Das war eine neue Erfahrung für mich, aber eigentlich hatte ich mir das Leben mit ihm etwas anders vorgestellt ...«

Carol legt das Paddel auf den Holzrand des Faltbootes.

»Miles hatte etwas von einem *mountain man* vergangener Zeiten. Immer wollte er unterwegs sein, immer suchte er nach Neuem. Dabei wünschte ich mir einen Mann, mit dem ich ein normales Familienleben führen konnte. Das Frühjahr kam. Miles hatte seine Zeit am Dead Fish Lake ›abgesessen‹, und wir wollten zu unserem eigenen Blockhaus zurück. Aber noch war der Kantishna River zugefroren. Ich glaubte, das Eis würde irgendwann mit einem Knall aufbrechen und sich dann krachend übereinander schieben und verkeilen. Pustekuchen. Eines Tages hörte ich ein leises Knirschen und Knartschen, das Eis zerbarst, teilte sich sanft und trieb höchst unspektakulär davon.«

Während sie spricht, lassen wir uns einfach treiben, aber jetzt geht es auf eine Sandbank zu. Ich nehme mein Paddel und korrigiere unseren Kurs.

»Eins möchte ich dir noch erzählen.« Carol dreht sich zu mir.

»Nachdem Miles zum Dead Fish Lake abgereist war, fuhr ich eines Nachmittags gedankenverloren mit meiner Hand an einem Fensterrahmen der *cabin* entlang und spürte plötzlich einen Widerstand. Ich stutzte, sah nach und entdeckte ein Schwarzweißfoto. Natürlich war ich neugierig und zog es raus. Es war das Bild einer hübschen jungen Frau.

Auf die Rückseite hatte jemand ›Kopenhagen‹ geschrieben. Vorsichtig steckte ich es wieder zurück. Mir war, als hätte ich an einem Geheimnis teilgehabt.

War das John Hansens Geliebte, sein *sweetheart*, das er nicht hatte mitnehmen können, weil ihnen das Geld fehlte? Oder hatten sie sich getrennt, weil er nach Alaska wollte? Wäre es nicht reizvoll herauszufinden, wer diese junge Dame war?!«

Ich blicke über Carol hinweg über den Fluss auf riesige Wolkengebirge. In der Ferne tobt ein Gewitter.

»Du fragtest mich vorhin, was es mit dem John Hansen Lake und mir für eine Bewandtnis habe. Nun, ich würde zu gerne wissen, ob das Foto mit dem Mädchen auch heute, gut 20 Jahre später, noch in seinem Versteck ist.«

Sie wiegt nachdenklich den Kopf.

»Es gibt übrigens noch immer Leute, die auf John Hansens Fährte pirschen und hoffen, das Whiskyfass zu finden, das er irgendwo vergraben haben soll.«

Carol greift nach ihrem Paddel und zieht es durchs Wasser. Pitsch, pitsch, pitsch ...

»Mein Bericht über jenen Winter ist noch nicht ganz zu Ende«, sagt sie nach einiger Zeit. »Wir fuhren zurück zu unserem Kantishna-River-Blockhaus. Da wir fast ein dreiviertel Jahr lang ohne Post gelebt hatten, wollten wir schnell mit dem Boot zum *post office* nach Manley Hot Springs fahren, am liebsten noch am Tag nach unserer Rückkehr, einem Samstag. Letztlich entschieden wir uns doch für den Sonntag, so mussten wir die Hunde nur eine Nacht allein lassen. Dieser eher zufällige Entschluss rettete uns wohl das Leben. An jenem Samstag fuhr unser Freund Fred Burk mit seinem Boot zum Anleger von Manley. Dort wartete sein Mörder.

Michael Silka war ein Vietnamveteran, der sich am Zitziana River Land abstecken wollte. Ich weiß nicht, was für ein Mensch er war und was ihn umtrieb. Aber er hatte bereits in Fairbanks zwei Menschen auf dem Gewissen. Bis Manley war er unerkannt mit dem Auto geflüchtet, aber jetzt ging's nicht weiter. Der Elliot Highway endet am Tanana

River. Silka brauchte ein Boot. Fred Burk hatte eins. Und musste deswegen sterben.

Aber das war nicht das Ende des Amoklaufs. Als Miles und ich am Sonntag in Manley ankamen, wimmelte es von Polizisten und Reportern. Wir erfuhren das Ausmaß des Grauens. Der Wahnsinnige hatte wahllos jeden erschossen, der ihm zufällig in die Quere gekommen war: Joe McVeigh, Dale Marjedski, Lyman Klein, seine schwangere Frau Joyce, ihren dreijährigen Sohn Marshall und Al Hagen Junior, dessen Leiche im Fluss nie gefunden wurde. Auch einen *state trooper*, der ihn im Hubschrauber verfolgt hatte. Ein anderer Polizist tötete Silka. Alles in allem hat er allein bei uns im Ort acht Menschen umgebracht.

Manley Hot Springs war paralysiert.

Manchmal frage ich mich, wie alles verlaufen wäre, wenn Miles und ich einen Tag früher zur Post gefahren wären ...«

Wir sind eine Stunde auf dem Fluss, als ich am linken Ufer eine blaue Plane erkenne, wie man sie in Alaska gewöhnlich zum Abdecken von Motorschlitten oder Feuerholz verwendet. Da leben Menschen. Ich steuere zum Ufer und sehe eine Frau mit einem großen Hund auf uns zugehen. Vorsichtig wende ich das Faltboot gegen die stärker gewordene Strömung und lege an.

Bob und Nancy Rawlick warten schon seit Tagen gespannt darauf, dass wir hier vorbeikommen. Natürlich haben sie Carols *mukluk message* gehört. Wir folgen einem schmalen Pfad vom Ufer hoch zu ihrem zweistöckigen Blockhaus. Unweit des Haupthauses steht die Sauna, daneben ihre *cache*, eine auf Stelzen gebaute kleine Hütte, in der sich alles befindet, für das sich Bären interessieren könnten, vor allem Nahrungsmittel. Und da Meister Petz ein guter Kletterer ist, hat Bob die Stelzen mit glattem Blech ummäntelt.

Bob und Nancy starteten die Reise zu diesem Lebensmittelpunkt an sehr gegensätzlichen Polen Amerikas: Nancy in Florida, Bob im kanadischen Nord-Alberta. Seit 30 Jahren leben sie in Alaska, die letzten 18 Jahre davon an dieser Stelle. Beide sind wohl über 60.

Bob schmal und sehnig, ohne ein Pfund zu viel, ist etwa eins sechzig groß. Während der gesamten Unterhaltung hält er eine leere Kaffeetasse in der rechten Hand. Nancy, unscheinbar in Jeans und Bluse mit Knoten im Haar, würde auf den ersten Blick eher auf einen kirchlichen Wohltätigkeitsbasar in den Südstaaten als in diese raue Wildnis passen. Kleider machen Leute, wie man sieht, und können einen gehörig in die Irre führen.

Vor wenigen Tagen erst sind die beiden mit ihrem Flugzeug von einem Besuch bei ihren Kindern zurückgekommen, die ebenfalls in Alaska leben. Ich habe kein Flugzeug gesehen ... »Die Landebahn ist hinter den Bäumen«, klärt Bob mich auf. »Alles selbst gebaut und nur 150 Meter lang.« Aber das genüge für einen relativ kleinen Vogel wie seine Piper Supercub.

Mit 14 Jahren fuhr Bob mit dem Mähdrescher über die kanadischen Prärien. Später war er Rodeo-Cowboy, heute ist er Trapper.

Die beiden erscheinen mir alles andere als hinterwäldlerisch. Sie sind Funker und setzen Technik ein, wo immer sie ihnen das Leben erleichtern kann. Ihren Strom gewinnen sie mit Solarzellen.

Alles wirkt puppenstubenhaft freundlich, ohne das Rustikale, das rein Funktionale, das Blockhäusern oft eigen ist. Das gilt besonders für das mit Liebe zum Detail designte Blockhausklo mit der geschnitzten Holzbrille und dem in Kopfhöhe eingesetzten Fenster: »Damit wir im Winter die Elche vorbeiziehen sehen«, erklärt Nancy.

So möchte ich leben. Möchte mich mit all meinen Büchern vergraben, die ich immer schon einmal lesen wollte und für die ich doch nie die Zeit fand. Möchte den Musikstücken lauschen, die ich schon ewig hören wollte.

Doch dann frage ich mich, ob ich dauerhaft auf jenes Knistern verzichten könnte, das ich spüre, wenn ich reise und dabei immer wieder neuen Menschen begegne.

Am Ende dieses vierten Paddeltags werde ich es ganz heftig spüren – wir sind auf dem Weg zu Fran und Mike Turner.

Doch bis dahin liegen weitere sieben Stunden Fahrt vor uns. Es regnet nicht, aber ein diffuses Gemisch aus Dunst und Rauch lastet auf uns. Darin, hinter prallen Wolkengebirgen verborgen, erkenne ich eine abgeschlagene Sonne. Nur die Ränder dieser Wolkenfratzen glänzen, als hätte man sie in flüssiges Gold gefasst.

Als wir gegen Abend Mike Turners *fish wheel* erreichen, ein großes Holzrad mit von der Strömung bewegten Schaufeln, die Lachse in Auffangkästen unter Wasser befördern, ist das Gold aus den Wolken gewichen. Bald wird es regnen.

Noch bestens ist mir die erste Begegnung mit den Turners in Erinnerung. Es war im Blockhaus der Greens am Abend meiner Ankunft, und obwohl ich todmüde war, lauschte ich aufmerksam ihren Geschichten. Je weiter ich die Holztreppe vom Fluss zu der Trapper-*cabin* der Turners hochsteige, desto begeisterter bin ich. Rechts und links hinter den in den Boden gesetzten Pfostenreihen leuchtet roter Mohn. Am Ende der Treppe folge ich einem Weg nach rechts und stehe in einem Garten, wie ihn niemand im Herzen der Wildnis erwarten würde. Die Gemüsebeete sind von Holzbohlen eingefasst, zwischen denen riesige Salat- und Kohlköpfe nicht etwa in Reihen, sondern in originellen Mustern gepflanzt sind. Vom Gemüsegarten führt mich ein schmaler Pfad ins Gewächshaus. Es grünt, blüht und duftet hier, und aus Ampeln hängen sattrote Tomaten herab. Ein Fest für die Sinne.

Ich wechsele vom Gewächshaus in den nächsten Garten. Vorsichtig trete ich auf zerbrechlich wirkende, dünn abgesägte Scheibchen eines Baumstammes, deren äußeren Rand noch die Baumrinde umschließt. Sie sehen aus wie Sonnenblumen aus Holz.

Hier ist ein Karottenbeet, dort sind Rote Bete, Rhabarberstangen, die mir fast bis zur Brust reichen, Brokkoli und andere Gemüse. Und überall blühen Blumen.

Schon einmal heute, bei Bob und Nancy, spürte ich die Freude am Blockhausleben, hier aber spüre ich die Freude am Leben überhaupt.

Mike sitzt unter einer hölzernen Pergola in einem Schaukelstuhl und liest. In einer offenen Feuerstelle mit einem Metallrost zum Kochen und Grillen züngeln Flammen. Das Leben der Turners spielt sich im Sommer draußen ab. »Setzt euch, Fran wird bald kommen«. Einladend deutet Mike auf die Stühle.

Was sind das für Menschen, diese Turners? Mike ist 62 Jahre alt und ein »typischer Alaskaner«, denn er stammt aus New York State. Lächelnd erzählt er: »Mit acht wollte ich Trapper in Alaska werden.«

Doch so einfach ging das nicht, und der Junge beschied sich damit, seine Fallen an der Ostküste zu stellen. Als 17-Jähriger ging er zur Army, wurde in Frankreich stationiert.

»Ich bezog schon damals ein Trapper-Magazin. 1961 las ich darin, dass eine *trap line* in Alaska zu verkaufen sei. Das traf sich gut, im nächsten Jahr sollte meine Militärzeit zu Ende gehen, und so nahm ich mit dem Trapper Kontakt auf. Der Traum platzte. Die Kuba-Krise kam, und ich wurde bis zum Jahresende verpflichtet. Ich heiratete und stieg ins Holzgeschäft ein. Aber während all der Jahre kaufte ich mir regelmäßig mein Trapper-Magazin. 1988 wurde wieder eine *trap line* in Alaska angeboten. Ich war inzwischen Milchfarmer, und ganz ehrlich, dieser Beruf machte mich krank. Ich hatte nur eins im Kopf. Raus!

Ich nahm mit Alaska Kontakt auf, machte eine Anzahlung und versprach dem Trapper hier, dass der Rest des Geldes im nächsten Monat käme, sobald meine Farm verkauft sei. Alles klappte wie am Schnürchen. Ein paar Monate später lebte ich mit meinen beiden Söhnen Nate und Mathew hier am Kantishna River. Zugegeben, es war zunächst nicht der Traum meiner Söhne, aber das änderte sich. Nate ist heute alaskanischer Großwild-*guide* und Trapper. Mathew arbeitet in Russland.« Mike schmunzelt: »Und das Tollste ist: Die *trap line*, die ich so spontan erwarb, war genau die, die mir 1962 wegen der Kuba-Krise durch die Lappen gegangen war.«

Ich denke an den Trapper-Report und das, was ich dort über deren Lebensbedingungen gelesen habe. »Wie kann man mit nur 3270 Dollar Jahreseinkommen über die Runden kommen?«, frage ich Mike.

»Aus Nates *trap line* am Titna River und meiner holen wir pro Jahr rund 20.000 Dollar raus.« Mike ist sichtlich stolz darauf.

»Was ist euer Erfolgsgeheimnis?«

»Harte Arbeit. Im Winter sieben Tage die Woche auf der *trap line* sein, auch bei minus 55 Grad. Wir studieren das Verhalten des Tieres, denn um als Trapper erfolgreich zu sein, musst du wie das Tier denken. Und du musst die Balance wahren, darfst nur den Überschuss fangen, damit der Bestand sich weiter vermehren kann.«

Nichts lassen die Turners ungenutzt.

»Der Pelz geht an die Aufkäufer, das Fleisch des Bibers an die Hundezüchter, die Klauen der Wölfe an die Künstler, die daraus Schmuck

machen, und die Schädel kochen wir aus und verkaufen sie als Anschauungsmaterial an Schulen. 15 Dollar gibt's für einen Luchsschädel, 150 Dollar für den Schädel eines Wolfs oder *wolverines.* So kommen wir jedes Jahr auf knapp 2000 Dollar extra. Eins kommt zum anderen ...«
Die Turners sind stolz darauf, fast ausschließlich vom Land zu leben.

»Unser Fleisch beschaffen wir durch die Jagd, Lachse fangen wir im Fluss, wir fällen unser Holz selbst, und Fran sorgt für die köstlichste Gemüsevielfalt. Nur Mehl, Zucker und Gewürze kaufen wir. Uns flattern keine Rechnungen ins Haus, und wir schulden niemandem etwas.«
Mike lächelt.
»Wir leben einfach, aber wir leben wie die Könige.«

32

Reise in die Vergangenheit

Fran Turner schüttelt ihre klatschnassen Haare und wischt sich mit der Hand übers Gesicht. Es hat zu regnen begonnen. Fran ist nicht groß, etwas stämmig, aber keinesfalls dick. Immer liegt ein entspanntes Lächeln auf ihrem Gesicht. Nach Gemüsepfanne à la Trapperin, gebratenem Lachs und selbst gezogenen Kartoffeln frage ich, wie stark ihr Drang gewesen sei, nach Alaska zu kommen.

»Du wirst es nicht glauben ... ich wollte erst überhaupt nicht. Seit Jahren arbeitete ich mit einer alaskanischen Freundin in New Mexico zusammen, die mir vorschlug, mit ihr nach Alaska zu ziehen. Aber ich fühlte mich im Süden wohl.«

»Was hast du da gearbeitet?«

Stellt man Amerikanern diese Frage, bekommt man meistens die Antwort: »Oh, viel Unterschiedliches.« So auch von Fran, deren Oma übrigens aus Deutschland stammt und Müller hieß (»Aber außer ›Kartoffel‹ kenne ich kein deutsches Wort«, sagt sie lachend).

Als junge Frau arbeitete Fran in der Holzindustrie, später koordinierte sie in Santa Fe im *Eldorado Hotel* Konferenzen. In Denver war sie Einkaufsagentin einer Erdölgesellschaft. Doch es zog sie an die Westküste, wo sie bis vor ein paar Jahren im Staatsdienst arbeitete.

Eines Tages besuchte sie ihre zwischenzeitlich nach Alaska zurückgekehrte Freundin. Bei ihr traf sie den 13 Jahre älteren Mike Turner. Es dauerte nicht lange, bis der Funke übersprang und sie sich ineinander verliebten und heirateten. »Ich bin nur Mikes wegen hier«, sagt sie mit schelmischem Lächeln. Was ich ihr nicht abnehme, denn ich bin selten einem Menschen begegnet, der mit so viel Liebe und Kreativität seinen Lebensraum gestaltet.

Ich folge Fran in das geduckte, erstaunlich flach gebaute Blockhaus, dessen Wohnfläche mit 20 Quadratmetern für zwei Personen nicht gerade üppig bemessen ist. Um das Haus zu betreten, muss man sich tief bücken, sonst stößt man sich den Kopf.

»Das war so eine Idee von Mikes Vorgänger«, sagt Fran, »er dachte wohl, eine niedrigere Tür lässt weniger Kälte rein.«

Gegeizt wurde auch bei der Fenstergröße. Es ist drinnen dämmerig, zwei brennende Petroleumlampen verbreiten zwar Behaglichkeit, aber wenig Licht. Doch ich erkenne zwei große Betten, eine Couch, eine kleine Küche und sehr viele Bücher. Ein wenig verschämt zieht Fran einen Vorhang zur Seite, hinter dem ein winziger Fernseher zum Vorschein kommt. Sie hätten zwar keinen Fernsehanschluss, schauten sich aber dann und wann doch gern mal einen Spielfilm auf Video an. Während wir plaudern, streichen der sechs Monate alte Husky namens Scout, und Clyde, die Katze, um unsere Beine.

Später, als wir die täglichen *mukluk messages* im Radio hören, lacht Mike Turner einmal laut auf. Und zwar als Charlie Bouldings Tochter ihrem Vater stolz mitteilt, dass sie sich ein neues Auto gekauft habe. »Ach so, und dann, Paps, wollte ich dir noch sagen, dass ich auf dem Hausboden einen Karton mit Jugendbildern von dir entdeckt habe.« An dieser Stelle prustet auch Carol los, und Mike sagt in Anspielung auf Charlie Bouldings zerfurchtes Gesicht: »Waaas? Charlie Boulding war auch mal jung?!«

Fran lädt uns ein, im Haus zu übernachten.

Ich habe nicht mal zehn Minuten geschlafen, als mir eine warme, weiche Zunge feucht vom Kinn über meine Lippen bis zur Stirn leckt. Erschreckt reiße ich die Augen auf und sehe in die freundlichsten Hundeaugen der Welt. Scout.

Der Regen war kurz und heftig, am nächsten Morgen schweben zarte Nebelschleier zwischen den Fichten. Während der Nacht hat sich auch der Rauch der fernen Buschfeuer verzogen.

Ich ziehe den Kopf ein und steige vorsichtig unter Mikes sechs Jagdgewehren hindurch aus dem Haus. Fran brutzelt draußen unter der Pergola in einer großen Pfanne Eier, dazu gibt es Elchbuletten und über Glut getoastetes Brot.

Nach dem Frühstück folge ich Mike zu seinem riesigen *fish wheel*, das über Nacht neun Lachse aus dem Kantishna geholt hat. Wie im Schlaraffenland: Jeder Lachs wiegt zwischen zehn und 15 Kilo.

Auf die Frage, welcher Lachs denn besser sei, der vom Yukon oder der vom Kantishna, sagt Mike nach kurzem Zögern: »Meine Zunge weigert sich, das zu beantworten.« Aber dann fügt er schmunzelnd hinzu:

»Natürlich ist der Yukon-Lachs besser. Wenn die Fische auf ihrer Reise vom Beringmeer zu den Laichplätzen hier am Kantishna ankommen, haben sie nicht mehr die Top-Qualität wie zu Beginn, wenn sie vom Salzwasser ins Süßwasser überwechseln.«

Zehn Meter oberhalb des Flusses steht Mike Turners Filetiertisch, wo er mit geübter Hand die Lachse zerlegt, sie in Streifen schneidet und zum Trocknen aufhängt. 2000 der Fische werden im nächsten Jahr durch die Mägen seiner Hunde wandern. Als *subsistence*-Trapper ist er dazu berechtigt, die Fische zu verfüttern.

»Wir verwerten alles«, sagt Mike. »Selbst die Fischskelette zerhacke ich und verfüttere sie mit Trockenfutter vermischt an die Hunde. Blut und Innereien graben wir in Frans Gärten als Düngemittel unter.«

Im August arbeitet Mike einige Wochen lang für die Regierung und zählt Lachse. »300 Kilometer flussabwärts, dort, wo der Kantishna in den Tanana fließt, werden einzelne Tiere aus dem Wasser gefischt, mit so genannten *tags*, Markern, versehen und wieder freigelassen. Ich versuche, möglichst viele dieser flussaufwärts ziehenden Lachse mit meinen *fish wheels* ein zweites Mal zu fangen. Mit Hilfe der Marker können Biologen Rückschlüsse auf Wanderverhalten und Lebensgewohnheiten der Lachse ziehen.«

Eines der vielen Stückchen im Überlebenspuzzle eines Trappers.

Von einem anderen Puzzlestückchen erfahre ich draußen am Fluss, nachdem das mir schon bekannte Wasserflugzeug von Adam White gelandet ist.

»Es gibt eine Organisation, die sterbenskranken Kindern einen letzten Wunsch erfüllt«, berichtet Adam und erzählt die Geschichte eines 14-jährigen an Krebs erkrankten Jungen aus Arizona. Ein Bein musste ihm bereits amputiert werden. Seine Ärzte und Familie wissen, dass er nicht mehr länger als sechs Monate zu leben hat. Nach seinem größten Wunsch befragt, antwortete der Junge: »In Alaska auf Büffeljagd gehen!«

»Unweit von hier gibt es eine *buffalo farm*, die Bisons als Fleischtiere züchtet«, ergänzt Mike. »Der Junge ist bereits dort, ich bin sein Jagdführer und achte darauf, dass ihm nichts passiert. Hinterher werde ich den Bison zerlegen.«

Am frühen Nachmittag heben Adam White und Mike Turner ab. »Besuch uns im Winter bitte unbedingt auf der *trap line*!«, sagt mir Mike zum Abschied.

»Ja ... vielleicht eines Tages.«

Ich werde mir das aber gründlich überlegen ... So einfach wie Mike leben könnte auch ich. Aber könnte ich auch Trapper sein? Die alaskanischen Tierschutzgesetze sind streng und werden konsequent umgesetzt. Gleiches gilt für das Reglement der *Fish & Game*-Behörde, die professionell und mit viel Aufwand darüber wacht, dass Wildtiere und Fische nur nach bestimmten Quoten und Regeln entnommen werden.

Andererseits erinnere ich mich, wie ich eines Tages auf einen in einer Lebendfalle gefangenen Luchs stieß, ein schönes, stolzes Tier mit wuscheligem Pelz und hellen, wachsamen Augen, ein Tier, das unter anderen Umständen zu beobachten meine größte Freude gewesen wäre. Ich sah, dass der Luchs nur an einer Pfote gefangen war, und mir war klar, dass er bei vollem Bewusstsein erfrieren würde. Seit dem Tag weiß ich, dass ich nicht der Richtige für den Trapperberuf bin.

Die Abkühlung durch den Regen hat keine nachhaltige Wetterstabilisierung gebracht. Am späten Nachmittag bilden sich erneut riesige aufgequollene Wolkenfratzen mit Knollennasen und bacchantischen Wulstlippen. Gewitter driften von allen Seiten direkt auf uns zu.

Ich glaube, dass ich während meiner vielen Reisen meine eigenen Grenzen erkannt habe, auch jene Grenzlinie zwischen Wagemut und Leichtsinn. So paddle ich nie während eines Gewitters. Ich habe die Machtlosigkeit des Menschen gegenüber der entfesselten Natur begriffen und akzeptiert. Flüsse sind da hilfreiche Lehrmeister. Wer jetzt schmunzelt und meint, ich bewege mich zwischen Sentimentalem und Mystischem, der teste sich im Zentrum eines Gewitterinfernos im Zelt auf einer ungeschützten Sandbank. Oder im Zentrum eines Taifuns, in den Philippinen unter Palmen, deren Spitzen der Sturm über uns fortriss. Ohne solche Erfahrungen wird man sich schwerer tun zu verstehen, warum frühe Kulturen nach Übersinnlichem suchten und Schutzgötter um Beistand baten.

Aber so weit ist es bei uns nicht. Carol und ich beweisen Boden-haftung, indem wir den Rest Wasserreis mit süßem Ahornsirup über-gießen und mit vollem Mund behaupten, selten zuvor einen köstliche-ren Nachtisch gegessen zu haben.

»Lass uns aufbrechen«, schlage ich vor, und wir ziehen die Regen-jacken über.

Gelbliche Rauchfahnen stehen seit geraumer Zeit am Horizont. Da scheint ein Buschfeuer zu schwelen, beißender Qualm liegt in der Luft.

Carol und ich plaudern über gemeinsame Bekannte.

»Was macht eigentlich Bill Struck in Manley?«

Bill ist der Großvater von Cindy und Billy, die einen Winter lang jeden Tag in unser Blockhaus in Manley kamen, um mit unserer Toch-ter Bettina zu spielen. Später haben wir mit Bill Struck eine Silvester-nacht lang beim Monopoly heiße Köpfe gekriegt und mit Früchtetee aufs neue Jahr angestoßen.

»Nicht lange ist es her«, erinnert sich Carol, »da fuhr Bill mit sei-nem Tanklaster in Richtung Rampart. Aber statt einem rechtwinkligen Knick der Straße zu folgen, fuhr er geradeaus. Ein ganzes Leben lang hat er Zentralalaska mit Heizöl, Benzin und Diesel versorgt – und starb ausgerechnet beim Ölausliefern. Bill wurde 93 Jahre alt.«

»Und wie geht es Cy Hetherington?« Cy war unsere erste Bekannt-schaft in Manley.

Carol lacht. »Cy repariert seit 50 Jahren unverdrossen Flugzeuge. Er ist jetzt 80, und wie ich ihn kenne, wird er noch mindestens 20 Jahre im Geschäft bleiben. Cy ist ein hervorragender Mechaniker und noch immer ein exzellenter Pilot«, fügt sie hinzu. »Ich erinnere mich an eine kuriose Episode: 1972 war das, damals, als mein Mann Bob und ich noch ganz frisch in Alaska waren und unsere Hütte am Mooseheart Mountain bauten. Mein Bruder Warren hatte uns zwei Wochen lang geholfen, als Cy kam, um ihn mit dem Flugzeug zurück nach Fairbanks zu fliegen. Das Wasserflugzeug ›parkte‹ im Fluss. Ich stand am Ufer und beobachtete das Geschehen: Cy hatte die Maschine gestartet, war aber noch mal rausgesprungen, um die Schwimmkufen zu kontrollieren. Drinnen verstaute Warren seinen großen Seesack. Dabei kam er mit einem Träger hinter die Drosselklappe und zog sie wohl raus ... jedenfalls schoss das Flugzeug plötzlich los. Geistesgegenwärtig sprang Cy ins Cockpit und übernahm das Steuer.«

Ein ferner Donnerschlag unterbricht uns.

Gegen 1.30 Uhr morgens legen wir am Ufer an. Um zwei Uhr steht unser Zelt. Ein paar Regentropfen fallen. Nicht viele, aber doch genug, um uns zur Eile anzutreiben. Den Rauch, der uns vor zwei Stunden das Atmen erschwerte, scheinen die wenigen Regentropfen einfach weggespült zu haben.

Am nächsten Morgen schweben weiße Schäfchenwolken über das Blau des Himmels. Trompeterschwäne beobachten uns, zwei Enten streichen über den Fluss. Biber haben wir schon lange nicht mehr gesehen, ihr Leben spielt sich jetzt entlang der im Ufer versteckten Bäche ab.

Aufmerksam betrachtet Carol das linke Ufer, wo uns ein unscheinbarer *creek* zur ehemaligen Forty-Mile-Cabin führen soll, von Miles Martin so benannt, weil sie 40 Meilen von der Mündung des Kantishna in den Tanana River entfernt ist.

»Die Zufahrt ist am Anfang einer schmalen Insel. Allerdings verbirgt der *creek* sich hinter einer Schilf bewachsenen Bucht«, erinnert sich Carol. Diese Beschreibung lässt Hunderte Möglichkeiten offen. Da können wir lange suchen.

»Moment mal...«, Carol beugt sich vor, »hier könnte es sein.« Die starke Flussströmung lässt mir keine Zeit zu weiteren Überlegungen. Kurzentschlossen steuere ich das Faltboot zum Ufer, unser Bug durchteilt das Schilf... »Volltreffer! Wir haben den *creek* gefunden.« Nach wenigen Metern führt der Schilfgürtel in einen schmalen Bach, und schon stößt mein Boot gegen den größten Biberdamm, den ich je gesehen habe. Unzählige Nagergenerationen schufen hier ein 40 Meter breites und ein Meter hohes Meisterwerk der Biberbaukunst. Durch den Damm wird der *creek* dahinter zu einem 50 Meter breiten See gestaut.

Vorsichtig richte ich mich im Boot auf und schaue über den Bibersee. Tausende nur daumennagelgroße Seerosen bedecken die Oberfläche. Am linken Ufer stehen grüne Fichten und Birken, am rechten schwarze Baumgerippe.

Genau bis hierher, bis zur Mitte des Bibersees, fraß sich das Buschfeuer von 2002. Und irgendwo da hinten, wo jetzt *fireweed* und Gras brusthoch über umgestürzten Baumstämmen wuchern, ging Miles Martins Blockhaus in Flammen auf.

Mosquitoes summen, Hummeln brummen durch die heiße Luft. Adam White, der Pilot mit Zugang zu den zuverlässigsten Wetterdaten, hat uns die Höchsttemperatur von 30 Grad prophezeit.

Hier sind sie.

»Vom Kantishna River bis zum Blockhaus war es ein Kilometer«, erinnert sich Carol. Das Faltboot zu entladen, es über den Biberdamm zu hieven und dorthin zu paddeln wäre sehr aufwändig. Wir werden zu Fuß gehen, auch wenn wir dabei im hohen Gras Millionen *mosquitoes* aufscheuchen.

In diesem Moment entdecke ich auf der gegenüberliegenden Seite des Biberdamms Miles' altes Kanu. Wir steigen um.

»Meine Reise in die Vergangenheit kann beginnen«, sagt Carol und greift nach dem von Wind und Wetter gegerbten Paddel.

33

Blockhaus in Flammen

Ich habe das *Geo Spezial* über Alaska mit dem ganzseitigen Foto von Miles Martins Blockhaus aufgeschlagen. Oben, unter dem Dachüberstand, stehen Pappkartons und Plastikpötte, ein Stück Fleisch baumelt an einem Faden von einem Stamm herab. Auf einer Bank vor dem Haus sehe ich ein Dutzend Behälter mit Motor- und Getriebeöl und Öl zum Fetten der Kettensäge, Zweckmäßigkeit ist hier eben Trumpf. Miles' *cabin* unterscheidet sich in nichts von Hunderten anderen Blockhäusern in Alaska.

Vorn ragt der Stamm einer schlanken Birke ins Bild.

Gut, dass ich dieses Bild zur Orientierung habe, denn wie von Geisterhand ist alles fortgewirbelt. Carol und ich sind von dem Bootsanleger durch hüfthohes Gras gestapft. Für mich beginnt hier Neuland. Für sie ist es der erste Besuch nach dem Brand. Ich spüre, wie sie sich zu orientieren versucht. Das ist auch für mich schwer, obwohl ich das Foto habe.

Ich wähle den links ins Foto ragenden Baum als Fixpunkt. Jetzt ist der natürlich tot, schwarz, aber eine Antenne in vier Metern Höhe lässt den Schluss zu, dass dieses der »Hausbaum« war, der vor dem Eingang der *cabin* stand.

Ich nehme das Foto und vergleiche: Hinter dem Blockhaus war dichter Birkenbestand, der selbst auf diesem abendlichen Winterfoto weiß leuchtete. Von den Stämmen ist nach dem Inferno gerade mal jeder zehnte stehen geblieben, und das, was noch da ist, ist pechschwarz, wie amputiert, traurig kronenlos. Plötzlich bückt Carol sich, drückt das Gras zur Seite und sagt: »Dies war mal unser schöner Ofen.«

Ich kenne den Ofen aus dem reich bebilderten ersten *Geo*-Artikel von 1987. Der Ofen steht dort in der Mitte der Blockhütte, auf ihm ein großer Topf, aus dem Fischschwänze ragen, vermutlich das Futter für die Hunde. Und inmitten der tausend nützlichen Habseligkeiten sitzt Miles und näht mit seiner wunderschön gearbeiteten Singer-Nähmaschine konzentriert eine Lederjacke.

Diese Bilder haben mich fasziniert, und immer wieder habe ich sie mir angeschaut. Ein Inferno hat alles binnen Stunden vernichtet ...

Carol hat sich neben den Ofen ins Gras gesetzt. Ich hocke mich etwa dort hin, wo auf dem Foto Miles Martins Nähmaschine stand. Der Verlust schmerze ihn fast am meisten, sagte Miles mir.

Hinter mir liegen ein ausgebrannter Motorschlitten und ein paar abgefackelte und verrostete Benzinkanister.

Carol öffnet die Ofenklappe, ich sehe drinnen ein paar Schamottsteine. Sie schließt die Klappe sorgfältig und schaut sich um.

»Warum ich damals hierher zog, fragst du. Nun, Tonya, die damals neun war, unsere kleine Paula und ich hatten den gleichen Traum, den Traum vom Blockhausleben in der Wildnis. Nachdem ich Miles 1981 getroffen hatte, unternahmen wir beide noch im selben Jahr zu Weihnachten eine Schlittenhundetour hierher. Die *cabin* war noch längst nicht fertig, aber das Hausboot war ja da, und darin wohnten wir. Miles war ungeheuer kreativ und heckte schon Pläne aus: wie wir das Blockhaus um ein weiteres Stockwerk erweitern könnten, wie man die Mädels per Korrespondenzschule unterrichten lassen könnte. Mir gefiel das. Es war das Leben, wie ich es meinen Töchtern und mir wünschte. Kaum war das Eis aus dem Seitenarm des Tanana River, an dem mein Erdhaus liegt, fortgeschwommen, kam Miles auch schon mit seinem Hausboot, um uns und unsere Habseligkeiten hierher an den Kantishna zu fahren. Die Schulfrage hatte ich mit dem Yukon-School-District zu aller Zufriedenheit geklärt.

Dann kamen wir hier an. Als Erstes erweiterten wir das Haus. Miles schlug und bearbeitete die Stämme, Tonya, Paula und ich stopften die Ritzen mit Moos aus. Zwischendurch fuhr Miles fort, um seine Handarbeiten und Kunstwerke zu verkaufen.

Miles hatte vom ersten Moment an bei meinen Töchtern einen Stein im Brett. Er ging wunderbar auf die Mädchen ein, er lehrte Tonya, wie man den Fluss, seine Strömungen, seine Tücken und Gefahren wie ein offenes Buch lesen kann. Und für die kleine Paula sang und pfiff er.

In dieser Zeit machten wir eine unserer ersten Bärenerfahrungen. Natürlich hielten wir das Gelände frei von Abfällen, die die Bären hätten anlocken können. Eines Tages stand jedoch ein Behälter mit Trockenfutter für die Hunde vor dem Blockhaus. Plötzlich erschien ein Bär auf der Bildfläche, schnüffelte und wischte den Hundefutterbehälter mit einer mächtigen Tatzenbewegung zur Seite. Wir drei standen am Fenster des Rohbaus, keine zwei Meter vom Bären entfernt, und schlugen Pötte und Pfannen zusammen, um ihn zu verjagen. Es klappte.

Am nächsten Abend war er wieder da. An diesem Tag aber war ich vorbereitet. Wir drei hatten tagsüber alle Einmachgläser ausgewaschen, ich hatte die Messer geschärft, ja, und dann kam er zurück. Ich erlegte ihn und konnte all unsere Einmachgläser füllen. Den ganzen Sommer lang gab's »Bären-Pizza«.

Ich war in dieser *homestead* immer vollauf beschäftigt. Wir hatten meinen Garten, ich pflanzte Kartoffeln und Gemüse, auch Tonya und Paula bewirtschafteten ihre kleinen Gärtchen. Und im Sommer begann die Zeit des Beerenpflückens. Miles kehrte nach einigen Wochen schwer beladen zurück, wir bekamen ein neues Aluminiumdach und Fenster aus Plexiglas. Die würden nicht so schnell brechen, sollte sich mal ein Bär dagegenlehnen. Freunde kamen und halfen uns, das Blockhaus fertig zu stellen. Im Nu ging der erste Sommer vorbei.

Für die Kinder war es ein einziges Paradies. Paula lernte im Bibersee schwimmen und später auch, Kanu zu fahren. Am gegenüberliegenden Ufer befand sich eine kleine Sandbank, auf der wir uns sonnen konnten. Wir hatten alles, was sich ein Mensch nur wünschen kann.

Nach Beerenernte und Gartenarbeit begann die Jagd. Wir begleiteten Miles und kamen immer mit einem Elch heim. Zwischendurch fingen wir Fische, vor allem Lachse und Hechte.

Gegen Ende des Sommers stapelten sich meine Vorräte, wohl an die 200 Kilo: Kartoffeln, Rüben, selbst eingelegtes Sauerkraut, Hagebutten-Ketchup und Relish sowie natürlich Blaubeerkompott und jede Menge Preiselbeermarmelade.

Wir waren auf den Winter bestens vorbereitet, auch was die Hunde anbelangte. Deren Fisch allerdings mussten wir durch hochwertiges Trockenfutter ergänzen. Unser Einkaufsbummel mit dem Hausboot war 200 Kilometer lang, zunächst 65 Kilometer bis zur Einmündung in den Tanana River und von dort 135 Kilometer bis nach Nenana. Wenn Miles diese lange Reise unternahm, kaufte er natürlich auch andere Dinge wie Gas, das wir zur Beleuchtung und zum Kochen brauchten. Aber ich habe auch oft auf dem Holzofen gekocht.«

Carol hält inne und betrachtet den im Gras liegenden Ofen.

Es bedarf manchmal weniger Gegenstände, um Bilder, Menschen und vergangene Momente lebendig werden zu lassen. Ich glaube, Alaska bietet in dieser Hinsicht mehr als viele andere Plätze auf Erden.

Wie oft schon sah ich in Wohnsiedlungen auf grasüberwucherten Grundstücken alte Autos und Maschinen neben verlassenen, halb eingefallenen Häusern liegen. Der erste Eindruck: Trödel, die erste Reaktion: ein Fall für den Sperrmüll.

Aber diese Dinge standen für Menschen, die mit Träumen angekommen waren und versucht hatten, ihnen Gestalt zu geben. Nur die Spuren der Träume blieben zurück – wenig ansehnlich, zugegeben, aber dahinter verbargen sich Lebensgeschichten.

Während meines Aufenthalts in McGrath sah ich einen großen Schuppen, dessen Wände nur aus Plastikfolie bestanden. Genau genommen bestanden hatten, denn Kälte und Wind hatten den Kunststoff zerfetzt und in alle Richtungen verteilt. Drinnen stand ein großes zweimotoriges Flugzeug, das in Gang zu bringen sich irgendwann einmal jemand vorgenommen hatte. Doch es war nichts daraus geworden. Aus welchen Gründen auch immer.

»Irgendwann stand der Winter vor der Tür«, nimmt Carol den Faden wieder auf. »Man könnte glauben, dass für mich in der kalten Jahreszeit nicht viel zu tun gewesen wäre. Irrtum! Ich unterrichtete meine Töchter, Schularbeiten mussten korrigiert werden, Brot war zu backen und Holz zu hacken, Wasser musste ich holen und die Hunde versorgen. An jedem Abend der Woche war Badetag für einen von uns. In einem Zuber. War das Bad zu Ende, wurde in dem Wasser noch Wäsche gewaschen. Du geizt mit den Ressourcen, denn einen Zuber mit heißem Wasser zu befüllen, erfordert viele Arbeitsgänge und großen Aufwand. Wenn Miles im Winter nicht auf der *trap line* war, las er abends Geschichten vor. Es war urgemütlich in unserem Blockhaus. Ich stellte eine große Schüssel Popcorn auf den Tisch, die Mädchen knabberten und hörten begeistert zu. Miles verstand es meisterhaft, Geschichten rückwärts zu erzählen oder unterschiedliche Märchen miteinander zu verknüpfen: den Wolf aus Rotkäppchen mit dem Frosch aus Froschkönig ... Wir hätten uns kugeln können. Nur Klein-Paula verzog das Gesicht. Geschichten hatten so zu sein, wie sie sie kannte.

Die Mädchen sind sehr unterschiedlich. Tonya stellte bereits im ersten Jahr ihre eigenen Fallen. Miles setzte mit der kleinen Paula nur Schlingen. Eines Tages ging das erste Tier in ihre Schlinge, ein richtiger Schneehase, der sogar noch lebte. Paula hatte ein zahmes weißes Kaninchen als Haustier, das aussah wie ein Schneehase. Arme kleine Paula! Das war mehr, als sie vertragen konnte. Seitdem wollte sie nichts mehr vom Fallenstellen wissen.

In einem unserer Winter am Kantishna besuchte uns mein Vater in einem Charterflugzeug. Es war März, aber bitterkalt, ein Monat, der mir unvergesslich bleiben wird, denn er hatte mir zuvor meine Grenzen gezeigt. Ich war mit Hunden nach Nenana gefahren, um Vorräte zu holen. Während die Temperatur zuvor noch bei erträglichen minus 25 Grad gelegen hatte, sackte sie auf dem Rückweg auf minus 40 Grad ab. Ich war allein. Meine Thermosflasche war leer, vermutlich war ich schon dehydriert. Ich stoppte und legte eine Pause ein, um ein Feuer anzuzünden. Aber ich kriegte nicht mal die Metallbox mit meinen Zündhölzern auf. Es war verhext, so kam ich nicht weiter. Ich kroch in meinen Schlafsack, aber trotzdem wurde mir nicht warm. Hatte ich nicht ein Stück Butter in der Tasche? Mit klammen Händen fingerte ich in der Parkatasche herum. Es war, obwohl ich im Schlafsack lag, tiefgefroren. Ich biss in die eisige Butter, und plötzlich merkte ich, wie mein Gehirn wieder zu arbeiten begann. Ich konnte meine Zündholzbox öffnen, startete ein Feuer, versorgte die Hunde und taute Schnee. Diese Nacht nahm ich eine Wärmflasche der besonderen Art in meinen Schlafsack, einen Hund. Am nächsten Tag erreichte ich wohlbehalten unser Blockhaus. Das Frühjahr bescherte uns schlimmes Hochwasser. Das Eis des Flusses hatte sich zu riesigen Dämmen verkeilt. Die folgenden Überschwemmungen machten auch vor unserem Biberdamm nicht Halt. Im letzten Moment retteten wir Miles' Hausboot, das sonst von den Fluten fortgespült worden wäre.

Im Sommer, als die Mädchen bei ihrem Vater in Fairbanks waren, fühlte ich mich sehr allein. Miles war viel unterwegs ... im Winter auf der *trap line*, zwischen Juni und August bei seinen Sommerjobs. Ich war einsam und merkte, wie viel mir andere Menschen bedeuten. Ich musste endlich wieder mit jemandem sprechen. In solchen Monaten hörte ich mehr Radio als je zuvor.

Die *mosquitoes* waren in jenem Sommer unerträglich. Ich war unglücklich darüber, dass meine Hunde an ihren Ketten den Blutsaugern ausgeliefert waren. Könnte ich sie nicht auf eine Sandbank im Kantishna bringen? Da wehte doch wenigstens ein frischer Wind, und weglaufen konnten sie auch nicht. Gesagt, getan. Alles verlief nach Plan, zunächst jedenfalls.

Am nächsten Tag kochte ich am Haus Hundefutter. Vermutlich standen zu dem Zeitpunkt alle acht Huskys mit gespitzten Ohren auf ihrer Sandbank und warteten auf den großen Moment, der da kommen musste. Das Klappern der Fressnäpfe klang wie Musik in ihren Ohren. Ich war mit dem Kanu in der Mitte des Flusses, als wie auf geheimes Kommando alle Hunde in den Kantishna sprangen und auf mich zu schwammen. Als dann acht große Huskys mein Kanu gleichzeitig enterten, wäre es fast gekentert. Ich erklärte das Experiment für gescheitert. Die Hunde kamen wieder ans Haus.«

Carol dreht sich zu mir und schaut mir ernst in die Augen. »Weißt du, die Freiheit ist unbezahlbar. Doch in der Wildnis hat sie auch ihren Preis ... zum einen den Preis hoher Lebensqualität. Aber auch den hohen persönlichen Einsatz, ohne den du das alles nicht erreichst. Gegen Ende dieses Winters *mushte* ich erneut 200 Kilometer nach Nenana, da wir dringend Reis als Beigabe fürs Hundefutter benötigten. Auf dem Rückweg lag der Schlitten schwer auf dem Trail, denn ich transportierte mehrere 25-Kilo-Säcke. Du weißt, normalerweise schneit es bei uns nicht mehr als zwei, drei oder maximal fünf Zentimeter. Doch während dieser Rückfahrt fielen plötzlich 30 Zentimeter Schnee. Der Trail war nicht mehr zu sehen. Ich hatte keine andere Wahl, als meinen Schlitten zu entladen. Den Reis und die anderen Einkäufe markierte ich mit farbigem Flatterband und ließ alles zurück. Dermaßen erleichtert schaffte ich es bis zur *homestead*.

Es dauerte mehrere Wochen, bis Miles und ich zu der Stelle zurückkamen. 100 Kilometer mussten wir den Trail mit Schneeschuhen spuren, sonst wären die Hunde nicht durchgekommen. Es ist nicht einfach, in der Wildnis zu überleben, wo du vieles nicht mit anderen teilen kannst, und sei's auch nur die Instandhaltung verbindender Trails.

In jenem Jahr gab es irgendwo in unserem Umkreis Menschen, die uns nicht wohlgesonnen waren. Eines Tages landete ein Hubschrauber der *Fish & Game*-Behörde vor unserer Tür. Schrecklich. Irgendjemand hatte Miles beschuldigt, außerhalb der Jagdzeit einen Elch geschossen zu haben. Wir erklärten den *officers*, das sei alles erstunken und erlogen. Aber sie fanden auf unserem Gelände vier Elchhufe. ›Den Elch habe ich vor fünf Jahren erlegt‹, verteidigte sich Miles, die Hufe seien das Rohmaterial für Schmuckstücke. Am nächsten Tag kamen die *officer* mit Durchsuchungsbefehl wieder. Aber auch der brachte nicht den Erfolg, den sie wünschten. Kein Wunder, denn es gab keinen illegal erlegten Elch.«

Carol hat sich erhoben.
»Lass uns zu Tonyas Fort gehen ...«
Ich stehe auf und folge ihr.
Tonyas kleines Blockhaus-Fort hat als einziges Gebäude den Brand von 2002 überstanden, bis dahin sind die Flammen nicht vorgedrungen. Wir mühen uns durchs hohe Gras, wirbeln Myriaden von *mosquitoes* auf, versinken in sumpfigen Bächen, dann stehen wir vor der kleinen Blockhütte.

Zum Glück verschonten die Flammen das kleine Blockhaus

Gut zwei Jahrzehnte ist es her, dass Miles und Carol diesen Fleck urbar machten. »Das Meer hat Grenzen, doch ein tiefer Wunsch hat keine«, sagt William Shakespeare. Aber hier war die Natur am Ende stärker. Zwei Träumer erreichten die Grenze ihrer Wünsche, und in wenigen Jahren wird nichts mehr daran erinnern, dass sie hier ihre eigene Welt formen wollten.

»Woran ist eure Beziehung eigentlich gescheitert?«, frage ich Carol.

Von einem gemeinsamen Lebenstraum scheint kaum mehr als ein verrosteter, von Gras überwucherter alter Eisenofen zurückgeblieben zu sein.

Sie legt die Stirn in nachdenkliche Falten.

»Meine Mädchen wollten mit anderen Kindern und Jugendlichen zusammen zu sein. Aber das war wohl nicht das wirkliche Problem. Miles' *trap line* wurde länger und länger, und wir sahen ihn manchen Winter überhaupt nicht. Irgendwann wollte er sich noch für ein weiteres *homesteading*-Projekt am Bear Paw River qualifizieren. Wie am Dead Fish Lake würde er seine Besitzansprüche ersitzen und ein neues Blockhaus bauen, während ich hier am Kantishna saß.

Aber ich wollte nicht die Frau eines *mountain man* sein, ich war die Frau eines *homesteaders*. Und so packte ich meine Sachen und zog mit meinen Töchtern nach Manley Hot Springs zurück.

Miles hatte übrigens in jenem Spätherbst auf der Fahrt zum Bear Paw mit seinem Bootsmotor Probleme. Anstatt seine *homesteading*-Stelle zu erreichen, musste er zu unserem Blockhaus zurück und verbrachte den Winter allein dort. Ich glaube, wir hatten uns auch innerlich voneinander entfernt ... Jedenfalls wurde ich in Manley Vorschullehrerin, und Miles ging weiterhin seinen vielen Projekten nach.«

3 4

Impressionen vom Tanana River

23 Uhr: Glutrot versinkt die Sonne, während aus prallen Wolken Blitze zucken. Kein Donnern, das Gewitter ist weit entfernt.

Mitternacht: Sehe 15 Meter neben uns am Ufer einen Schwarzbären.

Gerade und schnörkellos fließt der Kantishna River jetzt nach Norden. »Wir nähern uns dem Tanana River«, verkündet Carol.

Zwei Uhr morgens: Habe Schwierigkeiten, einen Übernachtungsplatz zu finden. Da wir um diese Zeit nicht wählerisch sein können, legen wir an einer Erdbank an, aus der bei jedem Schritt die Feuchtigkeit quillt.

11.30 Uhr: Aufbruch. Drei Stunden später erreichen wir den Tanana.

Was für ein Fluss! Breit und ausladend ist er, ohne jene Lust auf Kapricen, die dem Muddy und Kantishna eigen war. Ich liebe mächtige Ströme, auf denen der Blick und die Fantasie schweifen können. Stellenweise ist der Tanana River fast zwei Kilometer breit. Völlige Windstille. Nachmittags driften Kumuluswolken über den blauen Himmel und sein Spiegelbild im Wasser.

Zwei Stunden später nähern wir uns Charlie Bouldings Haus.

»Zu dieser Jahreszeit sind Charlie und seine Frau beim Lachsfang am Yukon River«, vermutet Carol. Da aber der Yukon Quest Champion und Sechstplazierte des diesjährigen Iditarod über 50 Hunde besitzt, wird vermutlich irgendjemand daheim sein.

Rund 60 Kilometer östlich von Manley Hot Springs stoßen wir in einer großen Biegung des Flusses auf Charlies Anwesen. Mit Geheul begrüßen uns seine Hunde. Da schält sich aus dem Schatten der Bäume eine Gestalt. Sie ist nicht größer als eins sechzig. Und obwohl es 25 Grad heiß ist, trägt die merkwürdige Erscheinung *bunny boots*, jene Arktis erprobten mehrlagigen Gummistiefel, die *musher* gewöhnlich bei 40 Grad unter null tragen. Während ich im dünnen Hemd paddele, trägt der Mann einen dicken, speckigen Parka. Außer einem wallenden roten Bart, der bis weit über die Wangenknochen wuchert, ist von dem Gesicht fast nichts zu sehen. Aber Carol winkt fröhlich zum Ufer. »*Nice to see you, Jessie!*«

Wir legen an, Jessie Gatewood reicht Carol die Hand und hilft ihr ans Ufer. »Dachte, ihr würdet schon gestern kommen ...«, sagt er im typischen Südstaatensingsang.

»Woher weißt du von uns?«

Er lacht. »Glaubt ihr etwa, Jessie würde hier keine *mukluk messages* hören?«

Wir folgen Jessie in ein kleines Blockhaus. Während der ersten Jahre am Fluss, so sagte mir Carol, habe Charlie auch im Winter nur in einem Zelt gehaust. Später baute er dieses kleine Blockhaus, in dem Jessie jetzt als Charlie Bouldings »Mädchen für alles« lebt. Unlängst erst kam das abseits befindliche große Holzhaus dazu.

»Kommt mit mir, ich wärme das Elch-*stew* auf, das ich schon gestern für euch gekocht habe.«

Jessie ist Anfang 40. Er war *truck driver* in New Mexico, bis es ihn eines Tages nach Alaska verschlug. »Jessie ist ein einfaches Gemüt, aber eine Seele von Mensch«, beschreibt Carol ihn.

»Zieht euch bitte die Schuhe aus«, sagt Jessie, als wir Charlie Bouldings neues Haus erreichen. »Charlie hat einen brandneuen Laminat-Fußboden.«

Aber ich soll nicht nur das Haus der *musher*-Legende kennen lernen: »Du musst unbedingt auf sein Klo gehen«, schmunzelt Carol.

Der Gang lohnt. Charlie Boulding ist in Alaska bekannt wie ein bunter Hund, und entsprechend groß ist sein Fanclub. Ganze Schulklassen haben ihm Gedichte gewidmet und bunte Bilder gemalt, und die hängen nun an den Wänden des 30 Meter vom Haus stehenden *outhouse*.

Wir wollen heute noch Manley Hot Springs erreichen und sitzen etwas auf heißen Kohlen.

»Danke, Jessie, dein Stew war köstlich«, lobe ich den eigentümlichen Burschen.

»Wartet mal«, sagt Jessie, hüpft auf seinen riesigen *bunny boots* durch den Garten, zupft hier Karotten und da Salatblätter und drückt sie uns zum Abschied in die Hände.

Manley Hot Springs mag für andere eine Siedlung wie viele andere in Alaska sein, für mich ist es der Ort meiner ersten großen Winterliebe.

Ich kann es kaum abwarten.

Viele Male brach ich von dort aus mit Schlittenhunden zu entlegenen Zielen in Alaska auf. Doch noch nie steuerte ich Manley im Paddelboot an. Auch Carol kann die Ankunft kaum erwarten.

Wir wollen dem als *slough* bezeichneten breiten Wasserarm folgen, der uns bis vor Carols Haustür bringen wird.

Ich kann es nicht glauben. Schon in drei Tagen wird dieses Alaska-Abenteuer mit Carol zu Ende sein.

Juliana sitzt daheim bereits auf gepackten Koffern und wird demnächst in Fairbanks landen.

22.45 Uhr: Wir haben die Paddel auf den Bootsrand gelegt und staunen, wie goldenes Sonnenlicht aus einem golden umrahmten Wolkenloch im gleißenden Himmel auf den Fluss fällt. Eine verzauberte Welt. Die Sonne selbst zeigt sich nicht. Im Westen hingegen quellen scharf geformte Wolkengebilde wie weiße Atompilze in den Himmel.

Diese Nacht ist ein Geschenk der Natur. Aus dem Wasser des Manley *slough* reflektieren rosafarbene Wolken, auf die das Licht der untergehenden Sonne fällt. Makellos glatt ist die Wasseroberfläche, in der sich die Uferberge spiegeln. Und mitten durch dieses Bild, in dem optische Illusion und Wirklichkeit verschwimmen, paddeln wir hindurch.

Zwei Uhr morgens: 13 Stunden reiner Paddelzeit liegen hinter uns. In einer Stunde werden wir Carols Haus erreichen. Um uns aufzumuntern, singen wir »*This land is your land*«, dann stimmt Carol »Im Frühtau zu Berge« an. Auf Deutsch! Zu den Klängen von »Das Wandern ist des Müllers Lust« erreichen wir die Brücke von Manley.

»Psst!« schmunzelt Carol. »Jetzt hören wir besser auf mit Singen, sonst kann ich mich hier nicht mehr blicken lassen.«

Wie oft habe ich früher diese Brücke mit Schlittenhunden oder mit dem Mountainbike überquert ... Jetzt ziehe ich mit klammen Fingern eine Tafel Nussschokolade hervor, um unsere Ankunft in Manley Hot Springs gebührend zu feiern.

Nur wenige Kilometer sind es noch bis zu Cleos Haus.

Ich mochte Cleo sehr. Er war Farmer in Illinois gewesen, doch seine Frau hatte das Landleben gehasst. Also zogen die beiden nach Kalifornien, wo Cleo für die Post arbeitete. Aber auch damit konnte sie sich nicht anfreunden und ließ sich von ihm scheiden. Mit 60 kam Cleo nach Alaska.

Juliana, Bettina und ich haben ihm manches Mal in seinem Haus geholfen, riesige Eiscremeportionen mit Blaubeeren zu vertilgen. Die Stühle dicht an den Eisenofen gerückt, lauschten wir seinen Geschichten.

Eines Sommers fand ein Freund ihn tot zwischen seinen Blumen liegen. Cleo ist 82 Jahre alt geworden. Er hat Carol sein Haus vermacht.

»Da sich ein Bär durch das Dach meines Erdhauses gegraben hat, sollten wir in Cleos Haus schlafen«, war Carols Vorschlag.

Nebelschwaden liegen inzwischen über dem Wasser des *slough* und kriechen uns wie eiskalte Geisterfinger über die Rücken. Wir sind erschöpft und frieren.

Plötzlich sehe ich, wie Carol das Paddel aus der Hand legt, sich nach vorn beugt und lauscht. Tatsächlich, da ist ein Brechen und Poltern am rechten Flussufer. Hoffentlich kein Bär, denke ich, denn ich bin zu müde, um das Boot in dieser Nacht noch zu entladen. Im nächsten Augenblick steigt ein Elch die Uferbank hinab, geht in aller Seelenruhe ins Wasser und schwimmt gemächlich, nur wenige Meter vor uns, zum anderen Ufer.

Nach 14 Stunden Paddelzeit erreichen wir unser Tagesziel.

Vier Uhr morgens: Helligkeit dringt durchs Fenster. Ich ziehe mir die Decke übers Gesicht und bin im nächsten Moment eingeschlafen.

8.30 Uhr: Steifbeinig steige ich aus dem Bett, doch ein Schluck Kaffee bringt die Lebensgeister zurück. Der Blick auf die große Alaskakarte an der Wand allerdings ernüchtert mich: Die Strecke vom Lake Minchumina bis hierher macht auf der Karte gerade mal eine Handbreit aus.

Wir waschen Wäsche, packen und bereiten uns auf ein Treffen mit Art Mortvedt vor.

14.30 Uhr: »Kommt rein«, sagt Art. Er trägt die Mütze des angesehenen amerikanischen Explorer's Club.

»Wie kommt man an eine solche Mütze ran?« möchte ich wissen.

»War ein langer Weg bis zu dieser schicken Kopfbedeckung ...« Er lächelt und erzählt.

Er begann in den 70er-Jahren, als der junge Lehrer Art von North Dakota nach Alaska kam, um die Kinder der Eskimosiedlung Shungnak zu unterrichten. Nach zwei Jahren als Pauker ging er in die Wildnis. Danach trat er nie wieder vor eine Klasse.

Neunmal war er seitdem am Südpol und sechsmal am Nordpol. Das war seine Eintrittskarte in den berühmten Explorer's Club. Aber er bereist auch Australien, Europa, Afrika und Asien. In der Brooks Range betreiben Art und seine Frau DaMaris die Peace of Selby Lodge.

»Wie wurde der Lehrer zum Abenteurer und Lodge-Besitzer?«, frage ich.

Art Mortvedt lächelt. »1976, als ich in Shungnak unterrichtete, traf ich Charlie Akpelik Sheldon. Schon dessen Geburt war spektakulär gewesen: Seine Eskimomutter hatte ihn geboren, während sie auf dem Hundeschlitten durch die Brooks Range fuhr. Die Bergwelt hatte Charlie die nächsten 72 Jahre nicht losgelassen. Er machte mir ein unwiderstehliches Angebot: ›Wenn du meine alte Blockhütte aufräumst und darin genug Platz für dich findest, kannst du den nächsten Winter dort wohnen‹«

Juliana Kreutzkamp mit Buschpilot in der Brooks Range

Art blieb nicht nur den einen Winter.

»Ich erinnere mich an einen späten Winter, kurz vor Charlie Sheldons Tod. Wir standen draußen und schauten in den Himmel, als Charlie sagte: ›Das da sind meine Sterne, das da ist mein Mond.‹ Heute gehören Sterne und Mond all den Gästen die dort im Sommer in unseren Blockhütten wohnen.« Art und DaMaris übernahmen später Charlies Hütte, bauten weitere Blockhäuser und schufen die Peace of Selby Wilderness Lodge im heutigen Gates of the Arctic National Park.

19 Uhr: »*Down memory lane*«, schmunzelt Carol. Art hat uns seinen Pick-up Truck geliehen, mit dem wir zu »unserem Haus in Alaska« fahren. Die Bäume vor dem großzügig bemessenen Holzhaus sind größer geworden. So wie unsere Tochter Bettina, die wir von hier aus im Winter jeden Tag mit Schlittenhunden zur Vorschule brachten.

»Ich erinnere mich noch gut«, sagt Carol, »wie wir hier zu Bettinas fünftem Geburtstag Versteck gespielt haben.«

In diesem Moment schaue ich auf eins der Fenster, durch das ich damals die Meisen am Futterring beobachtete, und sehe jene ausgeblasenen Eier, die Juliana und Bettina vor Jahren zu Ostern bunt angemalt und aufgehängt haben.

22 Uhr: Natürlich wäre ich gern länger auf dieser »Straße meiner Erinnerungen« geblieben. Aber dann fand ich es doch spannender, zu Neuem aufzubrechen … Wir lassen unser Faltboot zu Wasser, denn morgen möchte ich in Tanana sein.

Die Sonne blinzelt über die Hügel im Westen. Erstmals macht uns starker Gegenwind zu schaffen. Nach drei Stunden Paddelei schlagen wir unser Lager unterhalb der Cossna Bluffs auf.

Zwei Uhr morgens: Wind rüttelt am Zelt, als ich den Reißverschluss zuziehe. In weniger als 24 Stunden sollten wir am Ziel unserer Reise sein.

Endstation Wildnis

Schwaches Licht fiel auf das steile Ufer, über das sich ein schmaler ausgetretener Pfad zum Ort zog. Etwa ein Dutzend großer Motorboote lag vor Anker.

Nur wenige Stimmen waren in dem 400-Seelen-Ort zu hören. Irgendwo in der Ferne grölten Jugendliche, der Motor eines *four wheeler* heulte auf, jemand ließ geräuschvoll die Kupplung los, Räder drehten durch, das vierrädrige Bike entfernte sich dröhnend. Ein Pick-up Truck rumpelte vorbei. Deutlich hörte ich auf der Ladefläche Werkzeuge klappern, wenn der Wagen über Schlaglöcher fuhr. Dann war es irgendwann still.

Carol nahm unser Faltboot vorsichtig am Bug hoch, dann zogen wir das zuverlässige Gefährt, das uns wohlbehalten 700 Kilometer durch Alaska gebracht hatte, höher auf die Ufersteine, damit es nicht abtreiben konnte.

Ich blickte auf meine Armbanduhr: der 21. Juli, ein Uhr morgens.

Das Lachen der Halbstarken verebbte. Der Pick-up Truck rumpelte nur noch ganz leise in der Ferne. Dann war es ganz still. Die Siedlung Tanana schlief.

Auch Courtney Moore, die hübsche Tochter der indianischen Postmeisterin von Tanana, träumte vielleicht gerade davon, Königin und Repräsentantin der World Eskimo Indian Olympics zu werden. Vier Tage später sollte sie es bei der Olympiade in Fairbanks tatsächlich werden. Aber das konnte sie jetzt natürlich noch nicht wissen.

Carol sitzt auf einem Baumstamm und notiert in unser gemeinsames Tagebuch, dass wir gerade stramme elf Stunden gepaddelt sind, die Pausen abgezogen.

Mittags sind wir auf unserer Insel aufgebrochen. Der Tanana River erschien mir von da an wie ein Strom, der breiter und breiter wurde, je näher wir an den Zusammenfluss mit dem Yukon kamen. Was für eine Welt ... In den zehn Tagen seit Verlassen des Lake Minchumina haben wir nur vier Motorboote auf den Flüssen gesehen, kein Kanu, kein anderes Faltboot, kein Kajak. »Das war eine stille Reise durch die Seele Alaskas«, sagt Carol nachdenklich.

Bereits in zwei Tagen wird sie von Tanana nach Manley zurückfliegen, das sich gerade für eine außergewöhnliche private Feier mit 500 Gästen rüstet.

»Es wird das größte Potlatch sein, das es in Manley in einem halben Jahrhundert gegeben hat«, verkündet Carol.

Der Grund für das Fest liegt zehn Jahre zurück. Mike Gau aus Manley war an diesem Tag 16 Jahre alt geworden. Er fuhr mit drei Freunden in seinem alten Pick-up Truck nach Minto, wo die Party mit ein paar Mädchen erst so richtig losgehen sollte. In einer scharfen Kurve bei Eureka überschlug sich der Wagen. Zwei seiner Freunde waren sofort tot, Mike Gau konnte sich schwer verletzt zum nächsten Telefon schleppen. Aber auf den Tag genau ein Jahr später, an seinem 17. Geburtstag, ist Mike bei einem tragischen Verkehrsunfall in Nevada ums Leben gekommen ...

Ich habe in Montana und Wyoming großen Pow Wows und Potlatches beigewohnt. Anders als dort wird hier in Manley vermutlich niemand im Adlerfederornat kommen. Aber ansonsten wird das Potlatch zur Erinnerung an die Verstorbenen hier ähnlich verlaufen:

500 Gäste sitzen auf dem Boden, nur die Alten haben Stühle. Ein Teetopf macht die Runde, man schenkt sich ein. Dann kommt das Essen: Elchfleisch, Gänse, Enten, Lachse, Hechte, Kartoffeln und Gemüse. Der nächste Tag beginnt mit Trommeln und Gesängen. Höhepunkt ist die *giveaway*-Zeremonie, bei dem der Gastgeber, in diesem Fall die Familie eines Verunglückten, jedem Gast ein Geschenk überreicht: bestickte Elchlederhandschuhe, Ledermokkasins und Berge von warmen Decken werden überreicht, Handtücher, Seife, aber auch Arbeitshandschuhe, Motor- und Kettensägenöl. Alles praktische Dinge zum täglichen Gebrauch. Ein Potlatch kann die Gastgeber an den Rand des Ruins treiben, weshalb es in der Regel mehrere Jahre dauert, bis es nach dem auslösenden Ereignis stattfindet.

Auch dies gehört zur »Seele Alaskas«, von der Carol heute zu mir gesprochen hat. Einen weiteren Blick in diese Seele werden Juliana und ich in wenigen Tagen bei der Eskimo-Indianerolympiade nehmen.

Der Wind des Vorabends hat sich am 20. Juli gelegt.

Es ist drückend heiß auf dem Fluss. »Weißt du«, sagt Carol plötzlich, »wenn du eines Tages von der Denali West Lodge aus direkt zum Beringmeer paddeln möchtest, kannst du das machen. Tom Green sagte mir, man brauche das Boot nur ein einziges Mal 15 Kilometer weit über eine Wasserscheide zu tragen.«

»Prima Idee«, sage ich.

»Wenn du einen zweiten Paddler suchst, ich wüsste einen ...«, fügt sie schmunzelnd hinzu.

Am Anfang steht immer ein Traum. So wie im letzten Herbst am Vulkan Mount Lassen im Norden Kaliforniens.

Übrigens ist die Idee gar nicht schlecht ... Mein Faltboot würde ich sowieso am Ende dieses Sommers für spätere Trips in Alaska lassen.

»Und du weißt ja«, setzt Carol nach, »auch dein Blockhaus wartet auf dich ...«

Aus der Luft gleicht der Zusammenfluss der beiden großen Ströme einer ausufernden Seenlandschaft. In breiten Kanälen wälzt sich der Tanana River in den Yukon, der hier vergleichsweise schmal wirkt. Mehrfach habe ich diese »Seenplatte« aus dem Fenster kleiner Postflugzeuge gesehen. Dabei machte ich immer einen langen Hals, um unser kleines Blockhaus am Rand der Siedlung Tanana zu entdecken.

Es ist jetzt 23 Uhr, und rote Wolkenschleier benebeln den Himmel. Wir legen an einer Sandbank an, und ich fange den Zauber dieser letzten Nacht auf dem Fluss mit meiner Kamera ein. Als der Film voll und die Sonne versunken ist, paddeln wir flussabwärts zum Flughafen.

Der Tanana Airport befindet sich ein paar Kilometer westlich des Ortskerns. Da wir das Faltboot zerlegen, zusammenpacken und dann zum Flugzeug schleppen müssen, möchte ich möglichst dicht an den Flughafen herankommen. Wir haben Glück. Am zehnten Reisetag ziehen wir gegen zwei Uhr morgens das Faltboot aus dem Yukon River.

Abgesehen von dem starken Regenschauer bei Fran und Mike Turner und ein paar vereinzelten Regentropfen hatten wir bei diesem Abenteuer außergewöhnlich gutes Wetter. »Ein Jahrhundertsommer«, bestätigt Carol. Den wünsche ich mir jetzt auch beim Packen, aber kaum haben wir unsere Ausrüstung ausgebreitet, fallen auch schon die ersten schweren Tropfen. Als das Faltboot in seine Einzelteile zerlegt vor uns liegt, schüttet es. Der Guss, mittlerweile in gemeinen Dauerregen übergegangen, hält uns den Rest der Nacht auf Trab. Gegen sechs Uhr morgens ist alles verpackt, und wir sind pitschnass. Um 9.55 Uhr geht mein Flug.

Ich erinnere mich genau an den Wintermorgen, als Pilot Daniel auf Minchumina Airport landete und dichte Schneewolken aufwirbelte. Irgendwo dazwischen erkannte ich Carol in ihrer dicken Winterkleidung. Jetzt steht sie ein wenig verloren im Regen neben der kleinen Abfertigungshalle. Ich komme mir wie ein *mountain man* vergangener Tage vor, der sich zu neuen Abenteuern aufmacht und seine Lieben zurücklassen muss.

Fairbanks ist im Sommer eine andere Stadt. Wo im Februar neben der Touristeninformation große Elche aus Eis kalt lächelten, blühen jetzt rote Geranien und Fuchsien. Leicht bekleidete Menschen springen erwartungsvoll aus Tourbussen. Große Motor Homes und Pick-up Camper mit Kennzeichen aus Tennessee, Florida, Montana und Maine rollen die Barnette Street herunter. Die tollen Tage von Fairbanks dauern nur von Juni bis September. Während der übrigen acht Monate ist dies die Hauptstadt der Kälte. Aber wo im Januar das Thermometer der Key Bank minus 38 Grad vermeldete, schmeichelt es heute mit hochsommerlichen Temperaturen.

Während der Golden Days ist Fairbanks in Festtagslaune:

Vor dem Safeway-Supermarkt an der College Road stoppt ein vergitterter Gefängniswagen Modell 1880. Grell geschminkte Ladies in aufreizenden Cancan-Kleidern schwärmen wie Schmetterlinge neben einem revolverbehängten Sheriff durch die Straßen. Fast alles ist erlaubt.

Da öffnet sich die Schwingtür eines Saloons an der Second Avenue. Zwei stockbetrunkene Indianer stolpern heraus und schwanken in Richtung Cushman Street. Das gehört nicht zur Show.

Über der Salat- und Gemüsebar von Fred Meyer entlädt sich unerbittlich das elektronische Gewitter mit Berieselung. Vor dem Shopping Center arbeiten die Klimaanlagen der geparkten Autos jetzt volle Pulle, um das Innere der großen Dodge- und Chevy-Trucks kühl zu halten.

Es gab immer wieder Momente, in denen Juliana wohl gespürt hat, dass ich nach dem Neuen hinter der nächsten Ecke schauen musste. Dann ließ sie mich ziehen, so wie in dieses Abenteuer.

Auf vielen langen Reisen um die Welt hat sie mich begleitet, manchmal allerdings spürte ich dann, dass sie für eine Weile innehalten muss. Zum Beispiel, als wir monatelang Australien und Neuseeland mit Fahrrädern umfuhren. Da wurde mir irgendwann klar, dass sie eine Auszeit brauchte. Ein paar Wochen blieb sie als Apfelpflückerin in einem riesigen Obstgarten im Norden der neuseeländischen Südinsel zwischen rotwangigen Braeburn-Äpfeln zurück. Als wir uns Wochen später in Christchurch wieder trafen, hatte ich die Südinsel allein umradelt. Sie, die meine Vorliebe fürs Naschen kannte, zauberte im Stadtpark von Christchurch selbst gebackenen Apfelkuchen und sogar Schlagsahne aus der Tasche.

Nun kommt sie mir strahlend auf Fairbanks Airport entgegen.

Es ist eine Herausforderung, jemanden, der gerade aus Mitteleuropa kommt, mit den kulinarischen Verlockungen amerikanischer Schnellrestaurants zu ködern. Als wir am Ufer des Chena River an einem Picknicktisch gebratenes Hähnchen schmausen, scheint das dennoch gelungen. Aber es gibt ja auch so viel zu erzählen ...

Als Gregory Nothstine an diesem Wochenende die 43. World Eskimo Indian Olympics eröffnet und die Athleten aus Nome und Kotzebue, Barrow, Tanana, Point Hope, Fort Yukon und Unalakleet begrüßt, brandet frenetischer Beifall auf.

»Unsere Vorfahren lebten von dem, was die Natur ihnen gab. Sie jagten, fischten und sammelten Pflanzen. Sommers wie winters mussten sie für alle Eventualitäten gewappnet sein. Waren sie das nicht, konnte das den Tod bedeuten«, sagt Nothstine.

Bei dieser Eskimo-Olympiade ist statt Diskuswerfen *Ear Weight* angesagt. Früher hängte man Mehlsäcke als Gewichte an die Ohren, so sind es heute 16 Pfund schwere Bleiplatten, die an einem übers Ohr gehängten Faden einen halben Kilometer weit durch die Arena geschleppt werden.

Jesse Frankson ist trotz seines jugendlichen Alters von nur 24 Jahren ein alter Olympia-Hase. 2002 setzte er mit einem Rekord von 2,35

Metern Maßstäbe beim Alaska *High Kick*, der Königsdisziplin. Unterhalb eines an einem Faden hängenden tennisballgroßen Ziels sitzt der Athlet am Boden. Während seine Hand einen Fuß umklammert und die zweite Hand sich auf den Boden stützt, schraubt er sich mit dem Unterkörper blitzschnell hoch und kickt mit dem freien Fuß atemberaubend leicht einen Ball in die Luft.

Zwei Tage später sitzen wir mit Jesse Frankson im Flugzeug, das ihn und uns in die Arktis bringt. Jetzt wirkt er wie Millionen anderer junger Männer: die Baseballkappe lässig auf dem Kopf, legere Jeans und T-Shirt, der Champ nippt an einem Softdrink. Locker schiebt er die Mütze in den Nacken, auf der ich lese: »*Proud to be a Native*«, ich bin stolz darauf, ein Urbewohner zu sein.

Ich schaue auf das weite Land tief unter mir. Auch beim tausendsten Flug werde ich noch die gleiche Neugier wie beim ersten verspüren. Ich verstehe Menschen nicht, die kaum dass sie im Flugzeugsessel sitzen, die Augen schließen und einschlafen. Eben sah ich tief unten den Dalton Highway, die nördlichste Straße des amerikanischen Kontinents, dann die Brücke über den Yukon River.

Ich mache Juliana ein Zeichen. Sie reckt den Hals, sieht »unseren« Yukon und lächelt.

Ein neues mehrwöchiges Faltbootabenteuer liegt vor uns. Lebensmittel und Boot zusammengerechnet, haben wir gut 200 Kilo Gepäck an Bord.

Habe ich ihr eigentlich schon von der Blockhütte des Polarforschers Art Mortvedt in der Brooks Range erzählt?

»Das wäre doch was für uns«, sage ich.

Sie lächelt, wie sie manchmal lächelt, wenn sie spürt, dass bei mir die Pferde durchgehen, und greift nach meiner Hand.

»Manchmal«, sagt sie, »hast du wirklich was von einem *mountain man* der alten Zeit an dir, von einem Joe Walker oder Kit Carson. Immer auf der Suche nach dem Abenteuer ...«

36

Tagträume

Am 27. September, um 12.02 Uhr, erreicht mich daheim eine E-Mail von Tonya Schlentner:

Hallo Dieter,
kürzlich holten mich unsere Freunde Mike und Steven Green zur Jagd ab. Es war ein nebliger Morgen. »Schade«, sagte Mike. Denn er hatte gestern in den Sümpfen auf der anderen Seite des Sees einen Elch gesichtet. Also tasteten wir uns behutsam am Ufer entlang. Und plötzlich sahen wir den Elch!
Mike erlegte ihn.
Was für ein Brocken! Der Abstand zwischen den Schaufelspitzen maß genau anderthalb Meter. Über Sprechfunk gab ich die Neuigkeit an Tom und Penny Green durch, die zu Hause in ihrem Blockhaus saßen. Plötzlich knisterte es im Sprechfunkgerät, und eine Stimme aus dem fernen Telida sagte: »Glückwunsch!«
Steve Eluska hatte uns zugehört.
Vor drei Tagen freuten wir uns über das wohl größte Ereignis des Herbstes. Die von uns gecharterte DC6 landete mit 14.000 Kilo Fracht: Ich allein hatte 5000 Pfund Hundefutter geordert, Miki und Julie Collins erwarteten 7000 Pfund Pferde- und Hundefutter. Alle waren anwesend, als die Viermotorige mit mächtigem Dröhnen ihrer riesigen Maschinen auf unserem kleinen Flugplatz landete.
Dann kam der Knüller des Jahres: ein brandneuer Toyota-Pickup-Truck rollte ganz langsam aus dem Bauch des Flugzeuges, und als die vier Reifen den Boden berührten, applaudierten alle vom Ort Minchumina.
Auf solch tolle Unterhaltung müssen wir nun lange verzichten ... bis zum nächsten Charter im kommenden Jahr.

Am Ende der E-Mail hat Tonya einen knappen Zusatz angefügt:

Die Zugvögel ziehen, und an kalten Tagen schnuppere ich den Rauch der Holzfeuer, Winter legt sich über unsere Blockhäuser am Denali.

Ich weiß, dass es Novembertage geben wird, an denen die Wolken über Norddeutschland bis zur Erde reichen. Regen wird über unsere Fenster rinnen und im Boden versickern.

An solchen Tagen werde ich von meinem honiggoldenen Blockhaus träumen.

Bleibt nur noch zu erwähnen, dass ich mir vor meiner Heimreise Detailkarten gekauft und darauf die von Carol erwähnte Flussverbindung gefunden habe. Ich könnte also tatsächlich unterhalb meines Blockhauses im Lake Minchumina ins Faltboot steigen und von der Mitte Alaskas bis zum Beringmeer paddeln!

»Gerade hast du einen Winter und einen Sommer in Alaska verbracht. Was gibt es noch Neues zu entdecken?«, fragt Juliana, als sie das ihr bestens vertraute Funkeln in meinen Augen sieht. Sie ist manchmal so vernünftig. Ich weiß noch nicht, was ich entdecken werde, aber ist es nicht so, dass jede neue Liebe mit einer Schwärmerei beginnt ...

Nützliche Anschriften

Denali West Lodge

Lake Minchumina, AK 99757

P. O. Box

Tel. 001–907–674–3112

e-mail: may@starband.net

www.denaliwest.com

Stilvolle und urgemütliche Blockhaus-Unterkünfte am Ufer des Lake Minchumina mit Blick auf Mount McKinley (Denali). Das Highlight für Aktive ist im März die von Tonya Schlentner geführte 8-tägige Schlittenhunde-Expedition durch den Denali National Park zum höchsten Berg Nordamerikas. Im Sommer Kanufahren, Angeln, Wandern, Wildbeobachtung oder einfach nur im Blockhaus Träumen.

Peace of Selby

P. O. Box 86

90 Polar Road

Manley Hot Springs, AK 99756

Tel./Fax: 001–907–672–3206

e-mail:peaceofselby@compuserve.com

www.alaskawilderness.net

Vor Jahrzehnten baute ein gewisser Charlie Sheldon eine Blockhütte im heutigen Gates of the Arctic National Park am Ufer des von malerischen Bergen umgebenen Narvak Lake. Aus dieser Cabin entwickelte sich die zauberhafte Peace of Selby Wilderness Lodge, die von dem Nordland-kenner Art Mortvedt betrieben wird.

Poucher Boote

Bitterfelder Str. 24
06774 Pouch
Tel.03493/55293
Fax 03493/55231
e-mail: poucher@poucher-boote.de
www.poucher-boote.de

Im Sommer ist das Faltboot der ideale Schlüssel zu den entlegenen Landschaften Alaskas. Es lässt sich in jedem Buschflugzeug unterbringen, und mit etwas Routine dauert der Aufbau in der Wildnis kaum eine Stunde. Vom Autor wurde für diese Reise der extrem belastbare und robuste ReiseZweier RZ96 von Pouch verwendet.

Schlittenhund-Magazin

Sled Dog Magazine
Karl-Heinz Raubuch
Goethestr. 1a
66271 Kleinblittersdorf
Tel. 06805/99099
Fax: 06805/99090
e-mail:goldrausch@schlittenhund.de
www.schlittenhund.de

Das beste Magazin rund um den Schlittenhundesport. Informativ mit zahlreichen Berichten über das Renngeschehen in Alaska und Europa.

Alaska Ultra Sport

Bill und Kathi Merchant
Tel. 001–907–575–9151
e-mail: billmerchant@alaskaultrasport.com
www.alaskaultrasport.com

Extremrennen durchs winterliche Alaska per Fahrrad, Ski und zu Fuß.

Die Deutsche Bibliothek verzeichnet diese Publikation in der Deutschen Nationalbibliografie; detaillierte bibliografische Daten sind im Internet über http://dnb.ddb.de abrufbar.

Copyright © 2005 Frederking & Thaler Verlag GmbH, München
www.frederking-thaler.de

Text und Fotos: Dieter Kreutzkamp, Bad Münder
Lektorat: Tamara Trautner, Berlin
Typografie und Herstellung: Büro Sieveking, München
Umschlaggestaltung: Dorkenwald Grafik Design, Wöcker, München
Karten: Eckhard Radehose, Schliersee
Reproduktion: Lorenz & Zeller, Inning a. A.
Druck und Bindung: Clausen & Bosse, Leck

Printed in Germany

ISBN 3-89405-487-5

Umwelthinweis: Das Papier wurde aus chlorfrei gebleichtem Zellstoff hergestellt und enthält keine Aufheller. Die Einschweißfolie – zum Schutz vor Verschmutzungen – ist aus umweltfreundlicher und recyclingfähiger PE-Folie.

Dieter Kreutzkamp
WELTREISE
4300 Tage unterwegs auf fünf
Kontinenten

344 Seiten, 18 s/w- u.
68 Farbfotos, 2 Karten,
geb. mit SU, 14,0 x 22,0 cm
ISBN 3-89405-445-X

Durch Dschungel und Wüsten, über
Stromschnellen und Gletscher, mit
dem VW-Bus, dem Fahrrad, dem Kanu
oder dem Motorrad – Kreutzkamps
Rückblick auf 4300 Tage Weltreise
vermitteln Abenteuer, Freiheit und
grenzenlose Reiselust!

Weitere Titel von Dieter Kreutzkamp im Taschenbuch

Mit dem Kanu durch Kanada
Auf den Spuren der Pelzhändler
192 Seiten, 31 s/w-Fotos, 2 Karten
Kart., 12,1 x 18,1 cm, ISBN 3-89405-045-4

Husky-Trail
Mit Schlittenhunden durch Alaska
256 Seiten, 52 s/w-Fotos, 4 Karten
Kart., 12,1 x 18,1 cm, ISBN 3-89405-080-2

Yukon River
Im Kajak allein zum Beringmeer
256 Seiten, 14 s/w- u. 7 Farbfotos, 8 Karten
Kart., 12,1 x 18,1 cm, ISBN 3-89405-146-9

Spurensuche in Namibia
Auf Entdeckungsfahrt
320 Seiten, 10 s/w- u. 8 Farbfotos, 1 Karte
Kart., 12,1 x 18,1 cm, ISBN 3-89405-183-3

Traumzeit Australien
Mit dem Fahrrad zwischen Outback und
Pazifik
256 Seiten, 9 s/w- u. 24 Farbfotos, 1 Karte
Kart., 12,1 x 18,1 cm, ISBN 3-89405-107-8

Am schönsten Ende der Welt – Neuseeland
Outdoor-Träume mit Fahrrad, Pferd und
zu Fuß
256 Seiten, 10 s/w- u. 14 Farbfotos, 1 Karte
Kart., 12,1 x 18,1 cm, ISBN 3-89405-124-8

Rund um den roten Kontinent
Mit dem VW-Bulli auf Australiens Highway
One
288 Seiten, 12 s/w- u. 12 Farbfotos, 1 Karte
Kart., 12,1 x 18,1 cm, ISBN 3-89405-211-2

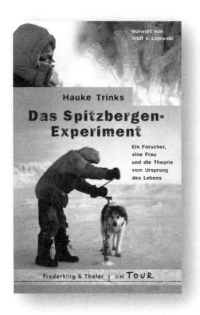

Hauke Trinks
DAS SPITZBERGEN-EXPERIMENT

Ein Forscher, eine Frau und die Theorie vom Ursprung des Lebens

Mit einem Vorwort von Wolf v. Lojewski

264 Seiten, 51 Farbfotos, 1 Karte
geb. mit SU, 14,0 x 22,0 cm
ISBN 3-89405-479-4

Ewiges Eis, tosende Schneestürme und die monatelange Dunkelheit der Polarnacht: Hier verbringt Prof. Hauke Trinks mit einer Gefährtin ein Jahr in einer kleinen Forschungsstation: Wissenschaft und Abenteuer am Rande der Welt.

Ann Bancroft, Liv Arnesen, Cheryl Dahle
NUR DEN HORIZONT IM BLICK

Zwei Frauen in der Antarktis

216 Seiten, 14 Farbfotos, 2 Karten
14,0 x 22,0 cm, geb. mit SU
ISBN 3-89405-639-8

Erstmals gelingt zwei Frauen die Durchquerung des weißen Kontinents: Ann Bancroft und Liv Arnesen legen fast 3 000 Kilometer durch Eis und Schnee zurück, begleitet von Temperaturen bis zu minus 40 Grad und lebensgefährlichen Winden. Der Bericht eines extremen Abenteuers!

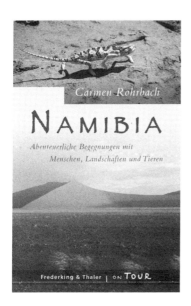

Carmen Rohrbach
NAMIBIA

Abenteuerliche Begegnungen mit
Menschen, Landschaften und Tieren

224 Seiten, 28 Farbfotos, 1 Karte
14,0 x 22,0 cm, geb. mit SU
ISBN 3-89405-645-2

Funkelnder Sternenhimmel und feurige
Sonnenuntergänge, reiches Tierleben und
karge Wüstenlandschaften, koloniales
Trauma und nationales Selbstbewusst-
sein: Namibia ist ein rätselhaftes Land
voll unterschiedlicher Facetten. Carmen
Rohrbach hat dieses Land erkundet und
wieder einmal einen fesselnden Reise-
bericht verfasst!

Angelika Jung-Hüttl
FEUER GEFANGEN

Meine Reisen zu den Vulkanen der Welt

232 Seiten, 34 Farbfotos, 1 Karte
14,0 x 22,0 cm, geb. mit SU
ISBN 3-89405-620-7

Glühende Lavaflüsse, brodelnde Krater,
giftgrüne Säureseen – unglaublich,
mit welcher Vehemenz und welch viel-
fältigem Farbenspiel sich unsere Erde
Luft macht. Dieses Buch ist ein packen-
der Bericht über Feuer speiende Berge
in aller Welt und die Menschen, die mit
ihnen leben.